网络与新媒体专业"十二五"规划教材

广告主数字媒体营销传播

邵华冬 陈 怡 等著

中国传媒大学出版社
· 北京 ·

目 录

概述编

分媒体类型编

概述编

第一章　数字媒体营销传播概述

本章导言

数字媒体作为一个新的媒体形式，其定义也仍旧处于一个不断发展变化的过程中。与传统媒体相比，数字媒体有自己鲜明的传播特征：实时互动、大容量、个性化、融合性等。而数字媒体营销传播，就是以数字媒体为介质开展的营销传播活动。通过对本章的学习，你将会了解到数字媒体营销传播的内涵、总体特征、当前面临的挑战，以及新媒体营销传播主要参与者的特征与变化。

本章要点

1. 数字媒体营销传播的定义和内涵
2. 数字媒体营销传播的特征和挑战
3. 数字媒体营销传播的主要原则
4. 广告主数字媒体费用投入再创新高
5. 广告主内部组织结构全力变革相应数字媒体营销趋势
6. 广告主利用数字媒体加快渠道一体化进程
7. 广告主利用大众媒体与数字媒体的融合深挖营销价值

第一节　数字媒体及数字媒体传播

一、数字媒体定义

新媒体(new media)一词最早出现在1967年，由美国CBS广播电视网技术研究所所长戈尔德马克(P. Goldmark)在EVR(Electronic Video Recording，电子录像)商品开发报告中首次使用。在这份报告中，新媒体首次被作为一个传播概念，用以指代和传统印刷媒介不同的、基于电波和图像传输技术的广播、电视、电影等媒介样态。① 作为一个不断发展且具有争议性的传播用语，业界和学界目前尚未对其定义达成共识。

有人把近年来基于技术变革出现的一些新的传播形态和一些一直存在但长期未被社会发现传播价值的渠道、载体都称为新媒体。持这种观点的人将互联网、手机、楼宇电视、车载移动电视、数字电影、触摸媒体等均纳入新媒体范畴。这种界定过于宽泛，不利于对新媒体特性的把握与运用。

而更多的业界和学界人士倾向于把依托数字技术、具有互动传播特征的媒体称为新媒体。美国新媒体艺术家列维·曼诺维奇（Lev Manovich）、锡拉丘兹大学（Syracuse University）新媒体教授凡·克劳思贝（Vin Crosbie）和美国新科技刊物《连线》（*Wired*）杂志都认为，所谓新媒体，已经不再可能是任何一种特殊意义上的媒体形式，它实质上已经演变为一组数字信息，一种实现了"所有人对所有人传播"的信息流，或者说是一种融合了人际传播和大众传播特点的信息呈现方式。②

BlogBus.com 副总裁兼首席运营官魏武挥认为，新媒体应该限定在那些"受众可以广泛且深入参与（主要是通过数字化模式）的媒体形式"上，如各种网络媒体等，而不应涵盖互动性明显不足的传播形态，如写字楼、酒店空间展示板等。微软电视产品规划经理郑治、上海文广新闻传媒集团副总裁张大钟、博客中国发起人方兴东等也都认同这一思想。他们认为，新媒体就是指"将数字技术、通信技术与文化产品、媒体传播紧密结合在一起的产物"，新媒体不但使传播者和接受者成为对等的交流者，而且还使交流者之间实现了并发和即时性的个性化交流。③

清华大学熊澄宇教授提出：所谓新媒体，或称数字媒体、网络媒体，是建立在计算机信息处理技术和互联网基础之上的、发挥传播功能的媒介总和。除具有报纸、电视、广播等传统媒体的功能外，它还具有交互、即时、延展和融合的新特征。④

综上所述，本书定义的新媒体即依托数字技术，并因此具备实时互动、个性化、大容量、可延展、可追踪、融合化等传播特征的媒体形式。数字媒体的基本技术特征是数字化。

二、数字媒体传播的定义及主要特征

数字媒体是一种具有强大生命力的传播媒体。以互联网媒体为代表的数字媒体的

① 杨状振：《中国新媒体理论研究发展报告》，《现代视听》2009 年第 5 期。

② 刘亚林：《新媒体环境下品牌如何传播》，《才智》2014 年第 9 期。

③ 吴征：《媒体业发展趋势与新媒体的文化使命》，新浪科技，2001 年 5 月 11 日，http://tech.sina.com.cn/it/t/66496.shtml。

④ 熊澄宇、廖毅文：《新媒体——伊拉克战争中的达摩克利斯之剑》，新华网，2003 年 6 月 10 日，http://news.xinhuanet.com/newmedia/2003－06/10/content_910340.htm。

诞生及应用给人类社会带来了深刻的影响。数字媒体允许传者与受者之间进行实时互动交流，信息的生产、交流、扩散呈现出更为复杂、多层级爆炸性增长的态势。这改变了过往依托传统媒体的相对简单、有序但滞后的信息交流方式。

所谓数字媒体传播，即依托数字媒体开展的一系列传播活动。从传播学的 5W 模式来看，数字媒体传播活动由以下要素构成：

- Who：主导传播活动的机构或个人
- To Whom：传播的对象
- By Which Channel：任何可以促进传播目标达成的媒介
- Says What：传播的内容
- With What Effect：传播效果

综上所述，我们可从传播主体、传播内容、传播渠道以及传播效果四个维度把握数字媒体传播的特征。

（一）传播主体：传者与受者的统一，把关人角色弱化

首先，从传播的主体来看，数字媒体的出现实现了传者与受者的统一。

在数字媒体时代，传者与受者之间的关系也有了新的表现形式。传受的“本位”有了新的变化，“本位”是指由谁发起的传播，即传播的主动方。

在大众媒体传播尚未成为社会主流传播活动前，社会中的传播活动以人际传播和小范围的组织传播为主，在这样的传播互动中，往往缺乏清晰、明确的传者、受者的角色定位，本位问题并不显著。但是，伴随大众传媒的发展，当借助电视、广播、报纸等媒体的大众传播成为主流传播活动时，传者与受者的关系不再如以往一般模糊，二者角色定位逐渐清晰并固化。大众媒体组织在“传播什么、怎样传播、为什么传播”等传播活动的关键问题上占据了较强的主导地位。

但数字媒体的出现改变了大众媒体传播中传者与受者之间较为固化的信息交流方式，重新定义了双方的关系。在数字媒体时代，每个人都有向其他人传播信息的可能，传者与受者之间的本位关系在传播活动中出现了新的变化。受众不再只是被动地接受经过筛选的信息，他们更多地参与其中，实现了传者身份与受者身份的统一。这种变化主要体现在受众主动开展信息生产、信息获取、信息选择及扩散、即时互动反馈等方面。伴随着社交媒体和自媒体的蓬勃发展，真正的“双向的”“参与型的”“以用户关系为中心”的媒体产生，如 Facebook、人人网、新浪微博、微信等。这类媒体通过为用户搭建无限扩张的传播平台，实现信息的即时互通及传播。信息快速地在人与人之间、人与群体组织之间、群体组织与群体组织之间流动，每个人都可以将自己的原创信息发布出去，影响他人，与他人实时互动并收集反馈，用户不断在受者与传者的身份之间切换。正是由于这

种双向互动性，信息在人与人之间快速传播，导致了传者与受众之间界限模糊，原本一对多的传播变成了网络化的多对多传播。

其次，数字媒体传播中的把关人角色不断弱化。“把关人”概念最早由美国传播学家、社会心理学家库尔特·卢因提出。1947年，卢因在《群体生活的渠道》一书中提到：“群体传播过程中存在着一些把关人，只有那些符合把关人价值标准与群体规范的信息能最终进入传播领域，到达受众那里。”①后来，卢因的这一理论在怀特和其他一些传播学者那里得到了系统化的拓展与丰富。“把关人”理论认为，传者总是不可避免地站在自己的立场上对信息进行筛选和过滤，这一过程就是所谓的“把关”，执行这类“把关”行为的人就叫把关人。大众传媒的“把关”过程是多环节、有组织的，其中不仅仅有记者、编辑个人的把关活动，传媒组织的总体立场和方针也左右着“把关”的最终结果。

然而，在数字媒体不断发展的网络时代，对于社会化媒体、自媒体、移动媒体这类新媒体来说，“把关”活动在实际操作上变得十分困难。信息生产源头难以把控：一方面，任何人都可以作为信息源头在网络上发布任意原创内容，把关人既无法第一时间跟进，也无法左右信息发布，无法筛选信息内容及倾向，延时的把关很可能由于前期的病毒性传播而收效甚微；另一方面，即使信息源已经经由传统的大众媒体把关，但“把关人”只能决定原始信息的内容及倾向，一旦信息进入网络媒体流通领域，信息的传播便进入无序和不可控制的状态，任何读取这条信息的受者都可以对其进行再加工和创作，而每一次传播都很可能再次经历新受众的个性化修正、调整，传统意义上的“把关”作用被弱化、消解。

（二）传播内容：大容量，易于存储与检索，打破信息服务与生活服务界限

1. 信息容量大：突破时间、空间、成本局限

数字技术的出现使得信息的容量与以往相比得到了极大扩展。传统三大媒体的信息生产无法突破一定的时间、空间、成本局限。如报纸媒体，其以文字传播为主，其内容生产的容量有天然的局限。其一，受版面、审查制度的限制，新闻信息的容量必然受限，只能截取迎合多数人阅读取向的内容进行发布，而这些内容往往缺乏个性化表达，也容易造成信息缺失，不能全面满足受众的阅读需要。其二，其发行量还要受到地域的限制，导致其内容所能影响的受众范围亦有限。其三，受出版时间的限制，报纸内容的更新速度通常只能以“天”为单位，尽管以“号外”的方式补充重要的新闻信息，但在“时间就是金钱”的信息时代，其时效性和信息含“金”量远落后于数字媒体。传统大众媒体信息容量的扩展还要受到成本的限制。如报纸，若多印内容，就需增加一个版面，这会给印刷、排

① 陈昌凤：《纽约时报公司的经营模式探析》，《国际新闻界》2003年第6期。

版、发行增加相应的成本。

但是,对数字媒体来说,上述的时间、空间、成本等信息容量的生产限制就可以被轻易打破。数字媒体所生产的信息经过数字化处理,通过硬盘或者网络存储,其容量可以无限扩大。一个G的硬盘空间便可存储5亿个汉字的信息量。如在《人民日报》网络版的在线数据库中,目前存有大约15G的数据,相当于75亿个汉字的信息量。这对传统印刷型出版物来说几乎不可想象。①

2. 易于存储与检索

除了极大扩展了信息容量外,数字技术还使传播内容更易于存储与检索。首先,数字媒体可以随时存储、检索信息,如数字媒体新闻可以利用网络技术,对相关新闻事件的经过、背景等进行详细交代和深度挖掘。其次,数字媒体的海量信息存储功能使受众的信息接收行为不受时空限制,可以实时阅读、浏览,也可以延时点播、重复获取,信息的重复使用率大大提高。比如,谷歌、百度等专业搜索引擎及一些网站自有的检索工具,使网上查找信息变得十分便捷,受众可以通过拷贝、粘贴、下载、收藏、打印网页等方式复制、存储所需资料。这为企业营销传播提供了机遇,也提出了挑战。企业可以利用数字媒体的这一特点进行企业关键字的搜索引擎流量引导,使受众对该企业持续关注并深入了解。但与此同时,一旦企业发生负面危机事件,也需要企业进行及时的搜索引擎优化以及科学的正面信息引导。

3. 打破信息服务与生活服务界限

数字媒体的传播内容不再仅仅局限于新闻、娱乐等资讯,技术发展推动了媒体发布的资讯类信息服务同大众生活、工作等生活服务一体化的趋势。比如,消费者登录淘宝网,不仅可以在淘宝平台上进行消费,还可以通过定制微淘服务,在淘宝上浏览商家发布的生活潮流、文化动态等资讯,并且对资讯中提到的相关产品服务进行即时消费。消费者对信息的获取与生活服务的消费呈现出一体化融合趋势。

(三)传播渠道:多元融合化及多层级网状扩散

1. 终端及网络渠道多元融合

从传播渠道上看,数字媒体传播还具有融合性特征。首先是终端的融合,各种媒介终端(如电视、计算机、手机)都在向集合式终端发展,由原来的“专机专用”变为“一机多能”。其次是网络的融合,比如我们熟知的三网融合,就是电信网、广播电视网、互联网在向宽带通信网、数字网演进的过程中,通过技术改造,功能趋于一致,业务范围趋于相同,

---

① 梁波:《论第四媒体的基本特点及其对传统媒体的影响》,《科技传播》2009年第8期。

网络互联互通、资源共享，为用户提供语音、数据和广播电视等多种服务。

2. 多层级网状扩散

数字媒体以网络的形式建构其传播流通渠道，其传播具有多层级网络化扩散的特点。以往，传统大众媒体信息传播扩散主要采用“利益集团—大众媒体—大众”的金字塔状方式，以单向传播、线性扩散为主。而在数字媒体传播时代，信息传播的信源数量激增，传统大众媒体在信息的发布上不再占有绝对优势，移动媒体、社会化媒体等成为普通公众发表言论和资讯的平台，“多对多”的多层级网络化传播扩散方式成为主要的传播形式。

依托数字互联技术，信息能够同时进行横向和纵向的立体交叉传递。同时，由于参加传播过程的任何一方都可以借助新媒体成为传播行为的主体，而传播信息、分享信息和反馈信息的过程是循环反复、持续不断的。每一方都是一个结点，通过传播活动在社会中交织成一个巨大的网。信息传递向每一个网结的方向，纵横交错地传递。其中，任何一个网结都能够产生和发布信息，所发布的信息都能够以非线性方式流入信息网络的经纬中。

（四）传播效果：实时、交互、个性化精准传播、智能化广泛链接及公信力弱化

从传播效果上看，数字媒体的主要特征表现为实时、交互、个性化精准传播、智能化广泛链接以及公信力弱化。

1. 即时发布和实时更新

从信息的发布效率上看，信息的即时发布和实时更新是数字媒体传播过程的主要特点。数字媒体不像传统大众媒体那样有较长的信息生产和扩散周期，其能够在事件发生的第一时间将相关信息传递给公众，并能够随时通报事件的进展。在人人都可以即时上传信息的“自媒体”时代，人们借助微博、博客等媒体平台快速发布和分享信息，这又进一步提高了信息的传播和更新速度。

2. 更为活跃的交流、互动

传统意义上的大众媒体，相对于受众而言，媒体地位更为强大。它决定受众选择、接受什么信息，受众的反馈也往往较为迟缓、滞后。而数字媒体则表现出较强的交互性，网络介质使信息传播者与接受者的关系走向平等。数字技术在媒体用户和信息源之间搭建了回传通路，用户信息的回流与信息源的响应形成了互动。这种交互性使传者与受众之间的交流、互动增强，并通过点击、点播、转载、分享、回帖、网上实时对话等方式表现出来。

3. 个性化精准传播

数字技术为数字媒体实现点对点的个性化、精准化的信息传播提供了可能。数字技

术使信息传播者可以针对不同的受众提供个性化的服务。在新媒体环境下，信息终端在网络中都有一个固定的地址，如 IP 地址、手机号、电子邮箱地址、QQ 号码等，信息传播者可以根据地址确定一个或者多个受众，向其传播特定信息。另外，受众对信息具有同样的控制权，受众可以通过新媒体定制信息、选择信息、检索信息。这样每一个新媒体用户都可以发布和接收完全个性化的信息，大众传播转变成更为个性化、精准化的“小众传播”活动。

4. 智能化广泛链接成为可能

此外，数字媒体的信息传播还呈现出智能化广泛链接的特点。以互联网新闻传播为例，当读者在某网页阅读一则新闻时，往往会链接到与该事件相关的背景信息、话题报道、过往报道、网友评论，以及相关图片、音像等。这一特点同样体现在数字媒体广告上。与传统媒体可能出现的目标受众与实际受众错位情况相比，数字媒体利用用户数字媒体终端中一种叫 Cookie 的文件（一种记录用户上网信息的文件）实现对用户浏览轨迹的跟踪分析，并与广告主产品的特征进行关联、匹配和排序，实现广告主更为智能、精准的广告链接与投放。

5. 公信力弱化

公信力是媒体传播力和社会影响力构建、升级的基础。对数字媒体而言，公信力不仅影响其传播效果，更对电子商务、互联网金融等数字媒体应用的进一步发展具有重要影响。但是从当下数字媒体的传播实践来看，一方面，在社会转型时期，社会信任基础受到冲击，媒体公信力的构建本身就是“毁”易“建”难；另一方面，由于数字媒体传播过程中存在的混乱和无序问题，也使其公信力的构建和维护备受挑战，如信息难溯源、传播速率不可控、信息真实性不可考等。受众在使用新媒体时还可能遭遇虚假信息、无效信息、网络欺诈、网络暴力等。这些问题都在一定程度上影响了数字媒体的公信力。

但是，伴随着网络安全保障技术的不断革新与发展，数字媒体的公信力也有了一定的提升，CNNIC 公布的《第 35 次中国互联网络发展状况统计报告》的数据显示：2014 年，有 54.5％的网民表示信任互联网，相比 2007 年的 35.1％，网民对互联网的信任度有了较大幅度提高。①

① 中国互联网络信息中心：《第 35 次中国互联网络发展状况统计报告》，2016 年 1 月 23 日，http://www.cnnic.net.cn。

第二节 数字媒体营销传播

一、数字媒体营销传播的定义

(一)营销与营销传播

首先,营销学家菲利普·科特勒教授对于市场营销的定义是:“通过创造和交换产品及价值,从而使个人或群体满足欲望和需要的社会过程和管理过程。”[①]营销的目标是满足个人或群体的欲望和需要,核心是“交换”。在市场营销的过程中,存在着大量的传播活动。这些传播活动以企业营销为基础,又服务于营销,是营销与传播的结合。营销实践活动本身的发展变化对营销传播活动具有重要影响。

其次,从“营销”理念上来看,从生产理念、产品理念、推销理念到市场营销理念、社会市场营销理念,企业营销理念的重心在不断变化。企业营销的目标也随着理念的变化,由以企业利益为主向企业利益、消费者利益和社会利益的有机结合转化。在这个变化过程中,消费者的身份由单纯的产品消费者向营销的参与者、企业社会责任的监督与推动者、投资者等多元身份转化,在与企业的互动中,主动性和主导性逐步增强。消费者在信息传播活动中由被动的信息接受者、反馈者转变为主动的信息创造者、搜索者、再次组合编辑者、传播者。

如今,数字技术的发展也使“传播”活动与“营销”活动呈现出一体化趋势。美国西北大学麦迪尔新闻学院教授唐·E.舒尔茨曾有“营销即传播,传播即营销”的观点,这一方面指出了营销和传播的界限的日益模糊,另一方面则表明了二者相互依赖的特征。[②] 这也标志着营销传播被明确作为一个整体概念和独立学科发展起来。

(二)营销传播理论演进历程

营销传播概念得以发展壮大,一方面源于一线市场行业实践的不断突破,另一方面源于学界理论基础的不断革新。就营销传播理论体系的形成而言,该理论的发展和演进历程大体可分为三个阶段。第一个阶段是该理论的初创期,1965 年至 20 世纪 70 年代末是其发展的重要时间段。这一时期的重要理论家有埃德加·克兰、小弗雷德里克·E.韦伯斯特(1971),以及 M.韦恩·德罗泽尔(1976)。第二个阶段是该理论的传播、接受和发展阶段,从 20 世纪 80 年代开始,直到 1993 年整合营销传播理论的正式产生为止。相比

---

① 〔美〕菲利普·科特勒著:《市场营销原理》(第 9 版),王霞、赵平译,清华大学出版社 2003 年版,第 6 页。

② 〔美〕理查德·J.瓦雷著:《营销传播:理论与实践》,范红译,清华大学出版社 2011 年版。

于第一阶段，这一阶段的研究成果明显增加，但没有出现有影响力的理论家，也没有出现革命性的理论主张，但特伦斯·A. 森普（Terence A. Shimp）和德罗泽尔共同努力，为营销传播理论核心内容和基本理论框架的形成和稳定，作出了积极的贡献。第三个阶段是1993年整合营销传播理论正式产生之后，营销传播理论开始进入与后发理论共存的持续发展阶段。[①] 第四个阶段是20世纪90年代后期至现在，伴随着互联网的崛起，数字媒体营销传播理论兴起并发展。

1. **理论初创期（1965年至20世纪70年代末）**

营销传播理论和营销传播学的创建者埃德加·克兰于1965年以《营销传播学：一种关于人、信息与媒介的行为观》（*Marketing Communications: A Behavioral Approach to Men, Message, and Media*）为书名，出版了其第一本，也是世界上第一本营销传播学专著。概括来讲，克兰在其所创建的营销传播理论中，主要研究了以下四个方面的问题：第一，对营销传播要素的研究；第二，对不同形态下的营销传播活动及其影响因素的讨论；第三，对个体意义上的受众信息接受行为所进行的心理学分析；第四，对营销传播研究方法的一些介绍。[②] 但是，其研究营销传播学的理论基础及主要问题基本集中于与营销传播活动有关的心理现象或心理活动，而对营销传播本身的一些核心问题，如营销传播工具、策略、媒介等，几乎没有涉及。这反映出当时克兰本人在营销传播理论研究上的学科视域局限。此外，克兰的理论内容与营销市场一线的衔接也并不十分紧密。1972年，克兰对其营销传播理论进行修正，开始更多地向传播学和营销学的方向靠拢。他认为营销传播活动实际上是买卖双方之间的一种决策与互动过程。同时，他还加强了对一些重要的营销传播要素的研究。其中有关营销传播渠道（channel）、营销传播媒介及其载具（media and media vehicles）、市场细分及其目标受众等方面的理论阐发是营销传播理论中非常基础而重要的内容。[③] 比如他曾提到：在营销传播中，对买方来说，有四种主要的信息传播渠道可供他们选择，分别是口传信息、人员销售、宣传渠道及媒体广告。总体来看，相比于初创期的理论而言，克兰对其营销传播理论的修正，明显增加了传播学及营销学的成分，虽然其整体理论还无法完全脱离行为主义心理学的羁绊，但对营销传播理论的开创功不可没。

埃德加·克兰的营销传播学著作问世后并没有引起业界的关注，也鲜有相关的研究跟进，而整个营销传播学的研究也相对沉寂。直到1971年，随着小弗雷德里克·E. 韦伯

---

① 星亮：《营销传播理论演进研究》，暨南大学，2013年博士论文。

② Edgar Crane: *Marketing Communications: A Behavioral Approach to Men, Message, and Media*, John Wiley &Sons, Inc., 1965.

③ Edgar Crane: *Marketing Communications: Decision-Marketing as a Process of Interaction Between Buyer and Seller*. John Wiley &Sons, Inc., 1972.

斯特的《营销传播：现代促销战略》(*Marketing Communication*：*Modern Promotional Strategy*)出版，才打破了这种局面。韦伯斯特的战略营销传播理论突破了克兰营销传播理论偏重于心理学的局限。其理论取向更趋向于传播学和市场营销学的结合，使营销传播学的独立性更加明确。概括地讲，在营销传播学的发展中，韦伯斯特主要有以下三个方面的理论贡献：其一，他以开阔的学术视野，把企业的营销传播工作提高到战略高度，将其视为企业营销战略的组成部分，并由此构建了一个营销战略模块系统，为营销传播在整个营销工作中的地位和价值的建立提供了一个明确的理论认识框架；其二，其首创"营销传播工具"概念，对单个营销传播工具进行详细论述，包括有关工具间的协同效应及组合策略的论述，创造性地提出了构成营销传播活动的关键要素，为营销传播学基本理论框架的形成奠定了认识基础；其三，他从研究的理论取向和整个理论框架出发，把营销传播学研究的理论进程，向传播学和市场营销学相结合的方向推动。①

1976 年，任教于美国南卡罗来纳大学工商管理学院的德罗泽尔撰写并出版了《营销传播过程》(*Marketing Communications Process*)一书，系统阐述了其营销传播理论观。与克兰和韦伯斯特把营销传播限定在"促销"范围内的观点不同，德罗泽尔认为："现如今，人们越来越清晰地认识到，促销仅仅是企业与消费者之间整体传播工作的组成部分之一，而在这个所谓的整体传播工作中，企业的各个营销组合要素，乃至企业的全部活动，都应被看作是营销传播的变量(variables)。价格、产品、渠道以及促销等，也就作为传播的变量，在向现实和潜在用户传播企业的全部产品信息方面发挥着重要作用。"德罗泽尔的营销传播理论是一种广义的营销传播理论。由此出发，他进一步明确提出了"营销传播组合"(marketing communications mix)概念。德罗泽尔将营销传播组合扩展至 4P 的各个要素及企业的全部活动，即随着企业营销策略的实施而形成的信息在企业与消费者之间的双向流动过程。对于营销传播战略，德罗泽尔抱有一种将其融合进企业整体战略中的观点，并从企业整体战略规划的高度，对营销传播战略在企业整体战略中的地位及与其他相关战略的关系进行了规定。②

2. 理论传播期(20 世纪 80 年代至 1993 年)

从 20 世纪 80 年代至 1993 年"整合营销传播"理论正式产生的这十多年时间里，营销传播理论的研究处于第二阶段。在这一时期，营销传播理论的研究成果大幅度增加，营销传播学在市场营销领域的影响力也逐渐显现。从美国亚马逊网站出售的旧书目录中检索可知，20 世纪 70 年代出版的营销传播学专著仅有 6 部，其中还包括 2 部克兰的著作

---

① Frederick E. Webster, JR:*Marketing Communication*: *Modern Promotional Strategy*, New York :The Ronald Press Company, 1971.

② M. Wayne DeLozier. :*The Marketing Communications Process*, McGraw—Hill Book Company, 1976.

(1965,1972)和德罗泽尔的两本书(1976,1978)的第二版。而1980年至1993年期间,出版的营销传播学专著(不含整合营销传播专著)就有32部之多,营销传播学被重视的情形已十分明显。这其中,特伦斯·森普(Terence A. Shimp)和M. 韦恩·德罗泽尔作出的理论贡献最为突出。1986年,美国南卡罗来纳大学商学院(College of Business Administation,University of South Carolina)市场营销学教授特伦斯·森普和同事M. 韦恩·德罗泽尔副教授合作,共同出版了《促销管理与营销传播学》(*Promotion Management and Marketing Communications*)一书,全面阐发了他们对于营销传播理论的系统思考。在有关营销传播范畴的认识上,二位学者首先承袭了此前德罗泽尔所持的广义营销传播的思想,认为营销传播是"企业所有营销组合要素的集合……",其核心在于"营销传播包括营销组合的全部变量(variables),而不仅仅是促销这一种变量",将考察的重点聚焦于营销传播的基本原理和营销传播工具的应用策略方面,并对传播过程中的消费者行为、态度以及营销传播信息等基本理论问题进行了研究。其次,他们所建立的,由营销传播基本原理、营销传播工具论、营销传播过程论这三部分构成的营销传播学理论结构,为营销传播学理论体系的形成搭建了一个基本的理论框架,对之后的营销传播理论研究产生了深远的影响。再次,他们的理论中所表现出的重视"整合"、强调"协调"的意识,为营销传播理论的进一步发展,特别是为整合营销传播理论的产生,做出了重要的理论铺垫。①

3. 理论持续发展期(1993年至20世纪90年代后期)

1993年,唐·舒尔茨出版《整合营销传播学》一书,在宣告了整合营销传播理论正式产生的同时,也预示着营销传播理论开始进入一个多元发展的时代,营销传播理论开始进入与后发理论共生发展的第三阶段。在多元化发展的进程中,营销传播理论呈现出以下几个方面的特点。一是不断地吸收新兴理论的营养,丰富了营销传播理论的内涵。在整合营销传播理论产生后,一些营销传播学者并没有将其视为一种完全独立的全新理论,而是把它看作营销传播理论的一种新观念,并将整合的思想渗透到他们的营销传播理论之中。② 伴随着数字媒体营销传播时代的到来,数字媒体营销不仅吸引着专业的数字媒体营销传播研究者,也引起了一些仍然坚持在营销传播理论研究中耕耘的学者们的注意,他们从中吸收最新的理论观点,把数据库、新媒体、B2B等内容也纳入到研究范围中,以跟上时代的步伐。二是更加重视营销传播在不同领域的应用研究,如对非营利组织的营销传播研究。③ 三是有关营销传播战略的研究成为重要的研究领域。其中保罗·

---

① Terence A. Shimp, M. Wayne DeLozier: *Promotion Management and Marketing Communications*, The Dryden Press, 1986.

② 〔英〕P. R. 史密斯、乔纳森·泰勒著:《市场营销传播方法与技巧》,方海萍等译,电子工业出版社2003年版。

③ Wim Lagae: *Sports Sponsorship and Marketing Communications: A European Perspective*, Harlow: Prentice Hall, 2005.

史密斯(Paul Smith)等人试图从战略管理的高度,为营销传播的战略决策过程找寻一个普适性较强的模型。① 四是在注重应用研究的同时,也出现了一些相对而言比较偏重于理论性研究的学者。与营销传播理论研究领域普遍以应用为导向的研究旨趣不同,理查德·J.瓦雷在营销传播理论的研究中,似乎比较重视对某些理论性问题的探讨,除营销传播原理、营销传播工具等常规内容之外,他还特别增加了对跨文化传播和(营销传播的)专业主义的研究。而他所谓的"专业主义",实际上讨论的是营销传播相关主体的道德伦理和社会责任问题,以及营销传播工具(主要是广告)应用中的欺诈与社会责任问题,显示出一定的批判精神。②

营销传播概念得以发展壮大,一方面源于一线市场行业实践的不断突破,另一方面源于学界理论基础的不断革新。20 世纪 90 年代以来,在理论发展与革新方面,美国市场营销学界的两位大家杰瑞·韦德和维贾伊·马哈詹提出:"数字营销既不是传统营销的增强版,也不是更快更新的(营销)渠道,而是一种全新的营销方式。"③美国哈佛商学院的约翰·戴顿(John Deighton)教授和英国伦敦商学院的帕特里克·巴韦斯(Patrick Barwise)教授指出:"网络不仅是广告媒介,而且是一个营销的场所,在这个场所中,各种与营销有关的功能,如广告、销售、零售、服务提供、产品生产、市场调研,乃至价格的搜寻和发布等均可实现。"④此外,他们也对数字技术的发展,提出了一些极具前瞻性的预见。他们认为:"虽然当时(2000 年)消费者还主要依靠 PC 来上网,但未来的连接设备则可能包括数字电视(或机顶盒)、数字收音机、3G 手机、游戏机(game console)等,甚至还有别的新型'信息设备'。"⑤他们还对广告媒体的演进历程进行了一番全景式的考察,革新式地提出广告媒体大体经历了从广播式媒体(broadcast media)到寻址式媒体(addressable media),到交互式媒体(interactive media),再到数字化交互式媒体(digital interactive media)的发展过程。同时提出,作为一种全新的广告媒体,数字化交互式媒体以其所具有的"结合了个体寻址、即时响应、全时应用、全域覆盖"等特性,把互动营销的范围和能力提高到了一个新的水平。⑥ 而这一阶段的理论研究,基本上属于对一般现象的描述和

---

① Paul Smith, Chris Berry and Alan Pulford: *Strategic Marketing Communications*, London: Kogan Page Limited, 1999.

② 〔美〕理查德·J.瓦雷著:《营销传播:理论与实践》,范红译,清华大学出版社 2011 年版。

③ Jerry Wind, Vijay Mahajan: *Digital Marketing: Global Strategies from the World's Leading Experts*, John Wiley & Sons, Inc., 2001.

④ Jonhn Deighton, Patrick Barwise: *Digital Marketing Communication*, Jerry Wind, Vijay Mahajan. Digital Marketing: *Global Strategies from the World's Leading Experts*, John Wiley & Sons, Inc., 2001.

⑤ Jonhn Deighton, Patrick Barwise: *Digital Marketing Communication*, Jerry Wind, Vijay Mahajan. Digital Marketing: *Global Strategies from the World's Leading Experts*, John Wiley & Sons, Inc., 2001.

⑥ Jonhn Deighton, Patrick Barwise: *Digital Marketing Communication*, Jerry Wind, Vijay Mahajan. Digital Marketing: *Global Strategies from the World's Leading Experts*, John Wiley & Sons, Inc., 2001.

分析，既缺乏更为深刻的理论剖析，也没有体现出理论建构的迹象。

4. 数字媒体时代理论发展阶段(20 世纪 90 年代后期至今)

随着 Web2.0 时代的到来，数字的技术及其应用得到了飞速发展，用户界面和更为便捷的操作模式也进一步促进了互联网的普及。营销传播学的理论研究前沿开始向数字营销传播方向转移。随着研究的深入，一些学者的理论观点已初步具备了理论建构的雏形。这其中，以丹麦研究人员延森等人提出的"在线营销传播"理论(Online Marketing Communications)及法国学者克林·谷劳提出的"整合在线营销传播"理论(integrated online marketing communications)最具代表性。他们认为，与传统营销传播相比，"在线营销传播"多了网络这样一种新媒体的应用，因此它不能简单地被归入传统的营销传播之中，尤其不能将其视为整合营销传播领域的内容之一，而应当将其视为一个独立的传播学科，或者应当进行多学科的研究。由此，他们明确提出了"在线营销传播"(Online Marketing Communications，简称 OMC)这一概念，认为这是一种与传统营销传播(主要指整合营销传播)完全不同的新型营销传播，并阐述了两者在媒介属性及工具功能上的不同。[①] 在线营销传播以整合营销传播理论为基准，在此基础上，探讨数字营销传播的特性及两者间的本质差别。因此，根据学者观点，数字营销传播理论是整合营销传播理论在网络环境中的一种重构。但与此同时，他们也都认为，这种重构并不意味着数字媒体营销传播只是整合营销理论的简单发展，而是希望构建一个真正属于数字营销传播的全新领域。

随着数字技术智能化和移动化发展，网络时代开始从 Web2.0 向 Web3.0 过渡。从技术角度看，数字技术的不断革新提升了信息的聚合，进一步提升了信息数据搜集和处理能力。营销 3.0 这一概念最初由印度尼西亚 Mark Plus 公司的咨询顾问于 2005 年 11 月提出，后来该公司创办者何麻温·卡塔加雅、咨询顾问伊万·塞蒂亚万、美国营销学大家菲利普·科特勒三人合作，于 2011 年出版了《营销革命 3.0：从产品到顾客，再到人文精神》一书，提出了完整意义上的营销 3.0 理论。营销 3.0 理论的基本主张，是对人类营销活动的发展提出了一种全新的时代划分方法，并在此基础上，提出并论证了营销 3.0 的理论观点。该理论认为，人类的营销活动经历了所谓的营销 1.0、2.0 和 3.0 时代，它们分别代表着以产品为中心的时代、以消费者为中心的时代和以"人"为中心的时代。[②] 大数据理论由英国牛津大学网络学院教授维克托·迈尔-舍恩伯格(Viktor Mayer-Schönberger 和英国《经济学人》杂志的数据编辑肯尼思·库克耶(Kenneth Cukier)合作

---

① Morten Bach Jensen, Anna Lund Jepsen："Online Marketing Communications: Need for a New Typology for IMC?", *Journal of Website Promotion*, 2006, Vol. 2 Issue 1/2, pp. 19－35.

② 〔美〕菲利普·科特勒等著：《营销革命 3.0：从产品到顾客，再到人文精神》，毕崇毅译，机械工业出版社 2011 年版。

提出。2013 年，他们在《大数据时代：生活、工作与思维的大变革》一书中对他们提出的“大数据”理论进行了系统阐述。该理论认为，由于计算机、网络技术及其他多种数字技术的发展，早在 2007 年，人类所拥有的各种数据中，以数字数据形式存在的部分就已经占到 93%，仅有 7%的数据是存储在报纸、书籍、图片等媒介上的模拟数据。2013 年，全世界所存储的全部数据量估计能达到 1.2 泽字节(泽，Zetta Byte)，其中非数字数据只占不到 2%。① 人类已经开始进入一个堪称“大数据”的时代。

从“营销 3.0”再到“大数据营销”，这些以互联网发展为共同背景的相关理论，对于我们更为深刻地认知和理解步入 Web2.0 时代以来数字营销传播领域已经发生或即将发生的变化，具有十分重要的启发和指导意义，特别是这些理论中所暗含的营销和营销传播必将进一步融合甚至合为一体，对于人们重新审视营销和营销传播之间的关系，也是非常有价值的。

(三)数字媒体营销传播的定义

综上所述，本书认为，所谓数字媒体营销传播，是指组织、企业、政府等机构的营销与传播行为一体化的活动，即传播者通过调动任何可以到达、接触并影响受众的传播介质来实现对受众的说服，从而实现预期目标、完成价值交换的活动。其目的是通过建立与特定消费者之间的共识而达成价值交换。数字媒体技术的发展创造了新的营销传播形式与营销机会，同时数字技术也为解决营销传播问题提供了新的可能性。概括而言，数字媒体营销传播需要具备两个要素：

首先，其营销传播活动依托于互联网媒体、移动媒体、数字户外媒体等数字媒体，包括网络广告(PC 端)、移动媒体广告、数字户外广告等多种表现形式。从技术上看，移动媒体广告、数字户外广告等广告形式基本依托于数字互联网技术展开；从定义上看，业界和学界对数字媒体营销传播表现形式并没有统一的界定标准。因此，在一些市场数据调查中，一般将这些广告形式统称为互联网广告。因此，本书中所提及的互联网广告等相关数据可在一定程度上代表数字媒体营销传播市场概况。

其次，在数字媒体营销传播中，数字技术在营销传播各个环节中的作用更为突出。或者说，数字技术延伸了创造的空间与平台，给予营销人员更多营销传播的可能性。比如数字技术革新了营销传播的渠道，为营销人员提供了更丰富的营销活动平台和内容展现形式。以数字媒体平台为例，经过多年的推广，随着 Web2.0 及 Web3.0 时代的到来，博客及微博营销迅速升温。截至 2014 年 12 月，我国博客用户规模为 1.09 亿，较 2013 年

---

① 〔英〕维克托・迈尔-舍恩伯格、肯尼思・库克耶著：《大数据时代：社会、工作与思维的大变革》，盛杨燕、周涛译，浙江人民出版社 2013 年版。

底增加2126万，增长率为24.2%。网民的使用率为16.8%，比2013年底增长了2.6个百分点。[①] 自2002年起，博客在中国已有近13年的历史。搜狐、新浪、雅虎、和讯、腾讯、Blogbus、Donews等众多知名门户、专业网站都开发了各具特色的博客及微博客相关服务系统，由此诞生了部分精英博客网站，也引出了新的网络营销方式——博客营销。博客营销作为数字媒体营销方式，所依托的是自媒体内容发布平台的浏览量和人气指数。由于相关用户在讨论一个话题时可能会吸引其他人的参与，因此，信息传播范围得以扩大。另一方面，这种讨论又比较容易形成更加强大的影响力，使传播效果得到极大的提升。因此，在个人用户方面，相关企业一般通过联系知名博主进行广告运作与投放，除此之外，各企业通过公司开通博客或微博传播公司公告、发展近况以及产品相关信息等。对该企业有兴趣的用户可以通过更快捷、更直接的方式获取该企业的信息。例如东华英丞创意设计培训中心，这是一家位于东华大学内部的设计类培训机构，该公司的企业微博“东华英丞”发布了关于培训课程的各种介绍与详细内容，使有培训需求的个人用户可以直观地了解所需要的信息。

二、数字媒体营销传播的特征

数字媒体营销传播，在传播的主体、传播的渠道方式、传播的内容以及传播的效果上有别于传统媒体，具有独特性。

（一）传者主体放权与受众客体增权，营销传播传受间对话取代操控

数字媒体的出现使得受众客体增权趋势凸显。在数字化新媒体时代，传播主体日益多元化。在这个过程中，受众越来越抵触来自媒体直接推送的无效或冗余消息，并倾向于化被动为主动，自主选择接收相关的营销信息，并就所接收的营销信息做进一步的加工、改编、传播。

在数字媒体营销传播过程中，营销管理人员不再是单纯的信息生产者，其本身作为整个营销信息传播网络内部的一员，更多地呈现出营销传播平台搭建者与引导者的角色定位。因此，在利用数字媒体进行营销传播活动时，营销人员更多是选择尝试引导受众主动进行信息挖掘，并尽可能地推动受众的自主传播。

这种对用户的信息选择、接收甚至再创造活动的放权，使受众的传播热情得以激发，营销者与受众的对话更加活跃。相比以往，营销者获得了更为活跃的营销信息的反馈和互动。

---

① 中国互联网信息中心：《第35次中国互联网络发展状况统计报告》，2015年2月3日，http://www.cnnic.net.cn/hlwfzyj/。

(二)营销传播内容更注重精准对接需求,并通过多种手段加强受众对内容的卷入度

数字技术的发展,推动了营销传播活动门槛的降低。不仅大品牌、大企业可以依托数字媒体开展相关的营销传播活动,很多小企业甚至个人也同样可以依托微信、微博平台开展营销传播活动。营销传播主体的增长直接推动了营销信息的爆炸性增加,然而海量信息的产生一方面极大地分散了受众的注意力,使其很难形成有效注意,也使受众对无效信息的自我屏蔽能力日渐增强。另一方面,海量信息的产生也使信息的保质期缩短,受众对大量营销信息的接收呈现浅涉入、快遗忘的特征。

相关链接:分众传媒创始人兼首席执行官江南春谈数字时代"消费者遗忘"对品牌的挑战(节选)

我过去二十年的工作都跟品牌有关,所以我想和在座的企业家分享一下我自己在过去二十年中研究的关于品牌怎么进入消费者心中,品牌在消费者中间的传播路径是什么,传播能量怎么被激发出来等问题的经验。

传播有两个路径,第一个是主动的路径,第二个是被动的路径,主动路径就是资讯模式,被动路径就是生活空间。比如说九〇后的资讯模式是人人网、网络视频还有网络游戏,这些是他们接触的主要资讯模式,他们的生活空间是什么?是寝室、教学楼、操场。而七〇、八〇后,他们的资讯模式是微博、百度,生活空间是写字楼、公寓楼、电影院。所以我觉得在中国,一方面要抓住消费者的生活模式,另一方面要抓住他们的资讯模式。

但现在,一个消费者一天所接受的信息量大概是十年前我们一天接受的信息量的十倍或者几十倍,消费者大脑里面没有足够空间。比如我经常到晚上一两点才有空看一下微博,但第二天早上醒来,五六个小时之前看的微博是什么内容我却想不起来了。

如今的资讯市场上,不是说这些电视、报纸没效果,而是产生效果的门槛非常高。如果说在你脑海里你记得什么品牌,我觉得是蒙牛、伊利、雀巢等。如果再让你数下去,我问过很多人,没有一个人能数到100个品牌。但是现在,在中国,光电视广告大概就包含两万多个品牌。在这种充满挑战的环境中,消费者的记忆力开始衰退。这是一个记忆力衰退的时代。在多元化和碎片化时代,如果云电视出现并成为所有家庭的标配,这时候就有无数碎片在云端,你不知道广告会从哪个地点切进去。这些品牌在电视等大众传媒中投了大量的广告,这些说得出来的品牌都有两个特征:第一,不是刚刚出道的;第二,不是只投几千万广告,而是已经在消费者心中累计了至少50亿到100亿的存留价值。这个时候你的品牌才是消费者随口说得出来的品牌。

互联网时代创造了更多的资讯,对消费者来说资讯越来越丰富,但是记起所有东西

的难度也越来越大，走过路过的资讯也变得越来越多。[①]

概括而言，在数字媒体环境下，大量异质的、匿名的受众依然存在，每个个体都有不同的需求，营销传播者应为消费者量身定做更为个性化的信息，拉近受众与营销传播人员之间的距离，使受众能够更方便地表达并及时实现自己的需求。另外，针对受众面对海量信息的浅涉入、快遗忘特点，营销者还需要通过体验、联动社会议题等多种方式，促进受众更为深入地参与到营销传播活动中来，增强受众对于相关营销信息的卷入度，强化营销效果。

例如，国际奢侈品牌阿玛尼曾经推出了一款公益 App，为联合国儿童基金会“生命之水”项目做宣传。用户通过 App 参与游戏来模拟非洲地区妇女儿童挑水的过程，参与者必须保持平衡，“hold”住水滴，确保其不“溢出”。为了保证用户的重复使用率，App 设计了提供成绩、上传排名等社交体验功能以增加用户黏着力，并伴以广告语“不容易吧？想想看，非洲地区的难民每一天都要步行数千里，仅仅只是为了几桶水”。这款富有创意性体验的应用软件，敦促消费者从线上 App 的模拟挑水过渡到线下“节约用水”的行为习惯，不仅表达了阿玛尼“节约用水”的公益理念，给受众留下了深刻的印象，成功地提升了品牌认知度和美誉度，而且进一步实现了企业的经济效益和社会效益的统一。[②]

（三）营销传播渠道多元融合，贴近消费者生活轨迹

在数字媒体时代，营销者可利用的营销传播渠道智能且多元，既包含报纸、杂志、广播和电视等传统大众媒体，又包含手机、平板电脑、可穿戴设备等数字媒体。

以数字媒体发展为背景的现代营销传播倡导从消费者的角度出发，运用各种传播形式，以非强迫性的手段向目标消费者传达信息，从而引起消费者的关注，刺激兴趣，培养欲望，最终促成购买行为。它强调的是从消费者的生活轨迹出发，对其接触度较高的传播渠道进行多元融合。

案例：梅西百货联手谷歌推出新功能，锁定消费者

美国梅西百货联手谷歌推出了一个合作项目，旨在通过整合谷歌的“接近营销平台”(proximity marketing platform)和移动搜索功能，全面贴近消费者，促进消费者在购物季里实现随时随地的购物消费。当消费者有购物需求时，可以通过手机端开启谷歌搜索，立即就会了解距离自己最近的梅西百货是否有所需要的产品及相关细节，并可获得该商品的官网链接。与此同时，谷歌会在搜索结果中为消费者提供完善的路线规划，帮助消

① 江南春：《把广告植入消费者生活当中》，《第十四届学习型中国－世纪成功论坛》，2013 年 12 月 30 日至 2014 年 1 月 3 日，http://finance.sina.com.cn/hy/20131231/184317811421.shtml。

② 杨佳麒：《基于 App 应用程序的体验式营销研究》，《商业现代化》2014 年第 11 期。

费者在最短的时间内抵达并完成购物。梅西百货还可以根据消费者的搜索结果，提醒消费者曾经被他们忽视的货架产品。例如，梅西百货可以提醒搜索衬衣的消费者，领带就在衬衣货架旁边；如果一个爱漂亮的女人出门忘了带口红，通过谷歌搜索，不仅可以找到适合自己的口红，还会收到香水的相关信息。梅西百货希望此举能够直接将移动搜索扩展至线下，转化为实体交易，第一时间促使消费者进行冲动购物。在旧金山、加利福尼亚等市场测试的项目结果表明：梅西百货在谷歌搜索项目上每投资1美元，就能获得6美元的销售回报。①

案例：百威“玩字造乐”营销活动

一向以热情、年轻为标签的百威，针对年轻一代受众，于STORM电子音乐节推出“玩字造乐”营销活动。为了契合消费者的使用习惯，百威通过整合PC端和移动端全面封锁消费者。比如，用户在PC端即兴填写“自造”歌词后扫描二维码，就可将自己创造的歌词同步传输至移动端。用户可以通过移动端实时参与互动，收听、收藏自己的视频作品。同时，结合移动端的随身性，用户还可以借助社会化媒体平台转发、分享作品。由于创意本身充满了趣味性，用户的转发还会吸引更多相关好友的主动参与，形成病毒式扩散。活动结束后，根据统计数据了解到：百威广告曝光量突破4 000万次，用户提交到活动平台的自创电音舞曲作品超过50万份，成功参与率超过1%。②

（四）营销传播效果的实时反馈、智能化与相对不可控

借助于数字技术，数字媒体能够实现对受众的收视、浏览、点击等信息接收行为的实时跟踪与分析。营销者通过数字技术追踪信息传递、扩散的轨迹，分析用户对营销信息所做的点击、浏览、进一步搜索甚至购买等不同程度的反馈活动。因此，基于数字媒体的营销传播活动，其过程和效果都呈现出智能化特征。

数字媒体的智能化应用特征也会帮助企业营销人员对商业挑战作出更快、更好的回应。比如，智能化应用能够在消费者购物活动实施的同时迅速帮助营销人员建立顾客对品牌及产品的认知，并推进购买行为的达成。

New Vantage Partners和the Direct Marketing Association(DMA)做的一项调查显示，87%的美国财务服务和医疗保健管理人员表示，随着有效的大数据处理产品的出现，他们能够利用大数据提升其获取更有效的市场见解和回答问题的能力。③

---

① 周瑞华：《梅西百货："移动+地理位置"武装购物季》，《成功营销》2015年第1期。

② 韩溢、孙珺、方树、姜川：《2015当内容派遇上技术流视频营销五大前瞻》，《成功营销》2015年第1期。

③ Tracy：《eMarketer：数字和传统营销渠道日益融合》，199IT网，2014年2月21日，http://www.199it.com/archives/196301.html。

但是，在数字媒体加强营销传播活动的实时反馈和智能化特征的同时，也为广告主营销传播活动带来了一定的问题和挑战。其中，营销传播活动二次、多次传播效果的相对不可控是众多营销者顾虑的问题。数字媒体推动了受众在营销传播过程中主导地位的提升，他们能够自主地选择是否接收、反馈以及进行二次、多次传播。这一方面使广告主营销传播活动可能引发以小博大的病毒性传播，产生轰动效应，远超出营销传播目标的预期，但另一方面，也可能引发传播危机。例如，虽然社会化媒体平台因低成本、高实效而为营销人员所青睐，但由于其难以溯源、信息传递呈几何式裂变等不可控的特点，一旦危机在这类平台爆发，其影响及所波及的范围都极大地扩大了，损害程度也进一步加深。

第三节　广告主数字媒体营销传播现状及特征

一、广告主眼中数字媒体地位上升，费用投入再创新高

数字媒体在中国广告主营销传播中的战略地位升级，最为直观的表现是广告主对数字媒体角色的认可，以及持续增加的费用投入。数字媒体不再只是广告主提高营销传播效率的手段，而是关乎广告主生存发展的重要战略问题。中国市场的消费群体主力生活在数字媒体环境中，如果从战略上对企业数字媒体营销传播进行科学有效的设计，广告主就很可能丧失曾经的品牌优势。多年来广告主与消费者之间信息不对称的状态已经被数字媒体打破，多年来通过一对多的发声行为所建造的品牌大厦会迅速崩塌，数字媒体营销的战略意义因此凸显。根据中国传媒大学广告主研究所的调研数据显示，被访广告主在数字媒体方面的营销费用分配比例持续上升。2011 年分配在互联网媒体的费用比例就已经超过报纸媒体，排名第二。2014 年，广告主在移动互联网的投入费用比例更是迅速增加。

二、广告主内部组织结构全力变革相应数字媒体营销趋势

近年来，数字媒体成为众多广告主营销传播的重要助推器，广告主越来越重视线下线上的协同、实体世界与虚拟世界的无缝化链接。品牌与消费者的即时互动、持续沟通以及关系建设变得更加重要。这就需要广告主内部组织结构全力变革以适应环境的变化。一方面，广告主对数字媒体营销专业人才的需求不断加大，不断引进数字媒体营销专业人才，同时数字营销相关培训也被纳入企业自身的日常工作中；另一方面，广告主在认识到数字媒体营销传播的重要性之后，在组织结构设置、人员配备和工作安排上作出

了新的探索。

从2008年开始,较早尝试运作互联网媒体的企业,比如IT、汽车等行业的企业为了迎合数字营销发展的需要,纷纷在原市场部设立E-Marketing小组或在媒介部设立数字媒体专员。2011年以来,企业的数字营销变革升级,部分企业设置了独立的数字营销部门,与市场部、销售部并列,主要开展电子商务和数字营销传播管理。

案例:东风日产数字营销再提速①

2012年,东风日产汽车公司成立全新的职能部门——数字营销部,以应对互联网营销发展的需要。此举开了中国汽车市场互联网营销的先河。两年来,东风日产数字营销部建立了以消费者洞察为目标的大数据平台,布局PC、移动双屏。向上,建立以提升网络品牌营销力的推广沟通模式和以内容创造为原点的传播分享机制;向下,建立以提升网络线索为主体的提升销售力的管理体制,建立城市、专营店数字营销专业团队,为全国专营店输入高质量的销售线索,成效显著。

通过两年多的探索实践,东风日产摸索出一套完善的从厂家到专营店的O2O销售线索整合平台。同时,对互联网每个环节中的精准数据形成完善的跟踪、监测体系,初步实现营销的数据化。到2014年7月,数字营销部累计收集销售线索479.1万条,实现交车25.2万辆,对东风日产的营销起到了实质性的推动作用。

三、广告主利用大众媒体与数字媒体的融合深挖营销价值

数字化大潮下,媒体融合的持续深入引发了广告主媒体选择的加速融合。以往广告主的媒体融合主要体现在传播层面,大众媒体实现广覆盖和品牌树立,数字媒体实现精准传播和深入互动。2014年,在实效传播目标的统领下,广告主在媒体融合之路上不断创新,步步为营。以东方卫视《女神的新衣》为例,广告主探索出了"即买即卖"模式,大众媒体与数字媒体的融合实现了传播与销售的同步,节目给广告主带来了直接的销售转化。

案例:东方卫视《女神的新衣》打造即买即卖模式②

《女神的新衣》通过电视与电商的强强联手,成为一次极具标志意义的融合。广告主选择以电视作为主要的内容传播平台,第一,选择与其观众气质高度吻合的节目与播出

---

① 东风汽车:《东风日产数字营销再提速》,东风汽车公司官网,2014年10月10日,http://www.dfmc.com.cn/News/show.aspx? ID=10021519。

② 东方台:《东方卫视〈女神的新衣〉开启购物模式　成首档即看即买的"电视购物"节目》,东方卫视,2014年8月21日,http://www.dongfangtai.com/news/5784.html。

平台，东方卫视《女神的新衣》走的是高大上的路线，从东方卫视的观众结构来看，年龄在25—54岁的观众比例居多，而这些人的消费能力较强，尤其是在电商消费方面具有很强影响力。第二，在节目环节设置上，让品牌从产品设计、市场定位，到“竞拍”等生产营销环节充分与节目内容融合，增加品牌和产品的曝光机会，随后充分互动。如在节目“竞拍”环节可根据各自品牌定位和市场需求拍下主题衣服版权，实时吸引消费者，让消费者充分体验共同创造的参与感。第三，抓住消费者多屏生活的特点，与垂直移动App《明星衣橱》进行合作。通过打通TV和移动端，解决从观众到消费者转化时遇到的分流问题。作为参与方与赞助方之一的朗姿品牌，其服饰事业部总经理陈曦表示：第一，参与节目的效果理想，线上品牌店铺收藏浏览量、点击率成倍增长，线下实体店成交量翻了好几番；第二，节目播出前8月21日公司股价是23.3元，播出之后10月30日为25.6元，8—10月之间未有大事项宣布，可以看到该节目为朗姿拉来涨停板，折合市值约4亿元。

本章思考题

1. 简述数字媒体的概念及特征。
2. 简述数字媒体传播的定义。从传播主体、传播内容、传播渠道以及传播效果四个维度阐释数字媒体传播的特征。
3. 简述营销、营销传播、数字媒体营销传播的概念。
4. 阐述数字媒体营销传播的特征。

第二章　数字媒体营销传播的环境变化

■ **本章导言**

数字媒体营销传播的发生、发展离不开环境变量的影响。近年来，中国社会经济及媒体产业环境发生了较大变革，对中国广告主数字媒体营销传播实践亦产生了重要的影响。本章内容将引导大家对中国广告主数字媒体营销传播实践所处的社会、经济及媒体环境变化及特征进行了解、掌握。

■ **本章要点**

1.“互联网＋”的经济意义及对数字媒体营销的影响

2.数字媒体在城镇化与县域的发展

3.媒体整体竞争格局

4.数字媒体市场表现

第一节　广告主数字媒体营销传播的社会经济环境

一、“互联网＋”成为经济发展关键词，数字媒体营销迎来阶段性增长

（一）“互联网＋”助力经济结构性改革

改革开放三十余年，中国经济建设取得了巨大成就，中国已经跃居世界第二大经济体。但在中国日益融入世界经济发展并对世界经济发展产生重要影响的同时，中国经济也承受着世界经济增速或下滑带来的外部压力、内部经济结构转型、经济增速放缓的换挡期阵痛。中长期经济增长是否可以持续，将取决于中国能否按合理的顺序进行必要的结构性改革。

尽管中国面临着不小的经济增长压力，很多传统产业遭遇寒冬，但互联网却展现了蓬勃的生机和巨大的前进动力。互联网与传统行业的碰撞和融合也成为近年来经济领域最热门的话题之一。李克强总理在第十二届全国人大三次会议上的政府工作报告中提出制订“互联网＋”行动计划，推动移动互联网、云计算、大数据、物联网等与现代制造业结合，促进电子商务、工业互联网和互联网金融的健康发展，引导互联网企业拓展国际市场。①

据国家发改委研究报告显示，“互联网＋”代表一种新的经济形态，即充分发挥互联网在生产要素配置中的优化和集成作用，将互联网的创新成果深度融合于经济社会各领域之中，提升实体经济的创新力和生产力，形成更广泛的以互联网为基础设施和实现工具的经济发展新形态。② “互联网＋”不仅仅是指互联网移动应用于某个传统行业，无所不在的计算、数据、知识造就了无所不在的创新，推动知识社会产生了以用户创新、开放创新、大众创新、协同创新为特点的创新 2.0，改变了生产、工作、生活方式，也引领了创新驱动发展的“新常态”。③

前阿里巴巴集团副总裁梁春晓将互联网经济称为新常态下的新经济引擎。他说：“我们原有经济增长动力不足，而这是一个新的因素，这对中国经济不仅仅意味着增长，而且是转型的动力，带动了整个经济结构的调整。”④

(二)“互联网＋”国家战略导向下利好政策信号相继释放

“互联网＋”国家战略导向下利好政策信号相继释放，如国家“力挺”新媒体发展，大力推动 4G 基站的建设与覆盖，提出并落实“宽带中国”等相关战略与政策。

在习近平总书记主持召开的中央全面深化改革领导小组第四次会议上，审议通过了《关于推动传统媒体和新兴媒体融合发展的指导意见》。习近平强调，要推动传统媒体和新兴媒体融合发展，要遵循新闻传播规律和新兴媒体发展规律，强化互联网思维，坚持传统媒体和新兴媒体优势互补、一体发展，坚持以先进技术为支撑、内容建设为根本，推动传统媒体和新兴媒体在内容、渠道、平台、经营、管理等方面的深度融合，着力打造一批形态多样、手段先进、具有竞争力的新型主流媒体，建成几家拥有强大实力和传播力、公信力、影响力的新型媒体集团，形成立体多样、融合发展的现代传播体系。⑤

---

① 新华信息化：《“互联网＋”成为国家战略 民间智库发力》，新华网，2015 年 3 月 8 日，http://news.xinhuanet.com/info/2015－03/08/c_134047655.htm。

② 林其玲：《“互联网＋”助力中国经济“弯道超车”》，《新京报》2015 年 3 月 16 日。

③ 赵竹青：《学者热议：李克强提的“互联网＋”是个啥概念?》，人民网，2015 年 3 月 5 日，http://scitech.people.com.cn/n/2015/0305/c1007－26644489.html。

④ 张向东、杜涛：《惊险的一跃 新 30 年的中国经济》，《经济观察报》2015 年 5 月 30 日，http://eeo.com.cn/2015/0530/276520.shtml? from＝groupmessage&isappinstalled＝0。

⑤ http://www.bianji.org/news/2014/08/909.html.

(三)"互联网+"环境下的数字媒体营销传播

国家政策的大力扶持、推广为数字媒体发展提供了强大的后盾,也为数字媒体营销传播的发展提供了较为宽松、利好的外部发展环境。

1.传统企业的数字媒体战略再造

第一,从媒体市场来看,"互联网+"环境的构建助力部分传统企业跨界数字媒体行业。随着"互联网+"思维的进一步普及和推行,大量来自制造业、食品、农林牧渔等传统行业的企业,或纷纷通过并购、投资等涉足移动互联网、手游、电子商务等新兴数字行业,或直接引入"互联网+"思维,对企业整体战略进行互联网改造。

案例:家电大亨海尔开启"互联网+"战略改造

2013年年初,海尔正式宣布进入"网络化战略"阶段。网络化企业发展战略的实施路径主要体现在三个方面:企业无边界、管理无领导、供应链无尺度。网络化发展战略的基石是"人单合一双赢"模式。首先,海尔将一部分员工由"在册员工"转为"在线员工"。采取个人网络接单的形式,以"人单合一"的方式计算酬薪,能者多劳。而由"在册"转为"在线"的途径,便是那些隶属于海尔的分公司或事业部,整体转为与海尔仅是合作关系的小微公司,这些小微公司可以借助海尔的品牌、用户资源和平台,为用户提供增值服务,自负盈亏,自主经营。这样的小微公司目前在海尔有42个,统称为"商圈小微"。海尔曾预计在内部成立2000家小微公司,形成平台组织下的自经体并联平台的生态圈。①

海尔在全面升级基础家电行业的同时,以智能家电平台为主业进军家居产业。海尔电器通过推进"日日顺"平台的搭建,从基础制造向服务转型,通过交互平台和配送平台推进建设平台型的商业生态网。海尔集团轮值总裁周云杰表示:"这个平台实践的是OTO概念,横向是用户购买,实现从了解商品信息到信息分享,而纵向则是实体店体验,并可以在移动端查询,通过将三方数据打通,从而为用户提供最优的解决方案。"目前,日日顺在全国有1万多个网点,送货可以下沉到农村。在智能家居方面,海尔通过建立互联工厂,推进工厂变革,实现实时互联。第一,通过模块化研发、并联服务等各个环节,极大地提升了市场响应效率,例如,原来开发新产品需要6个月的时间,现在2-3个月就可以上市推广。第二,从大规模制造转变为大规模定制,用户可以通过生产线系统进行个性化定制,即时下单后上生产线,并同时在后台数据库里形成报告,实现大规模的个性化定制。第三,工厂实现自动化、智能化。比如,原来一个洗衣机生产线有45个人,智能化后变成5个人,目前是2个人。然后,这个工序推进了车间改革,原来车间有92个人,

① 焦玲玲:《海尔家居:互联网思维下的企业创新战略》,2014年6月30日,百度乐居 http://house.baidu.com/。

第一步自动化后变成20个人，现在是1个人。①

2. 企业数字媒体营销活动改造

另外，在企业全面拥抱“互联网+”，积极进行互联网战略改造的同时，企业营销活动也同样在顺应企业战略调整，积极进行数字化改造。由于数字媒体已经重新定义了消费者获得信息和与品牌交互的方式，在企业革新营销活动的过程中，数字媒体营销传播亦逐渐呈现出精准化、传播一销售渠道一体化、营销管理精细化等特征。首先，企业借助互联网等数字渠道，分析用户数据，获取用户对产品的意见，分析用户需求，为产品和服务质量提升等做量化的数据分析，从而精准高效地提升营销水平，为企业创造更多效益。其次，在营销活动中期及后期进行用户反馈收集分析、销售变化分析，为产品广告投放收益ROI(投资回报率)数据处理等提供有力的技术保障及数据支撑，帮助企业机动调整营销活动并做出最优选择，将其直接转化为销售收益。再次，数字媒体营销适用于大中小各类企业，企业的投入规模小、流程改造小，可以通过在营销部门的局部投入，产生直接的效益，见效快，可度量性比较好。此外，数字营销还可以以局部牵动整体，从产品营销的数字化分析延伸到产品的设计生产、供应链等领域，实现数字化精确控制，促使企业逐步向数字化、智能化发展。最后，随着移动互联网用户的不断增加，可以基于传统社交网络和移动社交网络来做品牌营销、市场推广、产品口碑分析、用户意见收集分析等进行数字营销。比如，通过云计算、大数据挖掘、LBS(基于位置的服务)等新兴技术实现更为精准化的营销；依托传统产业的互联网化，配合线上移动支付技术的完善，打通O2O的交易闭环，实现营销即销售的交易转化；利用移动端媒体搭载互联网技术，实现用户的精细化管理等。

案例：华为社交网络大数据的挖掘与营销应用

华为与金融领域的大企业进行项目合作，帮助其通过客户的社交关系网络进行数据挖掘，发现相似类型的潜在客户社群，进行不同类别的金融产品促销；并且通过重点客户的供应链、销售等上下游关系，金融转账和交易数据，客户与同行及竞争对手之间的关系等，进行客户资产的分析排名，预测其潜在的经营实力，帮助金融企业挖掘潜在的大客户。

另外，华为通过对社交网络数据进行提取和分析，图形化地帮助企业展示其在社交网络中的用户口碑和用户对各种产品的意见，即时、动态地显示某个重点事件在网络中传播的路径和范围，帮助企业监听热点事件，及时响应网络上的用户意见，改善服务质量，提升企业的品牌形象。

此外，华为还为业界一些网络营销公司提供消息推送服务器、数据挖掘平台等产品，

---

① 王海艳：《海尔总裁周云杰：用互联网思维做传统行业》，新浪科技，2014年11月7日，http://tech.sina.com.cn/i/2014-11-07/06219769196.shtml。

帮助企业进行高效的数字营销应用和服务。①

二、新型城镇化国家发展战略中的数字媒体机遇

(一)新型城镇化及县域发展概况

城镇化是指人口向城镇集中的过程。这个过程表现为两个方面:一方面是城镇数目的增多,另一方面是城市人口规模的不断扩大。② 改革开放以来,我国城镇化进程发展较快,城镇化的质量亦处于稳步提升中。但是近年来,全球经济增长趋缓,我国正值经济转型阶段,整体发展以维稳为主,由于出口形势不容乐观,激发内需潜力成为推动经济增长的重要手段。内需主要包括两部分:消费需求和投资需求。而这两部分的最大增量都将来自于城镇化进程。根据国家统计局数据显示,2014 年,按常住地分,城镇居民人均可支配收入为 28 844 元,比上年增长 9.0%,扣除价格因素,实际增长 6.8%;农村居民人均可支配收入为 10 489 元,比上年增长 11.2%,扣除价格因素,实际增长 9.2%。农村居民收入增幅已经连续多年超过城镇居民。③ 根据《2015 中国县域市场研究蓝皮书》,2013 年,我国的城镇化率达到 53.73%,这意味着与发达国家通常城镇化率平均达到 80%(如图 2-1)的水平相比,城镇化普及率未来还有 20%—30%的提升空间。

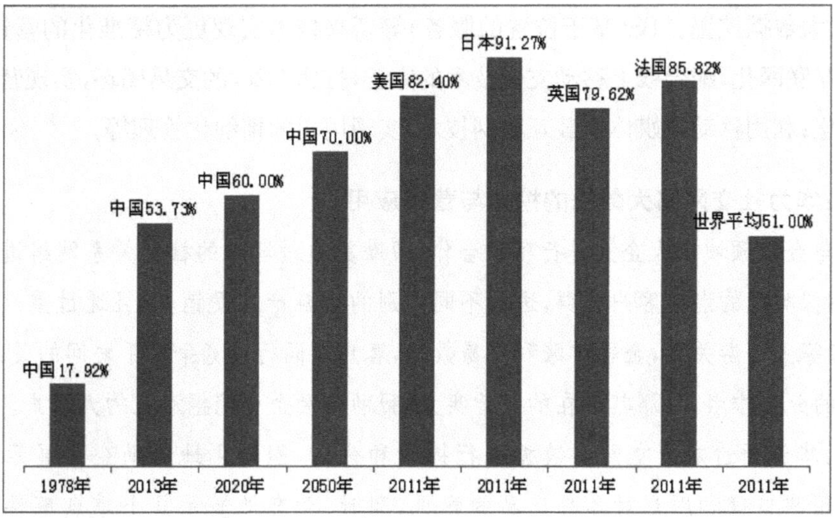

数据来源:2014 县域市场及消费者研究

图 2-1 主要国家城镇化率

---

① 吴斌:《基于社交网络的大数据技术和数字营销应用》,《营赢》,http://www.huawei.com/cn/about—huawei/publications/winwin—magazine/hw—329489.htm。

② 大英百科全书:http://www.britannica.com/search? query=urbanization。

③ 唐华:《新华网评:为什么说城镇化是最大内需所在?》,新华网,2015 年 3 月 6 日,http://news.xinhuanet.com/comments/2015—03/06/c_1114534957.htm。

因此，为了应对经济下行和经济转型的平稳过渡，进一步推进和优化城镇化进程，2014年3月16日，根据中国共产党第十八次全国代表大会报告、《中共中央关于全面深化改革若干重大问题的决定》、中央城镇化工作会议精神、《中华人民共和国国民经济和社会发展第十二个五年规划纲要》和《全国主体功能区规划》编制，新华社发布了《国家新型城镇化规划(2014—2020年)》(以下简称《规划》)，提出了新型城镇化战略。《规划》是今后一个时期指导全国城镇化健康发展的宏观性、战略性、基础性规划。《规划》提出，城镇化是解决农业、农村、农民问题的重要途径，是推动区域协调发展的有力支撑，是扩大内需和促进产业升级的重要手段。

《国家新型城镇化规划(2014－2020年)》的颁布，标志着新型城镇化已上升为国家战略。其中提到，1978－2013年，城镇化率年均提高1.02个百分点。有研究表明，城镇化率每提高1%，可以替代出口10万亿元。城镇化进程将不断提高我国居民的整体收入水平，同时，它也激发了一个地区、一个领域的需求潜力。而县域作为统筹城乡发展的关键载体，县域地区新型城镇化建设水平牵动着全国新型城镇化建设的大局。国家新型城镇化战略通过发展县域经济，使更多农民就近就业，提高收入，有效地释放县域市场的消费潜力。同时，城镇人口的增加会带来公共服务需求的增长，激发城镇基础设施、公共服务设施和住宅建设等巨大投资需求。这就意味着可能存在着千万量级的潜在就业机会，从而形成一个良性的经济循环。因此，在新型城镇化上升为国家战略的背景下，县域地区如何推动城镇化转型成为各界关注的焦点。新型城镇化和县域经济发展将成为支撑国家经济长期平稳发展的关键和动力，亦成为实现国家经济社会发展目标的重要保障。①

(二)数字媒体在县域的发展

由于新型城镇化和县域经济的发展为各大品牌提供了新的增量市场，越来越多的广告主将营销重点下沉至小城镇及县级平台。因此，广告主的数字媒体营销传播应与时俱进，在挺进县域市场的同时，注重体察当地情况，洞察消费者，将数字媒体与传统媒体深度结合，开启县域市场。而县域消费者数字媒体使用习惯的养成和数量的增加也为广告主开展县域市场的数字媒体营销传播提供了支持。

根据CNNIC发布的《第35次中国互联网络发展状况统计报告》显示，截至2014年12月，我国网民中农村网民占比27.5%(如图2-2)，规模达1.78亿，较2013年底增加188万人。② 相比城镇网民的72.5%，以农村为主要构成的县域地区的网民数量仍有一

① 唐华:《新华网评:为什么说城镇化是最大内需所在?》，新华网，2015年3月6日，http://news.xinhuanet.com/comments/2015－03/06/c_1114534957.htm。

② 中国互联网络信息中心(CNNIC):《第35次中国互联网络发展状况统计报告》，2015年2月3日，http://www.cnnic.net.cn/hlwfzyj/。

定增量空间。

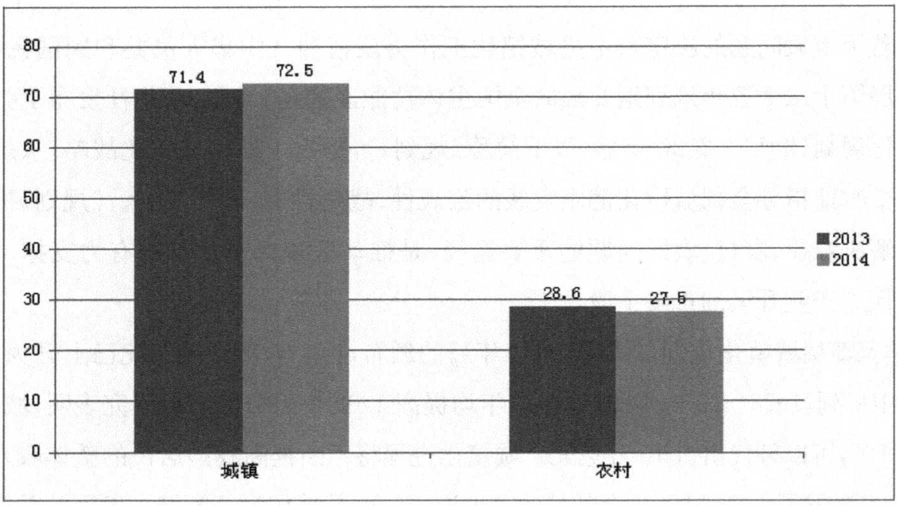

数据来源：中国互联网络信息中心发布《第 35 次中国互联网络发展状况统计报告》

图 2-2　中国网民城乡结构

根据《2015 年中国县域市场研究蓝皮书》，从整体上看，在县域居民媒体接触类型中，家庭电视以 78.5%的份额占据主导地位，作为传播信息载体的电视媒介在县域居民中独具传播优势，以网络为主力的数字媒体占比为 44.9%，包括互联网（手机终端）的 27.7%、互联网（PC 端）的 17.2%（如图 2-3）。

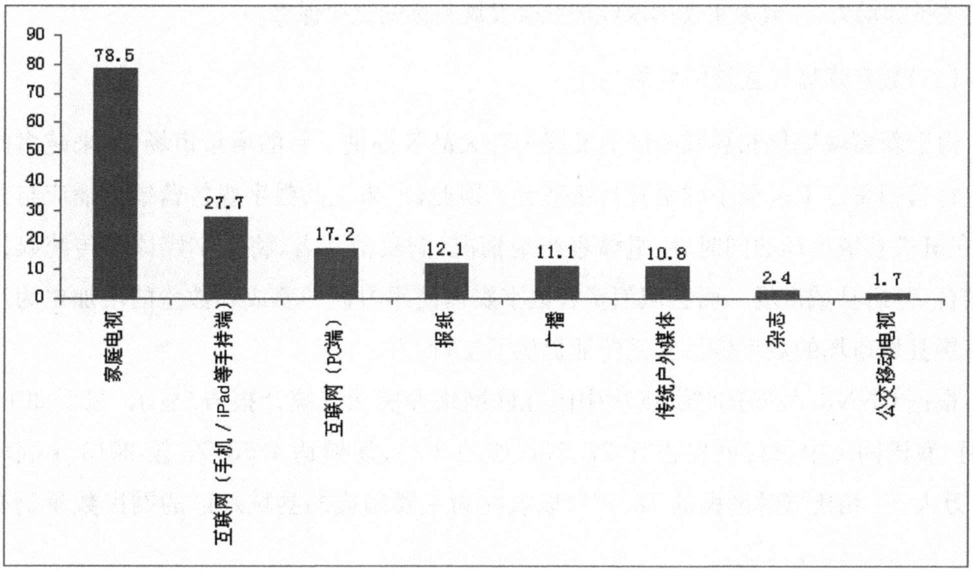

数据来源：2014 县域市场及消费者研究

图 2-3　2014 年县域居民接触媒体类型

另外，在互联网媒体接触分析中，县域居民选择的主要代表性网购平台是淘宝网，份额达到 65.5%，在各年龄段都占有绝对优势（如图 2-4）。淘宝网之所以能够在县域形成影响力优势，得益于其近年来对县域市场的重视和建设。2012 年，淘宝网就已认识到三四线市场不容小觑，阿里巴巴集团通过对其交易量的分析得出结论：三四线以下地区的消费增速高于作为传统消费主力的一二线城市。因此，淘宝网逐步加快渠道下沉的步伐。2013 年，淘宝发布《县域网购发展报告》，其中调查了 2012 年淘宝县域市场的消费状况和基本特征。数据证明，县域地区共有超过 3 000 万的消费者选择淘宝网购物，花费 1 790亿元，比 2011 年增长了 87%。淘宝网在县域市场的影响力可见一斑。与此同时，1 号店、京东等电商巨头们也开始进驻并精耕三四线市场。综上所述，随着数字媒体在县域的普及、传播与进一步发展以及城镇化进程的进一步推动，广告主数字媒体营销的增量空间值得期许。

	合计	男性	女性	15-30岁	31-45岁	46-65岁
样本量	1332	678	654	646	472	220
淘宝网	65.5	58.5	73	58.1	76.7	63.6
聚划算	19	20.8	17.4	21.7	20.2	8.7
1号店	10.1	13	7.2	13.4	7.7	5.9
美团网	8.6	10.3	6.6	14.2	3.9	2.2
卓越网	8	10.7	5.3	11.8	6.4	0.4
清座网	5.9	8.5	3.2	9.3	3.9	0.3
当当网	5.5	5.1	6	6.7	5.5	1.8
糯米网	0.9	1.4	0.4	0.7	1.6	0
拉手网	0.4	0.2	0.5	0.5	0.3	0.2
其他	3	1.1	4.8	4.1	0.8	4.1

数据来源：2014 县域市场及消费者研究

图 2-4　经常接触互联网的县域居民主要登录的购物网站

第二节　广告主数字媒体营销传播的媒体环境

继报纸、广播、电视、户外广告之后，互联网作为一种全新的传播媒介形态已逐渐被公认为第五媒体。近年来，随着数字技术的不断进步和个人计算机的普及，互联网的使用已经变得越来越普遍。这种发展态势既对报刊、广播、电视三大传统媒体造成了冲击，加速了传统媒体的升级换代和技术转型，同时也使媒介间的竞争格局发生了变化。

一、媒体产业市场竞争态势

(一)媒体产业市场新格局形成:从传统媒体独霸到传统媒体与数字媒体分庭抗礼,形成新竞合关系

1. 2008 年之前:传统媒体稳占媒体广告市场的主要份额

一直以来,传统大众媒体在媒体产业格局中占据着重要份额。从其发展历程来看,2004 年之前,四大传统媒体(电视、广播、报纸、杂志,下同)的广告营业额在总营业额中比例走高,广告营业额增长率也曾一度达到 20%以上。2004 年,由于国家对广告市场进行整顿,整个行业增长放缓,四大媒体广告增长率仅为 5%。2005 年和 2006 年,四大传统媒体通过调整单一产业结构和极力促进广告经营,外加宏观经济高速发展的带动,广告经营增长率恢复到 10%以上。

2. 2008—2010 年:传统媒体受到一定冲击,新浪广告收入首超广告收入最高的报纸媒体

2008—2009 年,金融海啸引发了全球性经济危机,海外市场紧缩,广告主投放谨慎,致使中国广告业增长缓慢,四大传统媒体的广告经营增长率仅为 6.9%。[①] 2008 年,新浪的广告收入达到 17.5 亿元,超越国内广告收入最高的报纸——《广州日报》。

3. 2011 年至今:互联网媒体广告收入赶超报纸、广播媒体,新旧媒体分庭抗礼,新竞合格局形成

2011 年,由于中国经济持续增长,广告业收入超常增长,中国媒体广告总收入相比 2010 年增长 14.0%,约为 383 亿美元左右,折合人民币约为 2 200 亿元,四大传统媒体的广告营业额为 1 510.5 亿元,广告经营增长率达 29.0%。[②] 同年,互联网媒体广告收入达到 512.9 亿元,超过全国报业广告收入之和(469.45 亿元)。[③] 尽管如此,互联网媒体的广告收入仍然难以与传统媒体相抗衡。

2012 年,国家对传统媒体和广告产业的政策持续利好。虽然 2012 年国家宏观经济形势严峻,GDP 增速仅为 7.8%,但四大传统媒体的广告收入为 1 912.3 亿元,比上一年增长 26.6%。[④] 2012 年,互联网媒体广告收入达到 753.1 亿元,超过全国报纸(555.63 亿元)和全国广播(141.06 亿元)的广告收入之和(696.69 亿元)。[⑤] 数字媒体开始在媒体市

---

① 林楠:《2004~2013 年中国四大传统媒体广告经营研究》,《今传媒》2014 年第 11 期。

② 艾瑞咨询:《2011 年底中国媒体广告总收入将超日本》,艾瑞网,2011 年 9 月 9 日,http://report.iresearch.cn/2352.html。

③ 郭全中:《中国传媒业新格局已形成》,《中国报业》2015 年 5 月。

④ 林楠:《2004~2013 年中国四大传统媒体广告经营研究》,《今传媒》2014 年第 11 期。

⑤ 郭全中:《中国传媒业新格局已形成》,《中国报业》2015 年 5 月。

场占有一席之地。

2013 年，我国经济发展呈减速态势，GDP 增长率为 7.7%，创 14 年来新低。经济增长的压力也影响到传统媒体广告市场。四大传统媒体广告经营额比上一年下滑 4.1%，首次出现负增长，为 1 832.4 亿元。2013 年，四大传统媒体的广告经营告别了高速增长期，开始进入问题凸显的纠结期。① 同年，互联网媒体广告收入达到 1 100 亿元，仅比全国电视广告收入（1 101.1 亿元）少 1.1 亿元。在这一年，百度的广告收入为 318.02 亿元，超越央视成为第一大广告媒体，阿里巴巴的广告收入也远远超过央视。数字媒体开启了逆袭之路。②

2014 年是互联网进入中国的第 20 个年头，根据艾瑞发布的最新数据显示，互联网市场广告收入为 1 540 亿元，同比增长 40.0%，已经超越电视广告和报纸广告之和。百度广告营收超过 490 亿元，超过全国报纸广告收入之和；淘宝广告营收超过 375 亿元，迈过 300 亿元大关；腾讯广告收入超过 80 亿元。③

综上所述，伴随着以数字媒体为代表的互联网广告市场的逆势增长及广告主对新旧媒体态度的颠覆性改变，中国媒体市场的旧格局已经被彻底颠覆，在数字媒体和传统媒体分庭抗礼、竞合中成长起来的媒体广告市场新格局已基本形成。

（二）传统媒体的市场表现及数字化调整

1. 电视媒体：仍旧占据最大份额，但增幅回调

目前，电视媒体仍旧占据最大广告花费比例，但增幅下滑，竞争压力主要来自数字媒体。根据中国传媒大学广告主研究所 2014—2015 年度广告生态调研显示，电视媒体占广告主媒体广告投放费用的比例仍旧最高，但是整体增幅放缓并有所回调（如图 2-5）。

以互联网、手机、数字户外为代表的数字媒体逐渐成为电视媒体广告的主要竞争压力来源并且有持续走高的趋势（如图 2-6）。虽然几个有影响力的电视台增长快速，广告收入看似上扬，但是改变不了整个电视行业前景不容乐观的现状。CTR 的数据同样显示，2014 年电视媒体广告刊例花费下滑 1%。④

2. 与数字媒体强强联合，开拓广告经营新空间

面对经营压力，电视媒体一直不断探索与数字媒体的融合化发展。但回顾电视与互联网媒体融合化探索实践，我们发现，其往往是将互联网作为一个内容播出渠道和宣传

---

① 林楠：《2004～2013 年中国四大传统媒体广告经营研究》，《今传媒》2014 年第 11 期。

②③ 郭全中：《中国传媒业新格局已形成》，《中国报业》2015 年第 5 期。

④ CTR：《CTR 2014 年中国全媒体广告分析》，中国广告协会网，2015 年 3 月 2 日，http://www.cnadtop.com/focusNews/2015/3/2/c0ec4471－ee8b－42e8－b228－cea47d82e34a.htm。

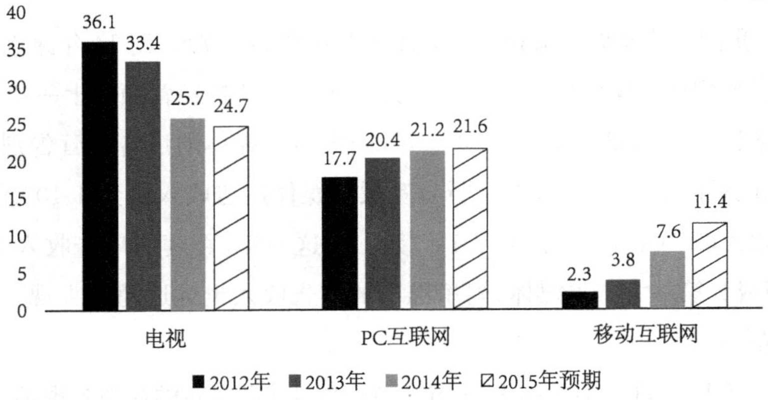

数据来源：中国传媒大学广告主研究所

图 2-5　2012—2015 年预期广告主各媒体费用分配比例变化

（2012年 n=53，2013年 n=31，2014年 n=43）

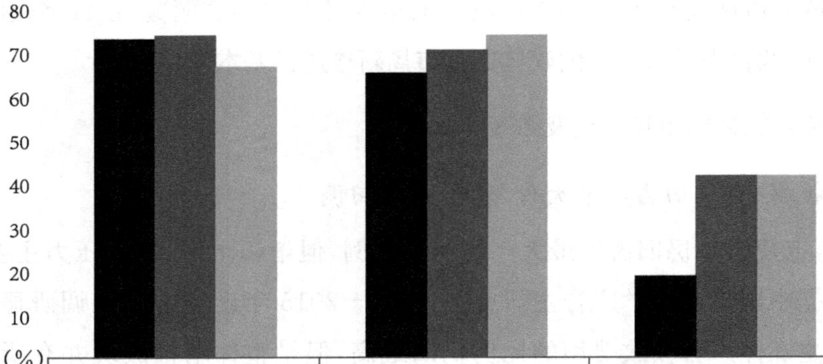

	电视	互联网	其他数字媒体（手机、数字户外等）
2012年	73.6	66	18.9
2013年	74.2	71	41.9
2014年	67.4	74.4	41.8

数据来源：中国传媒大学广告主研究所

图 2-6　2012—2014 年被访电视媒体广告经营主要竞争压力来源比较

渠道，本质上仍旧只是将其作为电视内容增加的一个播出渠道，并没有真正从网民用户习惯和网络传播特点入手利用互联网。

近年来，电视与互联网的合作出现了明显升级，主要表现在节目的共同投资、共同制作、共同播出、共同招商这四大“共同”上。这样做的好处有三点：第一，在消费者多屏生存的环境下保证了电视受众与网络受众的全方位覆盖；第二，在充分考虑了网络受众的特点的前提下制作节目，网络、电视同步播出，容易引起共鸣与讨论，同时利于多屏互动；第三，电视台不必承担所有风险，并且可以通过节目合作提升自身内容制作能力。

案例：天津卫视与新浪微博联手打造《百万粉丝》

天津卫视与新浪微博共同投资、共同制作、共同播出、共同招商，网台无缝对接，利益均沾，风险共担。天津卫视、新浪网、新浪微博共同构建了一个“平台＋内容＋应用”的全产业链业务体系，将门户网站的资讯优势、微博的大数据和电视台的公信影响力融合，并大胆尝试24小时多机位、不间断直播真人秀节目。在节目的销售上，“网台合一”互动模式完全打破了互联网与电视两个行业的销售壁垒，第一次实现资源整合、联合售卖的新形式。《百万粉丝》是实现电视与网络同步直播的社交生存真人秀，被称作是一档真正意义上的网台融合节目，不仅因为此节目打破了过去“网台联播”的形式，而且它在节目内容上直接体现了网络生活，把“网络生存”这件事借由电视荧屏来进行更为直观的展现。①

3. 纸媒：广告收入进一步下降

(1)报纸、杂志媒体广告收入进一步减少，生存压力大

2014年，全国报纸的广告收入进一步下滑。据CTR最新调查数据显示，自2012年报纸广告由增长转为下降后，降幅逐年增大，2014年降幅由上年的8.1%急剧增加到18.3%，三年来报纸广告累计下降了29.6%。② 广告收入下降在报纸广告版面的减少中表现得更为明显，2014年报纸广告资源量下降了20.9%。另外，根据中国广告生态调研数据显示(如图2-7)，被访报纸媒体上半年广告收入增加的选择率在经过2012年滑坡式跌落之后，2014年进一步下降，与2013年同期相比下降了8.1个百分点，相对应的，被访报纸媒体中广告收入下降的选择率上升了11个百分点。

同样，杂志媒体广告收入亦不容乐观。根据调研结果显示，近三年被访杂志中广告收入增加的选择率折半缩减，2013年、2014年与上年同期相比分别减少了41个和15.3个百分点，而选择广告收入下降的被访杂志则分别增加了27个和16.7个百分点。

2014年，报纸各行业广告全面下降的趋势进一步加剧，主要行业几乎都在下降。房地产从上年增长17.5%转为下降，降幅达23.8%。商业零售业下降22.1%，汽车降幅高达35.6%，娱乐及休闲下降10.3%。降幅较大的还有：个人用品下降23.5%，酒类下降

---

① 引力传媒汇总：《重磅解读2015全国上星频道发展及广告经营态势》，2014年12月9日，http://mp.weixin.qq.com/s?biz=MjM5NTM4MDkyMQ==&mid=201813446&idx=1&sn=6b739e250ba1a942b6b977b22ef58851#rd。

② CTR：《2014年中国报纸广告市场分析》，中国商情报网，2015年2月12日，http://www.askci.com/chanye/2015/02/12/17406h1u3.shtml。

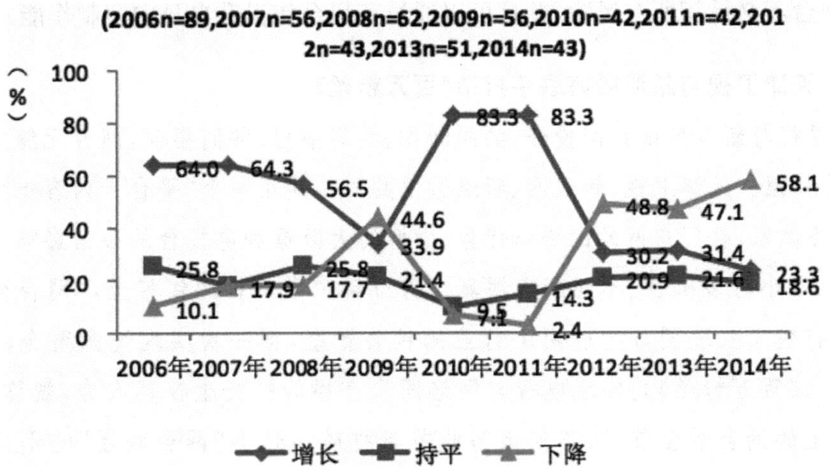

数据来源：中国传媒大学广告主研究所

图 2-7　2006—2014 年被访报纸媒体上半年广告收入的变化情况

29.5%，家用电器下降 31.6%。[①] 除了受行业本身发展情况的影响，2014 年大部分行业的广告主将预算转向新媒体，纸媒的投放份额进一步被压缩。

在全国纸媒整体颓势的情况下，大部分报纸、杂志面临较大的经营与转型压力，不少纸媒遭遇生存困境，不得不选择停刊或休刊。2014 年 1 月 1 日起，上海报业集团的《新闻晚报》停刊，四月，《竞报》和《天天新报》(原《新闻午报》)相继宣布休刊。此外，2014 年新年伊始，《南方都市报》旗下的唯一一本时尚刊物《风尚周报》因营收艰难停刊，之后《钱经》《心理月刊》等杂志也相继在 2014 年宣布停刊。[②]

数字媒体的爆发式发展无疑是纸媒迅速衰落的主要原因。因此，如何转“危”为“机”，审时度势，借势数字媒体，成为纸媒扭转乾坤的关键。

(2)打造全媒体营销平台，提供全方位营销传播服务

数字媒体的飞速发展、传统纸媒的广告客户与读者的大量流失是不争的事实，传统纸媒的生存发展受到挑战。在当前的营销环境和媒体环境下，整合多种媒体开展营销传播已经成为广告主的共识。纸媒需要整合多种媒介资源，融合发展，不仅要适应广告主的需求，也需要提高自身营销价值，增加对广告主的吸引力。

---

① CTR:《2014 年中国报纸广告市场分析》，中国商情报网，2015 年 2 月 12 日，http://www.askci.com/chanye/2015/02/12/17406h1u3.shtml。

② 依萤:《2014 年，我们不得不跟这些纸媒 Say Goodbye》，九个头条，2014 年 12 月 25 日，http://www.topnews9.com/article_20141225_42512.html。

案例:浙报集团打造全媒体营销平台

浙江报业集团旗下新媒体超过200家,有些是平台型的,有些是垂直型的,涵盖网站、App、微信、微博,还有线上线下等多种形式,从传统的主流新闻到文化服务再到生活服务形式应有尽有。现在整个报业集团直接拥有用户超过5亿、活跃用户4000万,除了高黏度用户背后代表的营销价值,还能为广告客户提供多种媒介的整合营销平台。①

案例:《萧山日报》全媒体联动经营

《萧山日报》的广告经营也是开展全媒体联动的成功案例。如以经营旅游、美食、商业、医疗广告为主的《生活周刊》,在原来报纸版面的基础上,推出本土城市杂志《这里》,同时创建微博、微信、QQ群、微商城、"萧报鲜食会"、移动发布端等,开展立体式、全媒体整合营销,同时配合线上线下活动,改变原来单一的传播渠道和营销手段,增强了传播效果,对广告客户来说,也提高了营销价值。②

4.广播广告:传统媒体广告收入增长亮点

(1)在传统媒体广告经营整体不景气的情况下,广播广告成为增长亮点

在以电视为首的四大传统媒体前景堪忧的情况下,在经历了2010—2012年的快速增长之后,广播广告收入有所放缓,但增长依然喜人。据CTR的数据显示,2014年广播媒体广告刊例花费同比增长11%③,继续引领传统媒体广告的涨幅。此外,根据2014年中国广告生态调研的结果,参加调查的22家广播媒体,2014年上半年的广告收入均有所增长,平均增长幅度为11%。④

广播之所以能杀出重围,成为传统媒体市场中的一匹黑马,除了其具备快速、即时、地域性的信息传播特征之外,高精准度的优势更令其备受广告主青睐。然而在当前的媒介环境下,任何一种传统媒体都不可避免地会遭遇数字媒体的冲击,对广播媒体来说,这是一个好的时代,同时也充满了变数和挑战,广播媒体也在进行自我升级,以更好地服务广告主。

(2)结合数字媒体拉升听众黏性,打造优质营销平台

广播的即时性、伴随性收听等特征符合现代人信息接触碎片化、移动化收听的特点,也决定了广播在传统媒体中最容易与新媒体融合,方便拓展PC门户、微博、微信、移动客

---

① 张娜:《浙报传媒董事长高海浩:媒体融合核心是人的融合》,国际在线,2014年10月31日,http://gb.cri.cn/42071/2014/10/31/5187s4748840.htm。

② 陈蓉:《〈萧山日报〉取消传统采访部门 记者全划到全媒体》,新浪传媒,2014年12月8日,http://news.sina.com.cn/m/2014-12-08/093931258683.shtml。

③ CTR:《CTR2014年中国全媒体广告分析》,中国广告协会网,2015年3月2日,http://www.cnadtop.com/focusNews/2015/3/2/c0ec4471-ee8b-42e8-b228-cea47d82e34a.htm

④ 中国传媒大学广告主研究所:《2014—2015年广告生态调研媒体研究报告》。

户端等多种方式。

而这些新方式的兴起，既是对传统广播的挑战，更是拓展了传统广播的收听渠道，弥补了原本收听范围有限的缺陷，满足了现代人移动收听的需求。然而，广播对于新媒体应用的意义并不仅仅在于拓展了一个新渠道，而是借助新媒体能够最大限度地利用广播的内容价值，为听众提供一种更便捷的互动沟通平台，让听众参与到广播的互动之中，提高听众黏性。对广告主来说，传统广播与新媒体渠道的结合为多种广告形式的整合运用提供了便利，也更大程度地提高了信息传播的互动性。

另外，广播往往带有典型的地域性特征，听众以本地人为主，能够与当地人的生活紧密结合，尤其是一些交通或是民生类的节目，更担任了一种生活服务的角色，相比其他传统媒体，与受众距离更近，在此基础上实现的互动交流更像是打造了一个社交生活圈，广告主在这个圈子里做营销传播效果会更好。[①]

(三)媒体产业市场内部重新布局：数字媒体发展迅猛，投资并购活跃

1. 大环境利好，数字媒体发展迅猛

近年来，媒体产业并购管制政策的放松和国家多个文化产业相关扶持政策的出台，为数字媒体产业发展提供了助力。互联网广告收入在2013年1 100亿元的基数上依然保持着高速增长态势。2015年上半年，根据以数字媒体为平台依托的互联网上市公司的财报数据显示，百度、腾讯、奇虎360、搜狐等11家互联网公司的广告收入之和为81.36亿美元，同比增长45.13%。[②] 2015年全年，中国整体网络广告市场规模同比增长36%，达到2 093.7亿元，而预计2016年将保持34%左右的高速，超过2 800亿元。[③]

2. 并购渐起，市场内部重新布局

2014年3月24日，国务院发布《关于进一步优化企业兼并重组市场环境的意见》，提出发挥市场机制作用，取消和下放一大批行政审批事项。10月23日，《上市公司重大资产重组管理办法》以及《关于修改〈上市公司收购管理办法〉的决定》正式施行。两个《办法》充分体现了“管制政策放松、审批环节简化、定价机制市场化”的特点。并购政策的持续变暖和制度红利的释放也为火热的传媒产业市场内各主体参与并购重组提供了制度保障。[④]

---

① 中国传媒大学广告主研究所：《2014—2015年中国广告生态调研媒体研究报告》。

② 郭全中：《2015年传媒经营回顾 互联网媒体成传媒业市场主导力量》，人民网，2016年1月11日，http://media.people.com.cn/n1/2016/0111/c14677—28036280.html。

③ 艾瑞咨询：《2016年中国网络广告行业年度监测报告》，2016年4月8日，http://www.gzhphb.com/article/15/150115.html。

④ 王佳宁：《国务院印发〈关于进一步优化企业兼并重组市场环境〉的意见》，新华网，2014年3月24日，http://news.xinhuanet.com/politics/2014—03/24/c_119920415.htm。

由于互联网+战略的升级及推动，影视业及游戏业等传统媒体产业开始不断向数字化倾斜，从产业源头的资本、创作辐射至产业链的各个环节，比如推广上市及销售等。综合 Wind 等数据，2014 年，我国传媒业共发生 200 多起传媒行业并购事件，远超 2013 年并购数量，其中以网络媒体、影视、游戏、有线和卫星电视为代表的数字媒体行业势头最劲。2014 年我国传媒业并购总金额超过 2 200 亿元，是 2013 年并购总金额的 2 倍多。[①] 对 2014 年传媒市场并购行业而言，以影视、游戏、广告、互联网媒体并购为主，分别为 63 起、57 起、46 起、13 起。其中，数字媒体行业占据重要地位。

另一方面，互联网巨头亦开始逐步布局新媒体市场。以阿里巴巴为例，自 2013 年开始，阿里巴巴数字媒体布局就已浮出水面，先后宣布推出手机游戏平台，收购虾米音乐等，并计划进军网络视频等新媒体文化产业。

2014 年，阿里巴巴通过美国上市融资，大力布局新媒体产业。2014 年 3 月，阿里巴巴对文化中国战略投资 62.44 亿港币，并获得文化中国 60%的股份。文化中国是以报纸媒体经营、移动新媒体运营与精品影视剧摄制等为主业的综合性媒体集团。目前，文化中国已经更名为阿里影业。[②]

随后，阿里通过联手华数传媒，共同参与原创内容、视频通讯、游戏、音乐、教育、云计算、大数据等新媒体市场领域的布局和并购，拓展数字化文化传媒产业链。2014 年 4 月，马云、史玉柱又以 65 亿元入股数字媒体运营商华数传媒，占公司股份总数的 20%。华数集团是由杭州文广集团、浙江广电集团等投资设立的大型国有文化传媒产业集团。华数集团旗下控股的上市公司华数传媒拥有上百万小时的数字媒体内容库、数千万台互联网电视终端、新媒体全业务运营牌照。另外，阿里巴巴早期就已携手华数进军 OTT，共同发布首款"天猫"盒子，并正式发布了阿里智能 TV 操作系统，以及基于阿里智能 TV 操作系统的智能电视。[③] 2014 年 4 月 28 日，阿里巴巴和云锋基金共同斥资 12.2 亿美元入股优酷土豆，完成了视频媒体市场的战略布局。[④]

其他互联网企业也已经开始加紧数字媒体战略布局。例如，2014 年，小米以 3 亿美元巨资入股爱奇艺，通过布局数字媒体平台打造更完善的企业生态系统。[⑤]

---

① 郭在中：《2014 年传媒业市场并购报告》，广告买卖网，2015 年 5 月 4 日，http://www.admaimai.com/News/Detail/2/122327.htm。

② 萧然：《阿里巴巴 62 亿港币入股文化中国》，新浪科技，2014 年 3 月 11 日，http://tech.sina.com.cn/i/2014－03－11/18599231629.shtml。

③ 爱文、林明：《马云、史玉柱斥资 65 亿元入股华数传媒》，新浪科技，2014 年 4 月 8 日，http://tech.sina.com.cn/i/2014－04－08/18199305530.shtml。

④⑤ 周文林：《阿里巴巴与云锋基金 12.2 亿美元战略投资优酷土豆》，新华网，2014 年 4 月 29 日，http://news.xinhuanet.com/newmedia/2014－04/29/c_126444797.htm。

二、数字媒体对媒体环境的影响与重塑

数字技术和新媒体的不断发展为整个媒体环境带来了新的机遇。随着数字技术的更新迭代，传统媒体与互联网媒体、移动媒体不断融合碰撞，整个媒体生态环境正发生着翻天覆地的变化。例如，信息传播渠道不断扩张，传统媒体逐渐失去信息垄断地位和舆论主导权，信源主体从传统的大众媒体无限延展至各个层级的公民等。

(一)数字媒体冲击下的传统大众媒体的变革与调整

数字媒体的诞生与发展不仅开创了人类交往的新形式，延展了知识结构，实现了海量信息的即时传递，而且实现了传者与受众的即时互动。数字媒体的迅速崛起，对传统媒体产生了极大的冲击。在以互联网为代表的新媒体的冲击下，传统媒体的生态环境和基本格局正在发生重大变化，互联网广告、户外广告、数字楼宇电视广告、直投广告等媒体方阵在经济下行的大环境下逆势崛起，不断瓜分、蚕食着传统媒体的广告份额。在新的媒体结构中，传统媒体的生存空间进一步受到挤压，其强势地位开始动摇。因此，传统媒体的变革与调整已迫在眉睫。在数字媒体的冲击下，传统媒体正从以下三点进行转型改革。

1. 重塑媒体角色：由工具型媒体到关联型媒体

以往，受众甚至是媒体、营销人员都习惯性地将媒体仅仅视为一种工具，尤其是传统大众媒体的报纸、广播、电视，其角色划分都是基于媒体自身作为一种传播介质的工具性质。在数字媒体时代，数字技术的革新和互联网的普及打破了这种介质属性的界限，衍生了更具受众关联性的新媒体平台。比如，依托于互联网的微信、微博这类社会化媒体平台，关联性就成为媒体内容承载的核心，受众只有时刻感觉到媒体信息和媒体本身与自己休戚相关，才会增加关注度。因此，当下的信息传播应以构建与受众的关联性为核心，传统媒体需要转变原本单一的工具型角色，借力互联网平台，着重构建并维护用户关联性，将传统定义下的受众转变为媒体用户甚至粉丝社群，这样才能进一步实现媒体价值，保持并提升媒体影响力，在数字媒体的冲击下平稳过渡。

例如，北京电视台新闻频道的一档深夜栏目播出后收视率一直不理想，通过开通、运营“北京新发现”微信公共平台，仅用 11 个月的时间，关注用户就由最初的 200 人增至 110 万人以上，成为具有相当规模与影响力的新媒体平台，并进一步通过制造话题反哺传统节目收视。①

---

① 喻国明、刘旸：《“互联网＋”背景下传媒产业创新的五力模型》，《新闻与写作》2015 年第 5 期。

2. 重建媒体价值认知：由关注内容到关注推广

在传统媒体时代，信息量和信息传输的有限性令优质内容得以凸显，在海量信息过剩、渠道失灵的当下，内容固然重要，但传统媒体若单凭好的内容，却无法保障有效的传播推广手段，也就无法在数字媒体的重围中脱颖而出。因此，传统媒体应更多地关注传播的形式及运作，依托资源优势保障传统媒体的优质内容到达受众、影响受众并进一步留住受众。

因此，传统媒体可借助互联网，实现内容的跨媒体传播，整合统一的媒体形象，形成并拓展在不同终端的影响力，进一步落实内容及媒体的品牌溢价，应对数字媒体的挑战。比如，内容传播的运作可以打破传统单一的形式，不再仅仅依靠新闻发布会等媒体主导型的宣传形式，这类形式受众参与度较低，体验较差，而是采取线上、线下多渠道、多平台、多终端的构建与统合，全面保障内容的传输及到达。以湖南电视台为例，通过开发并上线“芒果 TV”客户端，搭建各类入口平台，并结合垄断台内优秀资源，研发推出具有针对性的官方 App，如呼啦等，打造移动客户端产品矩阵，确保内容的全方位传播与供给，进一步锁定受众，实现内容价值和商业价值的统一。①

3. 延伸媒体产业链条：由生产—销售分离到生产—营销—销售(衍生产业)一体化

随着数字媒体对传统媒体市场的进一步蚕食和扩张，传统意义上的“内容为王”观点已逐渐远去，如何在保证质量的情况下相对压缩成本、提高效率，从而创造更高的经济收益成为传统媒体面临的根本问题之一。数字媒体依托互联网和技术平台，充分节约成本，不断完善生产—营销—销售一体化的产业链条。例如网络视频平台，通过推动栏目的制作—播出—营销—销售(内容及相关衍生产业)平台的一体化，拥有制播版权资源，不仅控制了成本，还充分实现了优质内容的商业价值。因此，传统媒体要解决经济营收问题，不仅应借力数字技术(如大数据技术对内容制作的精准把握)等实现内容产品的成本压缩及产销一体，更应依托“互联网＋”思维下业态的融合推动产业链的完善与延伸，实现内容衍生产业的多元发展。例如，北京电视台“卡酷频道”打造动漫全产业链，发挥“卡酷”的品牌优势，研发新的基于互联网平台的栏目制作和动画剧开发模式，继续拓展和布局游戏业务，培育高品质、高收益的游戏产品；打造原创动画 IP，并在此基础上进行相关产业拓荒；通过开发并提升少儿艺术培训的服务质量，不断拓展业务，努力强化品牌建设，进一步完善与电视栏目的融合模式。②

---

① 刘水：《成洪荣：2015 芒果 TV——冲刺收获优质用户》，东北新闻网，2014 年 12 月 31 日，http://xy.nen.com.cn/system/2014/12/31/014970193.shtml。

② 吟春：《抓住机遇，全力打造动漫全产业链——访北京卡酷传媒有限公司总经理帅民》，《中国编辑》，2012 年 5 月 22 日，http://www.editorworld.com.cn/characters/201205/characters_1792.html。

（二）数字媒体与传统大众媒体的融合发展

无论是全球媒体产业最为发达的美国市场，还是文化产业迅速扩张的本土市场，数字媒体正在不断地抢夺传统媒体的“奶酪”。尽管新媒体的出现和发展给传统媒体带来了一定的冲击和挑战，但并不意味着传统媒体将会一蹶不振或是就此消亡，其完全可以通过媒介融合与数字媒体共生共荣、协同发展，促进市场竞争进入良性循环，平衡社会媒体生态系统。

媒介融合（media convergence）概念的提出始于20世纪80年代的美国，由美国马萨诸塞州理工大学的浦尔教授提出。美国新闻学会媒介研究中心主任安德鲁·尼其森将“融合媒介”定义为“印刷的、音频的、视频的、互动性数字媒体组织之间的战略的、操作的、文化的联盟”。他强调的“媒介融合”更多是指各个媒介之间的合作和联盟。[①] 喻国明教授在《传媒经济学》中认为，媒介融合是指报刊、广播电视、互联网所依赖的技术越来越趋同，以信息技术为中介，以卫星、电缆、计算机技术等为传输手段。数字技术改变了获得数据、现象和语言三种基本信息的时间、空间及成本，各种信息在同一个平台上得到了整合，不同形式的媒介彼此之间的互换性与互联性得到了加强，媒介一体化的趋势日益明显。[②] 本书将从以下几个方面解析数字媒体与传统媒体的融合发展。

首先，技术融合。新媒体之所以能够以势不可挡的速度崛起并占据主导地位，最根本和直接的诱因是数字技术的成熟。新一代数字技术、广播技术、信息技术的飞速发展成为媒介融合的直接推动力。媒介技术不断推陈出新，不仅产生了网络媒体、数字电视这样的新媒体，也革新了信息传播方式，使媒体间的界限越来越模糊。因此，传统媒体可通过搭载数字技术，联动数字媒体，实现信息传递的即时、互动、精准，挽回正在不断流失的受众。

其次，平台融合。随着网络时代的到来，纵观全球，传统媒体正逐渐走向集团化、多媒体化。传统媒体平台应依托自身规范、制度完善、政策扶持、公信力高、人才资源等优势，联合数字媒体平台的开放、交互、海量、即时等特征，共同打造新型传媒集团。可以预见的是，今后主导中国媒体市场格局的将不再是独立的报社、广播电台、电视台，而是由单一传统媒体转变而来的综合型传媒集团，将来从总体上影响传媒产业的必将是大型垄断传媒集团。以美国为例，迪士尼买下ABC，西屋买下CBS，时代华纳收购CNN，这就使广播、影视、报纸、杂志、音像制品等内容产品的所有权归为一个综合性媒体集团，出现了全球性的媒体垄断公司。

---

① 孟建、赵元珂：《媒介融合：粘聚并造就新型的媒介化社会》，《国际新闻界》2006年第7期。

② 喻国明：《传媒经济学教程》，中国人民大学出版社2009年版。

最后，彼此融合并非取代。数字媒体平台的包容力很强，对传统媒体来说，互联网不是简单的新旧更替，而是各种媒体形式相互包容、彼此共存在媒体生活圈中，各有各的空间。报纸与网络、手机等新兴媒体相结合，可以实现“1＋1＝3”的效果。媒体的融合是在继承每一种媒体优势的基础上，去创造能更好地符合信息传播规律、更有生命力的新媒体。在媒体融合的趋势下，信息传播的整个格局也将得以重塑。这也有助于营造一个好的媒介环境。

社会中的传播过程实际上与该社会人们日常生活的每个方面都有重大关系。数字媒体带给人们新的生活方式，促使新的人际和群体传播模式形成，继而引发社会结构和社会状态的改变。在新媒体发展的数十年间，人们的学习方式、工作方式、娱乐方式都发生着巨大的变化，并且仍不断作用于社会环境和媒体环境。

本章思考题

1. 阐释数字媒体营销传播的社会经济环境。
2. 阐释数字媒体营销传播的媒体环境及当前媒体产业市场竞争态势。
3. 阐释数字媒体冲击下的大众传统媒体的变革与调整、数字媒体与传统大众媒体的融合与发展。

第三章 数字媒体营销传播活动的主要参与者

本章导言

数字媒体营销传播活动的主要参与者包括广告主、广告公司、广告媒体以及受众。这四类主要参与者相辅相成、缺一不可,在数字媒体营销传播的过程中担负着不同的角色和职能,对数字媒体营销传播的发展至关重要。

本章要点

1. 从广告主角度理解数字媒体营销传播的新近变化
2. 不同数字媒体的营销传播受众概况
3. 从社会人、受众、消费者角度分别阐释数字媒体营销传播对象的变化
4. 理解广告代理公司
5. 从广告代理公司角度理解数字媒体营销传播的新近变化
6. 广告代理公司在数字媒体营销方面的发展趋势

第一节 数字媒体营销传播与广告主

一、广告主的定义及发展

(一)广告主定义

美国广告学者威廉·阿伦斯将广告主定义为那些对自身及其产品进行宣传的企

业。[①] 中国传媒大学广告学院丁俊杰教授将广告主(又叫广告客户 advertising client)定义为那些对自身及其产品进行宣传的企业、组织或个人。[②]《中华人民共和国广告法》规定:"本法所称广告主,是指为了推销商品或者提供服务,自行或者委托他人设计、制作、发布广告的法人、其他经济组织或者个人。"《广告管理条例》中称广告主为广告客户。由于广告主的定义一直以来都比较明确,不存在争议,因此,笔者将广告主定义为自行或者委托他人设计、制作、发布信息以宣传自身产品及服务的法人、经济组织或个人。它是市场经济及广告活动的重要参与者,它可以是法人,也可以是自然人。

在数字媒体环境下,广告主定义的内涵并未发生根本变化,但广告主定义的外延范围却伴随市场发展而不断拓展变化——从之前以企业为主,逐步拓展到政府、有特定利益诉求的社会组织甚至个人。

(二)中国广告市场中广告主定义外延的拓展

第一,企业经济实体是最基本且最常见的广告主。企业作为以组织为表现形式的经济实体,主要为社会消费提供产品或服务。通常情况下,企业组织通过支付一定的费用购买媒体作为营销渠道,传递组织信息,宣传组织产品及服务,对自己的目标消费者进行信息包围,以覆盖尽可能大的信息传播范围并获得营销效果,最终实现本组织的利润。在广告信息传播活动中,企业扮演着信息"制造"和"传播"发起人的角色。

第二,当政府和政府各部门以付费的方式对社会公开发布广告时,那么,政府在具有行政角色的同时,也具有广告主角色。例如,政府以付费的形式发布旅游广告、政务信息、税务征收、环境保护等类型的公告时,其角色就拓展为广告主。政府作为广告主,最大的特点是具有行政和市场的双重属性。除去公益广告,政府发布其他广告的目的也与企业类似,是为了争夺资源。所以,一方面政府做广告有市场的需求,要适应市场的规律,而另一方面,政府的决策体系基本上是按行政系统的特点进行的。在这里要注意的是:一方面,行政系统的运作确实有其特有的优势,把这种优势发挥出来会使广告传播产生突出的效果;另一方面,行政系统同市场规律两者之间经常会发生不协调的情况,这有可能会使很多政府广告的效果大打折扣。广告业要参与和推动政府广告的传播,一定要面对和适应政府作为广告主和行政系统管理者的双重属性。在充分发挥行政系统优势的前提下,协调行政属性和市场属性之间的关系。例如,从 2006 年山东旅游局在中央电视台投放 500 万起步,到 2011 年超过 1.8 个亿,山东旅游的规模在五年时间内从 1 000 亿增长到 3 000 亿。[③]

第三,代表特定利益诉求的社会专门机构。当社会专门机构或社会团体向受众阐明

---

① 〔美〕威廉·阿伦斯:《当代广告学》,丁俊杰、程坪、钟静、康瑾等译,人民邮电出版社 2006 年版。

② 丁俊杰、康瑾:《现代广告通论(第 3 版)》,中国传媒大学出版社 2013 年版。

③ 陈刚:《当政府成为广告主》,《广告大观(综合版)》2012 年第 4 期。

其对社会的功能和责任，过问和参与如何解决社会问题或环境问题，为社会公众切身利益服务以增进公众对其整体性的了解，为提高其知名度和美誉度而设计、投放广告时，其身份也是广告主。比如，社会专门机构发布的公益广告。联合国教科文组织、联合国儿童基金会、世界卫生组织、国际野生动物保护组织分别发布过“保护文化遗产”“儿童有受教育权利”“不要歧视艾滋病人”“保护珍稀动物”等公益广告。这类广告大多与组织的社会职能有关，具有社会的效益性、主题的现实性和表现的号召性三大特点。

第四，个人为满足自身的各种利益和目的，运用媒体发布广告时，即成为广告主。如个人启事、声明、征婚、寻人、婚丧大事等广告。

二、广告主在营销传播活动中的主导地位

根据中国传媒大学广告主研究所的数据显示，在十余年来连续访问广告主对广告市场主导力量的看法时，越来越多的广告主把票投给了自己（如图 3-1）。不仅广告主是这样认为的，广告公司和媒体的看法也大体相同，广告主对于营销传播活动的重要性已经成为行业共识。作为营销传播主导力量的广告主，其发展变化趋势将深刻地影响数字媒体营销传播的发展。

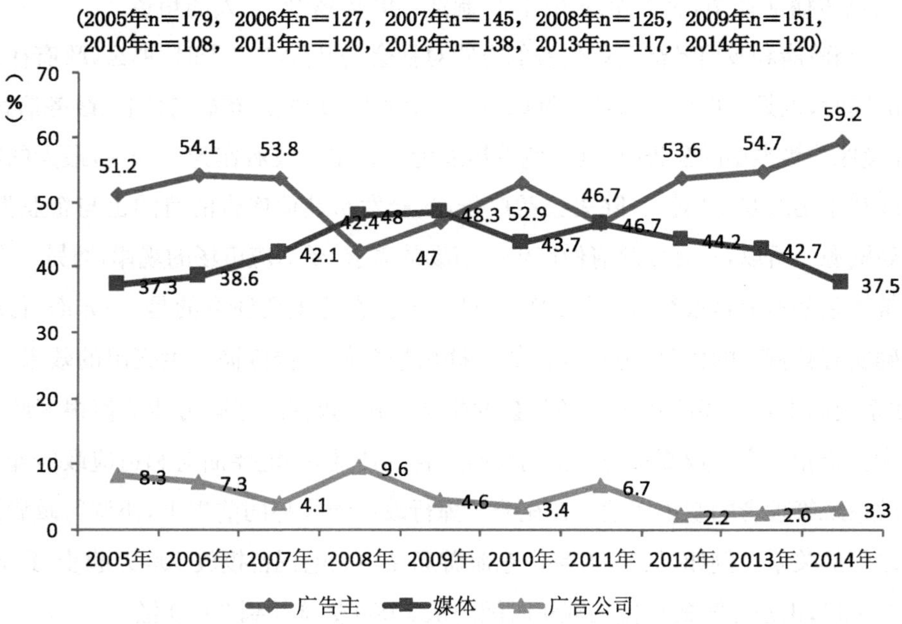

数据来源：中国传媒大学广告主研究所

图 3-1　连续十年被访广告主关于广告市场主导力量的看法

三、从行业构成看,广告主的总体广告投放与数字媒体广告投放

(一)药品、通讯产品及服务广告投放减少,房地产、机动车保持稳定,食品饮料、金融保险上升明显

连续性数据显示,在媒体的广告客户构成中,药品、房地产、机动车一直以来都是媒体广告收入的主要贡献者。其中,房地产、机动车行业广告投放占媒体广告收入比重呈现逐年递增趋势。房地产行业的媒体广告收入占比已从 2004 年的 27.6%攀升至 2014 年的 42.0%。而机动车行业占媒体广告收入的比例亦从 2003 年的 17.7%上升至 2013 年的 42.8%。未来,伴随中国经济结构调整步伐加快,经济下行态势影响,房地产行业整体面临较大的去库存压力,在整体行业仍较为健康的发展环境中,仍将保持较为活跃的态势。机动车行业尽管在一线城市受到摇号、限行等相关政策影响,但在二三线城市仍具有较大发展空间,近年来上升态势较为显著。

伴随药品广告监管的愈加严格,近年来药品广告下滑趋势比较明显,已从 2003 年到 2007 年的持续排名第一下滑到第四或第五位,甚至更低。课题组走访各地搜集的情报亦显示,部分地市级、县级媒体近年来广告收入下滑在相当程度上是受到药品广告监管禁令的影响。

与此同时,2008 年之后,伴随外部金融危机影响和国内金融业利率市场化改革等因素影响,金融及保险服务投放持续增长。同时,抗经济周期性较强的食品饮料行业也在 2008 年后表现活跃(见表 3-1)。

表 3-1 连续十一年(2003 年至 2014 年)被访媒体“投放广告最多的”行业历年排名情况

2003 年		2004 年		2005 年		2006 年		2007 年		2008 年	
行业	%	行业	%	行业	%	行业	%	行业	%	行业	%
药品	51.6	药品	51.1	药品	44.5	药品	52.2	药品	34.0	机动车	47.9
通讯产品及服务	34.4	医疗服务	36.8	房地产	31.8	医疗服务	38.4	房地产	30.9	房地产	29.3
医疗服务	30.7	房地产	27.6	医疗服务	30.5	房地产	37.2	通讯产品及服务	28.9	食品饮料	28.3
其他	28.6	机动车	26.6	通讯产品及服务	26.6	通讯产品及服务	25.3	机动车	27.3	通讯产品及服务	27.3
机动车	17.7	通讯产品及服务	24.0	保健品	25.8	机动车	19.9	医疗服务	22.7	其他	27.1

续表

2009 年		2010 年		2011 年		2012 年		2013 年		2014 年	
行业	%	行业	%	行业	%	行业	%	行业	%	行业	%
机动车	38.6	机动车	39.5	机动车	45.2	机动车	45.9	房地产	47.6	机动车	42.8
房地产	34.0	房地产	33.6	房地产	39.3	房地产	34.9	机动车	46.2	房地产	42.0
食品饮料	32.5	食品饮料	32.9	其他	37.9	食品饮料	29.5	金融及保险服务	29.4	金融及保险服务	31.9
药品	26.9	药品	21.7	食品饮料	28.9	化妆品	25.3	食品饮料	27.3	食品饮料	29.7
化妆品	22.8	化妆品	21.7	药品	24.7	金融及保险服务	23.3	药品	14.7	药品	18.8

数据来源：中国传媒大学广告主研究所

(二)数字媒体广告投放行业构成的变化：交通、房地产、食品饮料三大行业为市场主导

数字展示广告是目前被广泛应用的网络营销方式之一，包括品牌图形广告、视频贴片广告、富媒体广告、文字链广告和电商展示广告等形式。2014 年展示广告市场规模达到 605.5 亿元，同比增长 31.9%。由于展示类广告主要受到品牌广告主的青睐，随着多屏整合营销为视频广告带来更大的发展空间，广告技术的发展使 RTB 模式①成为展示广告新的增长点，展示广告将持续保持增长趋势，整个产业链仍在不断发展和完善。因此，在广告主数字媒体投放选择中，具有一定的代表意义。艾瑞咨询分析认为，在 2014 年展示类广告中(如图 3-2)，交通、房地产、食品饮料三大行业领跑市场，占比分别为 22.5%、13.3%、10.6%。与 2013 年相比，交通、房地产占比上升，增幅分别为 2.7%、1.3%；食品饮料类占比略下降，降幅为 0.1%，网络服务类占比排名首度下滑至第四位，降幅 4.4%。在 TOP10 行业广告主中，增幅排名依次为交通类、化妆浴室用品类、房地产类、娱乐及休闲类，降幅明显的是网络服务类、IT 产品类。② 可见，交通类、化妆品浴室用品类的增势明显，这体现出汽车、快消类广告主对网络营销认可增强，投放预算也逐步向数字媒体倾斜。

① RTB 广告一般而言是网络广告的一种，RTB 是“Real Time Bidding”的缩写，意思就是“实时竞价”，即在每个广告展示曝光的基础上进行实时竞价的新兴广告类型。

② 艾瑞咨询：《2015 年中国网络广告行业年度监测报告》，艾瑞网，2015 年 4 月 17 日，http://report.iresearch.cn/2352.html。

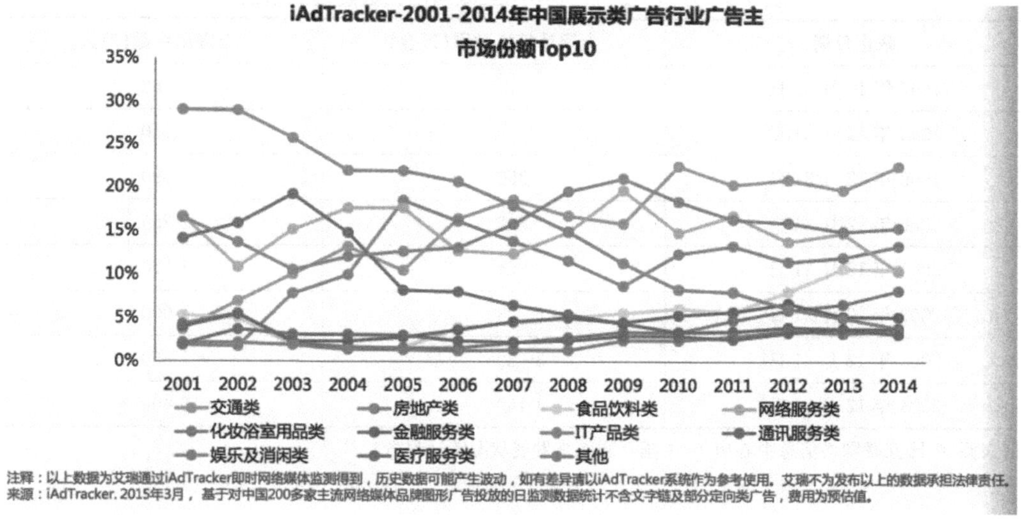

数据来源:《2015 年中国网络广告行业年度监测报告》

图 3-2　2001—2014 年中国展示类广告行业广告主市场份额

第二节　数字媒体营销传播与受众

一、数字媒体营销传播对象概况

(一)互联网媒体传播对象

规模庞大、质量较高,是中国互联网网民最为重要的两大特征。

近二十年来,中国互联网网民数量的增长完全可以用飞速来形容。自 1987 年中国人第一次接触互联网开始,1997 年互联网网民数量达到 62 万,2004 年接近一亿大关(见表 3-2)。在中国互联网发展史的前半段,中国互联网网民数量经历了从无到有、从少到多的阶段。

当中国的网民数量达到一定规模之后,从 2005 年开始,中国网民数量增速驶入快车道。从 2005 年的 1.11 亿网民,到 2012 年的 5.64 亿,短短七年时间增长了 408%。随之而来的是互联网普及率的同步增长,这一数值在 2005 年仅有 8.5%,2012 年时已经攀升至 42.1%,接近全国总人口的一半(如图 3-3)。[①]

---

① 中国互联网络信息中心:历年《中国互联网络发展状况统计报告》,http://www.cnnic.net.cn/hlwfzyj/。

表 3-2 1997—2004 年中国互联网网民数量增长情况

截止日期	上网计算机数量(万台)	上网用户数(万人)
1997 年 10 月 31 日	29.9	62
1998 年 12 月 31 日	74.7	210
1999 年 12 月 31 日	350	890
2000 年 12 月 31 日	892	2 250
2001 年 12 月 31 日	1 254	3 370
2002 年 12 月 31 日	2 083	5 900
2003 年 12 月 31 日	3 089	7 950
2004 年 12 月 31 日	4 160	9 400

数据来源:中国互联网络信息中心历年《中国互联网络发展状况统计报告》

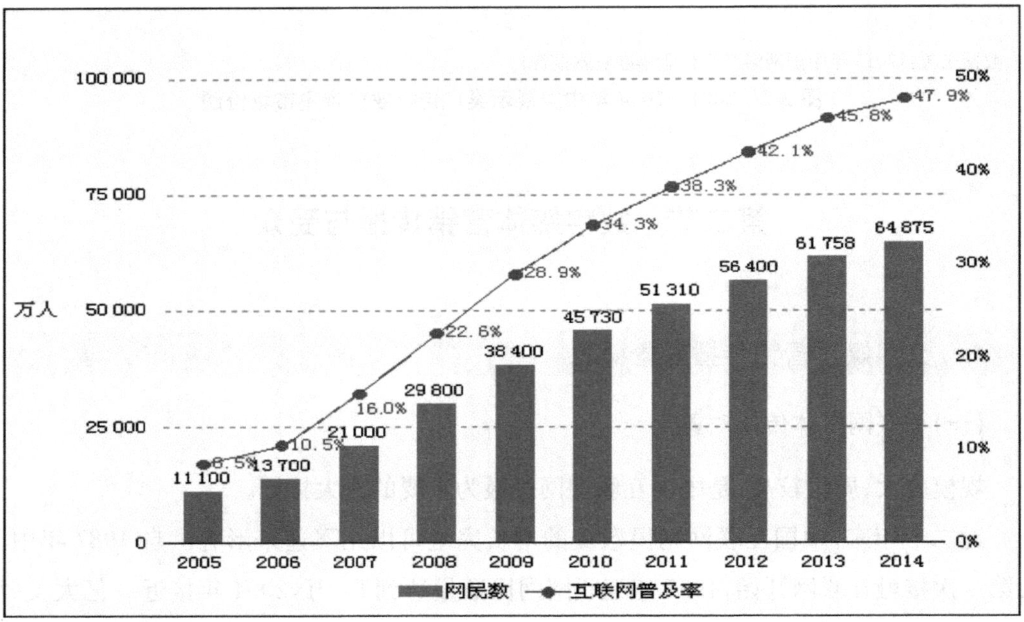

数据来源:中国互联网络信息中心历年《中国互联网络发展状况统计报告》①

图 3-3 2005—2014 年中国互联网网民数量及增长情况

在数量庞大的基础之上,中国网民也呈现质量较高、增长快的特征。根据中国互联网络信息中心公布的《第 35 次中国互联网络发展状况统计报告》的数据显示,截至 2014 年 12 月,我国网民规模达 6.49 亿,全年共计新增网民 3 117 万人。互联网普及率为 47.9%,较 2013 年底提升了 2.1 个百分点。72.5%的网民居住在消费能力较强的城镇,

① 中国互联网络信息中心:历年《中国互联网络发展状况统计报告》,http://www.cnnic.net.cn/hlwfzyj/。

27.5%的网民分布在农村地区。伴随着中国城镇化速度的不断加快，中国乡村人口占比已由2008年的55.1%下降至2012年的48.7%，而乡村居民互联网普及率同期由11.6%增长至23.7%，截至2014年12月，乡村居民互联网普及率已达28.8%。① 一方面是城镇化使城镇居民人数增多，另一方面是乡村居民的互联网普及率同样也在增长。两个因素相加使在可预期的将来，中国互联网网民规模仍将保持增长的态势。

作为我国所有数字媒体中诞生最早且发展最为成熟的形式，拥有广泛受众基础的互联网，其受众基本属性也逐渐明晰起来。

截至2014年12月，在数量庞大的互联网网民中，男性网民占比56.4%，女性占比43.6%；从年龄维度进行考察可以发现，10—39岁的中青年群体是构成中国互联网网民的绝对主力，总体占比达78.1%；在学历结构方面，小学及以下、初中、高中/中专/技校、大专、大学本科及以上学历的网民分别占网民整体的11.1%、36.8%、30.6%、10.4%以及11.0%；从职业层面进行观察，学生仍然是最大的组成部分，占比23.8%；在收入方面，69.2%的网民个人月收入超过2000元。②

（二）手机媒体传播对象

手机作为一种媒体其实由来已久，早期的短信及彩信的信息推送，是手机媒体营销传播的重要形式。但手机真正被当作高效的营销传播媒介，还是在智能手机大规模普及之后。

自2007年苹果公司推出第一代iPhone之后，由于功能颇为强大，智能手机在短时间内风靡全球，作为最大消费市场的中国当然也不例外。据《移动互联网发展趋势报告》显示，截至2014年6月底，中国的智能手机覆盖率已经达到了30%，每10个中国人中就有3个人使用智能手机。③ 根据CNNIC公布的《第35次中国互联网络发展状况统计报告》的数据显示，截至2014年12月，我国手机网民规模达5.57亿，较2013年增加5 672万人。网民中使用手机上网的人群占比由2013年的81.0%提升至85.8%（如图3-4）。④

而当我们考察手机网民的基本属性时，同样能够发现很多的讯息。在数量庞大的手机网民中，男性和女性分别占到了56.4%和43.6%；年龄层面也呈现出了非常明显的年轻化特征，10—49岁的中青年群体占手机网民整体的96.7%，与互联网网民的年龄结构相比，10—19岁、20—29岁的更为年轻的群体比例高出3.8个和6.5个百分点；在文化程度方面，小学及以下、初中、高中/中专/技校、大专、大学本科及以上学历的手机网民分

①②④ 中国互联网络信息中心（CNNIC）：《第35次中国互联网络发展状况统计报告》，2015年2月3日，http://www.cnnic.net.cn/hlwfzyj/。

③ 苏争鸣：《中国安卓用户是苹果6倍 苹果用户更愿意花钱玩游戏》，前瞻网，2014年8月12日，http://www.qianzhan.com/indynews/detail/346/140812－eab5e6a2.html。

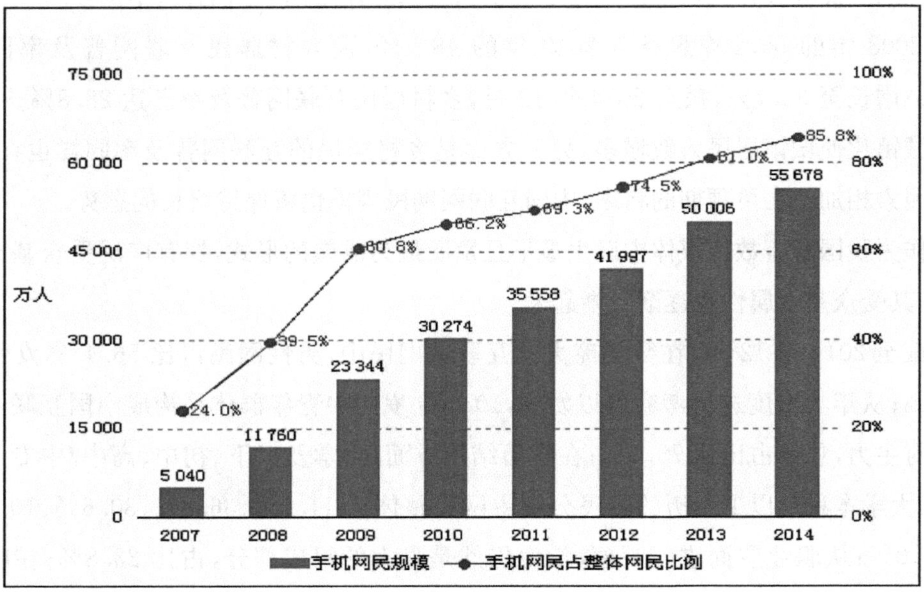

数据来源:CNNIC 历年《中国互联网络发展状况统计报告》

图 3-4　2007—2014 年中国手机网民数量及增长情况

别占比 4.8%、32.1%、27.2%、18.3%以及 17.6%，大专、大学本科及以上的高阶人数占比同样高于互联网；在广告主最为关心的收入维度上对手机网民进行考察，可以发现有 47.3%的手机网民个人月收入超过 2000 元。① 通过这一系列的描述，我们可以发现，智能手机的普及虽然晚于电脑，数量规模也小于后者，但其受众增长幅度更大，同时也更加优质。

(三)数字户外媒体传播对象

一方面，经济的发展和人际交往的必要性，令受众更多地走出家门，将时间用在户外。另一方面，城镇化的不断发展、城市版图的日益扩建，导致交通堵塞愈发严重，人们花在交通上的时间和费用亦日益增加。这个趋势给户外媒体以及数字户外媒体的发展带来了新的契机。随着数字化技术的进一步发展，数字户外媒体发展已逐渐超越传统户外，成为户外发展的主流媒体。

根据相关数据显示，调查对象每天用于户外的时间为 5.06 小时。这意味着如果除去睡眠的时间(按 8 小时计)，受众每天大约有 1/3 的时间都在户外度过，从某种程度上讲，就是受众与户外媒体可能接触的时间，超过了与电视等其他媒体可能接触的时间。

---

① 艾媒咨询:《2012 中国手机游戏市场年度报告》，新浪科技，2013 年 3 月 13 日，http://games.sina.com.cn/y/n/2013-03-13/1522694246.shtml。

另外，调查发现，30—39岁年龄段的群体在户外的时间最长，这一年龄段的人通常正值盛年，无论是社会角色还是消费角色，都是社会主流人群，更多的社会活动与交往促使他们在户外所处的时间最长；而他们恰恰是强力消费群体，是单位的中流砥柱和家庭核心，有一定的财富积累和消费能力，消费理念亦相对成熟，是很多市场和产品的目标群体与必争对象。数字户外媒体对于这一人群显然很有传播优势，可以利用这一点更有目的性地传播产品和企业信息。①

例如，我国数字户外媒体公司分众传媒，其产品线包括楼宇电视新媒体、卖场终端视频媒体、户外大型LED彩屏媒体等，投放的地域主要包括北京、上海、广州、深圳、南京、杭州、成都等一二线城市。

由于数字户外媒体主要分布在经济较发达城市的大型商圈和写字楼中，商业气息颇浓，所以其受众呈现出一定的特征。数字户外媒体的受众主要具有中青年、高收入、高学历、高消费、日接触频次高的特点。以楼宇电视新媒体为例，据益普索调研数据显示，其受众年龄集中于20—45岁，占总体的92%，属于中青年消费群体；其覆盖受众收入也维持在较高水平，其中一线城市月收入3000元以上的受众占到89%，5000元以上的受众占到54%。受众还具有高学历的特征，学历在大专以上的比例高达95.5%，具有持续的财富增长能力。楼宇电视的受众人群除高学历、高收入之外，还是具有较高消费意愿和能力的一个群体。在其出现之初，对其受众就有明确的定位，根据新生代数据监测机构调查显示，13.5%的人表示"想节约花费但很难"，12.5%的人认为"会花钱比会挣钱更重要"，12.3%的人表示"有足够的钱享受生活"。有20.9%的人认为"购买商品时还是有广告的品牌比较可靠"，20.4%的人表示"不会去购买广告格调低的商品"，另有20%的人承认"广告是生活中不可少的东西"。这些人不仅具有较高的消费意愿，而且大多具有较强的品牌意识。13.6%的人认为"使用品牌可以提高一个人的身份"，12.9%的人表示"即使价格贵一点，还是愿意购买名牌"，12.5%的人认为"自己喜欢的名牌会一直使用它"。另外，楼宇电视的受众平均每日接触楼宇电视2.6次，平均每次接触楼宇电视广告的时长为2.87分钟。②

二、数字媒体营销传播对象的变化趋势

（一）社会人层面的营销传播对象变化

社会人是数字媒体营销传播对象最为本质的属性，每一个数字媒体营销传播的对象

① Jerry：《户外广告受众的分析》，新浪网，2007年11月4日，http://blog.sina.com.cn/s/blog_4bda02b901000ct4.html。

② 益普索：《楼宇媒体基础调研》研究报告，2013年。

都是作为社会中的“人”存在的。因此，当我们审视数字媒体营销传播对象发生的变化时，首先需要考虑其社会属性，即社会人层面的变化。

由于数字媒体营销传播的对象更为年轻化，因此相较于他们的前辈而言，在他们身上表现出更多独有的特征。一方面，这一群体对于个性化更加推崇；另一方面，在追求个性化的同时，他们也害怕被孤立，因此更加渴求价值认同和自我实现。

注重个性化是消费者在新时期发生的新变化，它是指消费者出于自身收入水平、知识水平的提高和商品与劳务的丰富等原因，购买商品时不再满足于对物的需求，而主要是看重商品的个性特征，希望通过购物来展示自我，达到精神上的满足。在我们的生活当中随处可见能够展现这一变化的现象。以服装为例，在20世纪六七十年代，人们的服饰基本上只能在几种款式以及“黑白灰”三种颜色中进行组合及选择，人们对“撞衣”现象视若无睹。然而时至今日，消费者开始越来越介意出现“撞衣”现象，极力避免它的发生。正是因应这一需求，才诞生了如H&M、优衣库等一大批以服装频繁更新换代作为卖点的快时尚品牌，并且这些品牌迅速地在一二线城市流行，这就是我们身边实实在在的消费者追求个性化的案例。当然，还有更为极端的个性化消费案例足以证明在消费领域发生的这一变化，例如出现较早的定制服务以及新近出现的精准营销。

案例：定制服务以及精准营销

自20世纪90年代开始流行的定制服务是应消费者对消费个性的追求产生的，它强调根据每个消费者的具体需求设计出一套营销方案，从而在最大程度上使每一位消费者满意。宝洁公司推出的Reflect.com就是其中的佼佼者，通过这个可以提供定制服务的网站，消费者得以按照自己的喜好将包括颜色、味道、皮肤护理等各种各样的因素进行搭配，从而获得独一无二的属于自己的护理产品。宝洁的这一做法完美地展现了定制服务的精髓，即促使消费者品牌实现私有化。①

精准营销是在大数据概念提出之后在更大范围内被关注的新兴营销方式。在互联网上，广告主通过收集每一位消费者的网页浏览路径，推断消费者的基本信息，并根据所收集的信息向消费者推送更为精准的营销讯息。这一方式使营销的成功率相较于传统模式而言更高，究其原因，主要是因为这一营销模式更为关注消费者的个性化需求。

除了个性化之外，对于价值认同与自我实现的渴求是作为社会人的数字媒体营销传播对象表现出的又一特征。

---

① 冷静：《宝洁公司2009年完全研究报告》，百度文库，2010年3月27日，http://wenku.baidu.com/link?url=ZEBPY4eSaTTfIPRyoT7－H9lijdu9Buqh56r0d－R1XVx_0cZTAAjcZatsuR－M_GT3hVAjBRusJLM85－HHFSQthc9WWvD7t61PekPeeKDiOYW。

对价值认同以及自我实现的追求是这个新的营销时代应该洞察、研究并深入追踪的最根源和最核心的动力。这一源动力不仅指导着消费者的价值观、人生目标和生活态度，还在实践层面引领着消费者的消费行为、生活方式和人生目标。

一方面，中国的"计划生育"政策已经实施多年，数量庞大的"独生子女"将成为未来消费的主力，但也正是这种缺乏兄弟姐妹的家庭结构，使企业面对的这一批营销传播对象更加害怕孤独，他们在追求个性化的同时，对于价值认同的渴求前所未有；另一方面，伴随着中国经济的高歌猛进，国民的生活水平在短短的三十年内发生了翻天覆地的变化，教育的普及、新科技浪潮的推动等，都使国民在经济的迅速崛起中与世界发达国家人民共同享受新科技的成果，信息共享、资源共用、产品服务的无国界流动在全球化的演进中日益鲜明。在这样的背景下，中国消费者，尤其是正在崛起的年轻一代的需要已经远远不止是生理、安全层面的满足，而是要求更高层次的自我实现与人生价值的追求与认同。

当前社会化媒体的繁荣与此不无关系。在扩大社交范围的同时，社交媒体的主要魅力在于它为用户创造了一个新的圈子，从发起小的话题，到共同的探讨，再到线下活动，用户参与创造的是社交背后的共同价值观的认同，希望在社会化媒体的帮助下找到更多的志同道合者，或者与自己兴趣爱好、生活方式、人生态度等更为接近的群体，从而在价值认识的互动中得到内心精神层面的满足，从持共同价值观念的群体中获得更好的实现自我价值的方法。也正是基于此，越来越多的品牌开始重视社交化媒体的使用。

案例：小米社区的迅速成功

小米公司的成功，无疑是建立在其忠诚且活跃度颇高的"米粉"基础之上的。小米社区建立之初是集结了技术发烧友的小团体，通过真正技术控的集合和自发的内容自制、主动传播等途径，小米社区迅速吸引了更多具有相同兴趣爱好的成员。一方面，迅速提升了品牌的知名度，另一方面，也在短时间内聚集了忠诚度及活跃度都较高的高质量品牌追随者。小米在推出其第一款产品 MIUI 系统时，从论坛早期的 1000 名会员中选择了 100 名作为超级用户，共同参与 MIUI 系统的设计、研发和反馈，以用户共建的方式极大地增强了消费者的参与感。至 2010 年正式推出小米手机时，MIUI 论坛的注册用户超过 100 万，遍布全球数十个国家，通过口碑传播不断扩散和累积，MIUI 用户如今已突破了 6000 万大关。[①]

（二）受众层面的营销传播对象变化

受众是数字媒体营销传播对象的又一身份，要成为营销传播的对象，必然需要接收

① 黎万强：《小米口碑营销十大秘诀》，新浪财经，2014 年 8 月 27 日，http://finance.sina.com.cn/zl/management/20140827/084320133497.shtml。

营销传播信息。信息的流动自然而然地形成了传播，而我们在受众层面对数字媒体营销传播对象进行研究，即是从信息流动的层面对他们进行观察。概括起来，近年来，受众主要发生了两方面的变化：碎片化以及媒介化。

1. 受众的碎片化与“重新聚合”

受众的碎片化主要指的是媒介接触行为，而媒介接触行为的碎片化又分为媒介选择的碎片化和时间的碎片化。由于受众所能接触的媒介渠道逐渐变多，在这样的情况下，媒介的定位愈加细分，而受众也能够更为精准地挑选自己感兴趣的媒介进行关注，因此使媒介选择的碎片化得以形成；而时间的碎片化则是因为人们的生活节奏开始加快，受众已经无法像以前一样拥有大量的时间进行媒介接触，更多地只能使用诸如上班、下班这样的碎片化时间，于是便形成了高频率但单次接触时间缩短的接触习惯。

我们在关注“碎片化”的同时，也需要注意由碎片化产生的另一现象：部分受众因为价值观、行为方式、消费需求等层面的近似，通过数字媒体又实现了重新聚合，再次形成规模化。这一现象产生的原因有两方面：其一，因为聚合本身就是受众内心的需求——既不想随大流，又希望有归属感，分与聚本来就是一个辩证统一体，分化同时意味着聚合，这正如小众和大众，是一个相对的概念；其二，因为数字媒体的出现刚好为受众的这一需求提供了重聚的平台。在大众媒体环境下，受众重聚的可能性比较小，重聚的规模也相当有限，但是如今在各种新媒体诞生的情况下，这些变得越来越不是问题了。进入数字化时代，企业可以凭借各种技术手段全方位获取家庭和个人信息，以往隐蔽的信息变得更加透明，于是一度分化的受众又被重新聚合，他们按照价值观、行为方式和消费需求重新聚合，即离开家庭的聚合状态，创造出了另一个新的“生活圈”，它包括工作、娱乐、看病、休闲、购物等，犹如一张无形的网络，网罗了形形色色有着共同喜好和需求的受众。在此基础上搭建沟通平台，是数字媒体最大的价值所在。

2. 受众的媒介化

另一个受众层面的变化则是受众自身的“媒介化”。受众的自我表达意愿正在逐渐增强已经成为不争的事实，而数字媒体刚好为受众提供了这种自我表达的舞台。数字媒体，尤其是社会化媒体的快速渗透和普及使受众之间的互动传播更加频繁，在这样的信息传播环境中，人人都是传播者，受众也具有媒介的属性。

受众媒介化，即每个受众都是有效的、可利用的媒介，每个人都具有媒介和受众的双重属性，同时进行着传播和接受两个过程。尼尔森的一项调查显示，无论在全球还是在中国，发展最快且受信任程度最高的媒体都是受众自发形成的，包括博客、维基百科、社区网络等，自媒体的影响力正在逐步提升。

当然，每一个作为媒介存在的受众，其影响力并非完全等价，其中“影响者”，或者我们称为“意见领袖”的媒介使用者显然拥有更大的影响力。日本电通对受众之间的信息传播模式提出过共振型受众的概念，宫城美幸在书中描述了共振型受众这个群体的特征：“他们心中有一面镜子，镜面朝着别人，当遇到需求、爱好、心情和自己相近的就吸收进来，咀嚼混合后再把这种心情反射出去。当很多人互相反射和共振时，就会形成一个大的热潮。这些人就叫共振型受众。”[①]根据作者的观点，这些受众的五大行为特征分别是：喜欢购物、爱看广告、关注热点话题、交友活跃和具备较强的社会性。

既喜欢传播信息给别人，又容易受他人影响的受众，并不是数字媒体时代才出现的，但在新媒体环境下这部分人群的影响力得以加强。这种“人人媒体、事事传播”的现象，使能够满足这一需求的数字媒体在较短的时间内获得了长足的发展。

（三）消费者层面的营销传播对象变化

作为消费者存在的数字媒体营销传播对象，是广告主最关注，且最重视的。因为广告的目的就是促进销售，而销售的对象就是消费者。因此，作为消费者存在的营销传播对象发生的变化，对数字媒体营销传播的影响更为直接。

1. 自我取向下的消费分化

作为消费者的数字媒体营销传播对象，其变化之一是自我取向下的消费分化。改革开放后至 20 世纪 80 年代末的城市居民消费观念以“他人取向”为主，所谓“他人取向”是以社会中大多数成员的价值观作为自己消费行为的判别标准，表现为大多数社会成员拥有比较相似的消费目标，消费从众现象比较明显。反映到购买行为上就是以社会上大多数人的一般消费观念和消费行为来规范和约束自己的消费行为，消费时往往首先考虑别人的议论与评价，大众消费市场形成。随着改革开放的逐渐深入、社会转型的加速，20 世纪 90 年代至 2005 年，城市居民的价值观总体上发生了较大变化。在人们的价值观中，个人意识得到较大程度的提升，自我关注度明显提高。这种状况同样也渗透到了消费领域。城市居民的消费观念逐渐从“他人取向”转变为“自我取向”。所谓“自我取向”是指社会成员主要以自身的价值观作为消费行为的判别标准，较少考虑周围其他人的看法。

在消费生活方式上，城市居民消费多样化，消费结构不断升级，消费的自主性和独立性显著增强。由地理差异、性别差异、年龄差异形成的消费分化特征明显。舒尔茨教授在其《整合营销传播》一书中描述道：“忽然之间，消费者能获得比以往更多的资讯，并开始要求有特别的产品、特别的渠道和特别的沟通，一度单一化的大众市场被分割成成百上千的个别市场，不同生活形态、种族背景、教育、收入、地理因素、性别和其他可以突显

---

① 杜国清：《广告的新变化与电视媒体广告创新》，中广影视网，2010 年 11 月 4 日，http://www.crftv.com/showNewsInfo.asp?NewsID=5976&borderID=14。

个人与众不同条件的因素，造就了成百上千的市场。”①

数字媒体的出现能够帮助企业更好地回应消费者这种分众消费的要求。经过一系列程序，广告主能够方便地获取消费者的媒体浏览行为及历史，这样使我们对消费者的描述变得更加简便，并且也能够实时获取消费者的诉求，进而提供更具个性化的广告信息推送。在这一点上，阿里的“千人千面”是一个不错的案例。

案例："千人千面"的阿里

为了应对“双十一”的到来，2012 年 11 月 1 日天猫顺利地完成了首页的“换装”。“换装”后的天猫最大的变化在于，首页展示的品牌将不再是“千人一面”，而是根据消费者的需求进行调整，从而实现“千人千面”，即不同的用户登录天猫时看到的是不一样的页面。

具体来说，天猫全新推出了“我关注的品牌”和“今日最大牌”两个栏目，在这两个栏目上所展示的品牌，均是根据用户的浏览记录、消费记录和关注的品牌进行严格计算，进而推送的品牌。此外，各种细分类目的部分展示内容，也做到了根据用户偏好进行个性化展示。

对此，天猫总裁张勇表示：“互联网购物不需要物理区隔，所以非常容易通过数据挖掘，对人群进行定向。用户的浏览、消费痕迹等内容帮助我们了解不同用户的不同消费偏好，目前不同人看到的网页已经不一样了。最终，我们希望能做成一个千人千面的商圈，也就是说，每个消费者的个性化购物需求都能在天猫上得到满足。”②

2. 互联网购物习惯形成

除了这种分众消费的趋势之外，消费者在消费领域逐步形成的互联网购物习惯，也同样使数字媒体营销传播的重要性尤为突出。

根据中国互联网络信息中心的统计报告，由网络购物、网络银行、网络支付、团购等多形式构成的电子商务领域的互联网应用实现了全面的连年增长。如果说在电子商务大兴之前的互联网应用是为网民提供精神食粮，那么我们现在所经历的是通过网络平台所进行的物质资料的交换与买卖。物流的流通与信息流的流通在互联网应用的深入互动上进一步加深了消费者的数字化生存。

2015 年，据中国互联网络信息中心 2 月 3 日发布的《第 35 次中国互联网络发展状况统计报告》显示，2014 年，中国网民手机商务应用发展大爆发，手机网购、手机支付、手机银行等手机商务应用用户年增长分别为 63.5%、73.2%和 69.2%，远超其他手机应用增长幅度。而 2014 年长期处于低位的手机旅行预订用户年增长达 194.6%，是增长最快的

① 杨雪睿：《浅析网络媒体对受众的分割与重聚》，《现代传播》2010 年第 2 期。

② 朱旭冬：《天猫“变脸”迎 11.11“千人千面”下月展现》，腾讯科技，2012 年 10 月 23 日，http://tech.qq.com/a/20121023/000126.htm。

移动商务类应用。随着我国国民休闲体系的形成，手机旅行预订发展已经进入新阶段（见表3-3）。[①] 另据全球知名专业服务机构毕马威在2012年4月公布的《全球消费与融合调查报告》显示，同世界其他地区的消费者相比，中国消费者最热衷于使用电子商贸及新技术，更多参与网上购物，购买的物品种类更广泛，从家居物品至奢侈品，应有尽有。调查表明，CD、DVD、书籍和电子游戏是网上购物最受欢迎的商品；而79%的中国受访者表示他们更喜欢在网上购买商品，高于全球65%的平均数。

表3-3　2011—2014年电子商务相关网络应用使用率

	2012年		2011年		
相关应用	用户规模（万）	使用率（%）	用户规模（万）	使用率（%）	年增长率（%）
网络购物	24 202	42.9	19 395	37.8	24.8
网上支付	22 065	39.1	16 676	32.5	32.3
网上银行	22 148	39.3	16 624	32.4	33.2
团购	8 327	14.8	6 465	12.6	28.8
旅游预订	11 167	19.8	4 207	8.2	—
	2014年		2013年		
相关应用	用户规模（万）	使用率	用户规模（万）	使用率	年增长率
网络购物	36 142	55.7	30 189	48.9	19.7
网上支付	30 431	46.9	26 020	42.1	17.0
网上银行	28 214	43.5	25 006	40.5	12.8
团购	17 267	26.6	14 067	22.8	22.7
旅游预订	22 173	34.2	18 077	29.3	22.7

数据来源：中国互联网络信息中心：《第35次中国互联网络发展状况统计报告》

在国家积极拉动内需、刺激消费的经济政策环境下，网络购物相关服务的提升带动了网购群体的大幅度增长，如网络购物中的售前咨询、物流、售后服务正在不断完善。随着网民年龄的泛化和资深网民的逐步增加，一大批网购新生代正在崛起，越来越多的消费者开始尝试通过网上购物实现消费，甚至对很多消费者来说网购成为日常生活消费的主体形式。购物网站综合化和专业化的双向发展为消费者提供了更加多元化的选择，此外，日益受欢迎的网购节庆促销也在很大程度上激发了网民在特定节日的潜在购买需求，使网络购物订单在短期内激增。2014年双十一网络购物狂欢节期间，仅阿里旗下的天猫和淘宝总交易额就再创新高，根据天猫官方微博显示，2014年阿里双十一全天交易额突破571亿，破吉尼斯纪录。同时，伴随着第三方机构安全保障的加强，以及网民在网

① 中国互联网络信息中心：《第35次中国互联网络发展状况统计报告》，2015年2月3日，http://www.cnnic.net.cn/hlwfzyj/。

络购物上的心理接受度和实操行为的成熟度的发展，越来越多的产品与服务可以通过网络实现最终交易，这些都将极大地刺激数字媒体营销传播的未来发展。

第三节 数字媒体营销传播与广告公司

一、广告公司的基本概念

威廉·阿伦斯将广告代理公司(advertising agency)(简称“广告公司”)定义为由专门从事广告和营销策划、广告作品以及制作其他促销工具的创意人员和经营者组成的独立机构。广告公司代表不同广告主、卖主(客户)，向各种媒介购买广告空间和时间，为他们的商品和服务寻找顾客。[①] 中国传媒大学丁俊杰教授将广告代理公司(简称“广告公司”)定义为由广告主策划、创意、制作和投放广告以及促销材料的公司。[②] 广告代理公司是提供市场营销服务的公司，其职责是帮助企业策划、准备、实施和评估所有或部分的广告宣传项目。《中华人民共和国广告法》中所称的广告经营者，一般设有许多职能和业务部门。本书将广告代理公司(以下简称广告公司)定义为专门从事经营广告业务活动的组织，在广告经营活动中，以服务广告主为主要职责。

二、广告主、媒体、广告公司三方力量共同推进广告公司数字化转型

近年来，伴随着广告主数字化需求的提升、媒体融合化与数字化变革的加速，以及广告公司自身的生存与竞争压力，广告公司的数字化转型也在逐渐加速。

(一)广告主营销传播数字化需求提升

随着互联网及数字技术的不断革新与普及，媒体形式的不断更新及多元化，类似于数字电视、IPTV、智能手机及可穿戴设备等新媒体的不断涌现，为广告业的生存与发展构建了全新的业态环境。

传统广告营销模式就像一个漏斗，为了吸引更多的用户，上端开口很大，采用大面积投放的方式以求覆盖面最广，但到了漏斗最底端，开口却很小，即最终实现消费的客户很少。这种粗放的广告投放方式无形中可能导致广告费用的浪费，广告主对此必然有所不满，而数字媒体及新的营销方式的出现，令广告主有了更多的选择，亦越来越青睐数字化“精准营销”。

---

① 〔美〕威廉·阿伦斯著：《当代广告学》，丁俊杰、程坪、钟静、康瑾等译，人民邮电出版社 2006 年版。
② 丁俊杰、康瑾：《现代广告通论》，中国传媒大学出版社 2013 年版。

从广告主的角度来看，日益壮大的数字媒体不仅可以令其直接面对消费者并与之进行互动，也为广告主构建品牌、实现品牌认知、贯通营销渠道，进而完成交易转化提供了新的方式和契机。因此，广告主对数字媒体的需求与重视进一步提升。

近年来，伴随着数字媒体的多元发展，越来越多的广告主开始将广告投放费用向数字媒体倾斜。

2010 年开始，互联网在全球广告市场的地位发生了颠覆性改变：英国的互联网广告市场在 2009 年已经超越电视及报纸，成为第一大广告投放媒体；美国与日本的互联网广告在 2010 年年底成为各自国家的第二大广告投放媒体。2010 年，中国内地的互联网成为排在电视和报纸之后的第三大广告投放媒体。从 2011 年开始，我国数字媒体广告市场不断崛起，广告主开始大幅提升数字媒体的投放预算比例，增幅高达五成以上。根据中国传媒大学广告主研究所 2014—2015 年的生态报告数据显示：2014 年，86.6％的被访广告主对数字媒体在企业营销推广中的地位提升表示同意。而被访广告主在主要数字媒体（包括互联网及数字户外等其他数字媒体）上的广告投放费用比例为 26.4％，首次超过电视媒体的 25.7％。这也让那些不太擅长数字营销的传统广告公司感到有些不适，因为在此之前，数字营销在整个广告投放中的比率一直处在个位数，并未引起传统广告公司的重视，当时的通行做法是将其外包。

伴随着广告主对数字媒体重视的提升，其对广告公司数字媒体营销业务的需求也在不断扩大。

（二）数字媒体借力广告公司共同推动数字媒体营销传播

在广告主数字媒体营销传播需求不断升级的过程中，媒体选择联动广告公司共同推进数字媒体营销传播。

1.借助广告公司力量共同提高客户认知

尽管消费者生活形态和媒体生态的变化促使广告主向数字媒体营销传播倾斜，但就整个市场而言，仍有大量的广告主对数字媒体营销传播认知不足。对此，数字媒体除了自身的推广，更应注重借助广告公司力量共同推进广告主对数字媒体营销传播的接纳及科学认知。如某业界知名数字媒体在接受中国传媒大学广告主研究所访谈时表示：“我们认为，新媒体不是时间存在上的概念，而是突破原有常规体系和思维的媒体形式。我们认为，网络里面的 banner 广告不能算新媒体，因为它的传播模式和报纸媒体的硬广告没什么区别。客户对新媒体的认知缓慢，尤其是在本土大型企业上体现突出，因为这些企业的发展主要求稳妥，可能企业的老板容易接受新事物，但往往中层干部中墨守成规的人比较多，而且媒体广告投放这种事情又很少由总经理亲自负责。所以，我们需要联手代理公司，共同推进广告主的观念转化。”

2. 借力广告公司共同推进实践

在推进广告主的数字媒体营销传播实践上，数字媒体同样借力广告公司。具体来看，首先要进行专业技术及服务的合作。以腾讯 QQ 为例，它有自己的技术部门做广告形式开发和论坛的技术支持。但它也同专业的网络代理公司如好耶合作，借助其广告位的设计开发等方面的专业力量。腾讯 QQ 相关负责人在接受中国传媒大学广告主研究所访谈时表示："因为现在专业的网络代理公司数量不多，有一定规模、比较规范的更少，其实我们希望专业代理公司成长起来，这是对我们、对企业都好的事情。此外，还要关注业务及客户的联动开发，如腾讯通过传立这些大媒介公司走单，为中国移动等一些大客户提供联合服务。"

某业界知名数字媒体在接受中国传媒大学广告主研究所访谈时也表示："我们认为广告公司是推动我们发展的合作伙伴，所以我们采用全力支持广告公司的策略。首先，我们要认清广告公司的性质，商人的本性是唯利是图，这个没错。作为合作伙伴，我们只要给他们一成的利润空间，他们与我们的合作就没有问题，而且会更好地帮助我们向客户推广。针对媒介代理公司，我们采取两种方式，对待客户强势、客户很多、企业规模大的行业，我们会采用核心代理制度，比如网游，我们只有三家公司代理，北京、上海、广州各一家。但是目前还比较弱小的行业，会有很多代理公司，我们希望是市场机制、大浪淘沙，不是我们给谁机会的问题，他们服务得好，能够找到客户资源，就能活下去。我们理想的广告代理公司，首先，要能够为客户提供专业的服务，能够很巧妙地把我们的媒体形式融合在整体传播方案中；其次，就是能够锁定我们这一家媒体，做独家代理公司。"

（三）广告公司为自身生存发展顺应潮流，加速数字化业务布局

1. 广告公司顺应潮流，加速数字化业务布局

网络令营销拥有了数字基因，整个营销及媒体的生态系统都发生了革命性的改变，以传统业务为核心的传统广告公司的运作正在遭受挑战。伴随着广告产业的不断发展，广告公司必然需要不断发展出新的核心优势以适应环境的变化。而广告产业本身也根据自身发展的需要，要求产业内各组织单元不断地推陈出新，保持产业的健康和活力。正如现代管理学创始人德鲁克所说的那样，"面对环境的不断变化，企业只有不断进行创新、变革，以保持和变化中的环境相匹配，才能实现持续成长"。①

数字媒体时代的来临，引发了消费者生活形态、消费意识等方面的改变，广告主的数字媒体营销活动以及服务于广告主的广告公司亦需要随之改变。数字媒体的迅猛发展，直接对广告公司的发展根基提出了挑战。无论是对消费者生活形态与消费行为特征变

---

① 〔美〕彼得·德鲁克：《创新与企业家精神》，蔡文燕译，海南出版社 2000 年版。

化的把握，还是对广告主新营销环境下营销传播行为的科学引导，都需要广告公司必须尽快掌握数字媒体发展潮流的规律，适应这一重要的环境变化。广告公司需要根据新的产业态势适时调整，在自身企业文化、组织结构、资源、人才等方面加快转型，通过并购、置换、分离、内部培育等方式，不断完善自身的核心业务，将业务结构向具有更高附加价值的方向转化，实现进化升级。

根据中国传媒大学广告主研究所的生态调研数据显示：2014 年被访广告公司将要拓展的业务中选择比例最高的是“数字媒体策划和技术支持”，达到 48.1%，连续三年的数据显示（如图 3-5），数字媒体策划和技术支持依然排在公司预计业务首位，且连续三年呈现明显增长。可见数字媒体业务对广告公司业务发展的重要性日益突出。

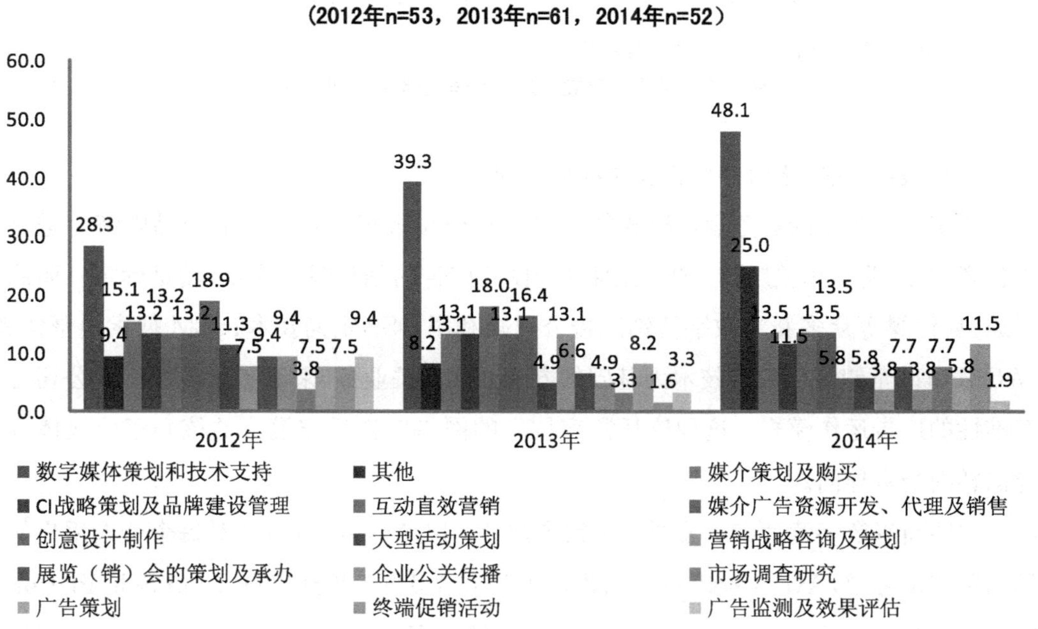

数据来源：中国传媒大学广告主研究所

图 3-5　连续三年被访广告公司将要拓展的业务情况对比

2. 促使广告公司不断加速数字化业务布局的三方面因素

（1）经营压力

来自自身经营的压力迫使广告公司作出加速数字化业务布局的探索。近年来，伴随着经济大环境压力的增大，广告公司的经营压力逐步增加。根据中国传媒大学广告主研究所生态报告数据所示（如图 3-6），与 2013 年同期相比，2014 年上半年营业额增长的被访广告公司比例连续三年出现下滑；营业额持平的被访广告公司在 2012 年、2013 年经过连续两年的增长之后，2014 年出现下滑，比例下滑 4.8%；与 2013 年同期相比，营业额下降的被访广告公司出现较大增长，增幅 9.7%。可见，广告公司经营状况及发展并不乐观。

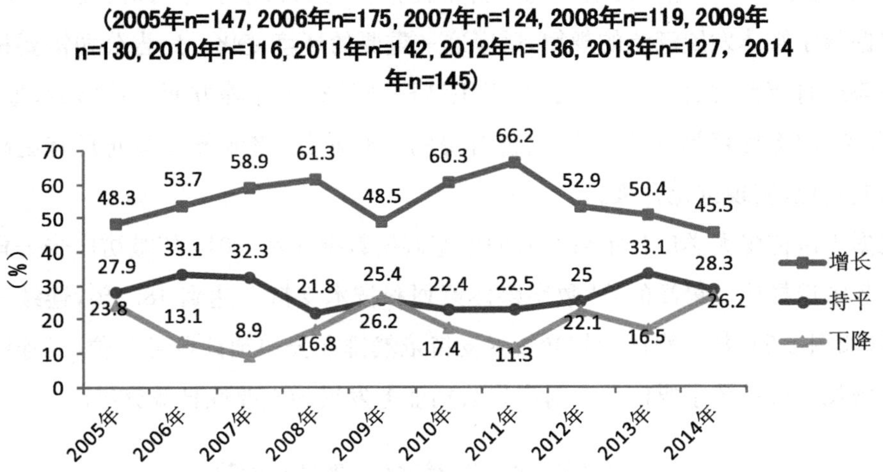

数据来源：中国传媒大学广告主研究所

图 3-6　连续十年被访广告公司上半年营业额变化

(2)来自新兴数字营销广告公司的挑战加大

传统广告公司的业务运作模式往往是广告公司根据广告主产品或品牌特点进行广告创意制作，购买相关媒体广告位，通过所投放广告的创意吸引受众，满足诉求。而悠易互通、易传媒等众多新兴数字营销广告公司则利用 DSP 定向技术、SEM 搜索引擎营销、iWOM 口碑营销等以数字技术为基础的方式开展相关业务，采取了比传统广告公司更具精准性的广告运作模式。这种依托数字技术的网络广告运作模式的核心正由媒体资源导向转向受众导向。

这些新兴数字营销广告公司强调精准营销。以 Avazu 为例，针对每个个人用户的网站浏览固定习惯，Avazu 推出自主研发的亚洲首个 DSP 平台[①](Demand Side Platform，需求方平台)，以及多年建立起来的数据库，能够根据用户的年龄、性别、地域、上网时间、浏览历史等进行个人定向，精确找到用户，实现广告主跨媒介、跨平台、跨终端的广告投放，为客户提供最大可能的便捷。这为传统广告投放繁琐及收效不确定的业务模式带来较为强烈的冲击。[②]

(3)传统广告代理模式遭遇边缘化危机

2009 年，全球最大广告主宝洁公司开始回收其在中国电视广告投放业务上的代理权，这个消息释放出的信息让以电视广告为核心业务的老牌 4A 公司备感压力。近年来，

① DSP 定义：需求方平台允许广告客户和广告机构更方便地访问，以及更有效地购买广告库存，因为该平台汇集了各种广告交易平台的库存。有了这一平台，就不需要再出现另一个繁琐的购买步骤——购买请求。

② 梁利峥：《4A 广告是数字转型呢，还是坐以待毙?》，2011 年 12 月 26 日，营销管理，http://www.oniway.com/Article/scyx/yxgl/6001.html。

越来越多的广告主开始越过广告代理商,直接与制作公司合作以保证效率和灵活度。从整个行业来看,一份来自营销公司 Society of Digital Agencies 的调查显示,2014 年,声称不再和代理商合作的品牌商较 2013 年翻了一倍,整体比例达到了 27%。而另一份来自 eConsultancy 的报告则声称,越来越多的公司开始绕过广告代理商,直接和制作公司达成合作关系。

一方面,从客户需求来看,伴随着品牌需求的多样化,数字媒体的出现及发展令品牌的营销渠道及选择增加,仅仅和传统广告代理公司合作无法满足品牌大量的营销需求。从营销成本来看,和制作公司直接合作很有可能降低品牌商的营销成本。省去了中间广告代理公司的利益链条,上下游的两家公司毫无疑问会降低一些成本。从营销效率来看,对于那些本身就设有优秀创意团队的大品牌,直接和制作公司合作显然更具效率。如 Nike 在尝试推出新款 SB 系列休闲鞋时,这家体育品牌巨头直接找到了 Brand New School 来洽谈合作。理由是由于它自身拥有自己的创意团队,所以他们需要的仅仅是执行这个计划的公司。①

另一方面,以数字技术为依托的互联网公司开展的数字媒体业务,令传统的媒体代理业务出现危机。2011 年,像 Facebook、谷歌这样的公司凭借自己的技术,开始直接为广告客户提供营销解决方案,国内的腾讯、新浪等互联网公司也已开始为广告主提供类似的直接营销服务,这同样令传统的代理模式面临挑战。

传统广告公司的优势是创意、消费者及市场洞察力,而在数字化营销时代,信息呈现碎片化,在数字媒体面前,如果不落实数字化拓展及转型,其原本的优势亦会丧失殆尽,即在数字媒体时代面临被边缘化的危险。如何整合各种类型媒体,落实数字营销传播,实现完美转型,是传统广告公司面临的一大挑战。②

三、传统广告公司的数字化业务拓展活跃

数字媒体对整个媒体环境和市场环境的冲击导致整个广告产业生态环境重新洗牌。这无可避免地波及了以客户资源或媒体资源称霸的老牌 4A 广告公司。随着客户数字化营销业务需求的不断提升及媒体自身的转型,4A 这类传统广告代理公司的资源优势渐渐式微,流程化、条块化的服务模式已经越来越无法满足客户对综合型数字营销服务的需求。因此,传统广告公司纷纷加快调整步伐,探索数字媒体营销传播。

① Shareen Pathak:《当品牌开始绕过广告代理商与制作公司合作》,2015 年 6 月 2 日,http://www.a.com.cn/info/gc/2015/0602/282741.html。

② 梁利峥:《4A 广告是数字转型呢,还是坐以待毙?》,2011 年 12 月 26 日,营销管理,http://www.oniway.com/Article/scyx/yxgl/6001.html。

国际广告集团巨头们纷纷斥巨资收购或打造专业的数字化新媒体公司组织，以构建专业性的互动营销和数字化新媒体营销技术平台及部门，为原有的传播集团增添羽翼，丰富多元化业务形式，满足客户需求。正如DDBO广告公司CEO所言："我们要把数字化渗透到所有业务里面，因为数字化不是一个部门，它已经是我们生活的一部分。"①

(一)全球领先的大型国际广告集团加速数字化业务布局

近年来，全球领先的大型广告集团都开始加速在数字媒体营销方面布局。其主要通过收购数字媒体广告公司、设立数字部门等方式提升数字营销传播服务能力，拓展数字化业务，革新传统业务。数字化潮流在一定程度上给国际大型广告集团带来了冲击和挑战，但是从长远来看，这类综合性营销传播集团拥有创意、资金以及客户优势，如果能够审时度势、及时调整，依然在营销数字化浪潮中占有一定优势。

相关知识链接：全球五大广告集团简介

无论是以广告集团的规模，还是以其子公司在世界上的排名来分析，WPP集团、宏盟集团(Omnicom)、IPG集团、阳狮集团(Publicis Groupe)和电通集团是当今五大广告集团。五大广告集团的发展各具特色，而其战略布局及动作往往对整个行业具有领袖意义，在此对其作简要介绍。

WPP(Wire & Plastic Products Group，简称WPP Group)：全球最大广告传播集团之一，总部设在伦敦。WPP拥有一系列大型的广告传媒公司，包括奥美、智威汤逊、传立等，是世界顶级的品牌沟通服务集团。其营业范围包括广告、公共关系、品牌形象与沟通等。

宏盟集团(Omnicom Group ，又译奥姆尼康集团)：全球最大的广告传播集团之一，总部设在纽约。旗下拥有BBDO，TBWA\Chiat\Day，DDB，Ketchum，Fleishman-Hillard等代理商。宏盟通过其全球网络和下属的众多专业公司在100多个国家为超过5000个客户提供广告、战略性媒体计划和购买、直效行销、促销、公共关系和其他专业传播咨询服务。

IPG(Interpublic Group)：美国第二大、世界第四大广告与传播集团，总部设在纽约。旗下拥有三个全球运作的广告公司(McCann-Erikson麦肯环球广告、Lowe&Partners灵狮广告、FCB博达大桥广告)和优势麦肯、Initiative媒介以及公关公司万博宣伟(Weber Shandwick)等。业务范围包括广告、直效行销、市场研究、公关、healthcare健康咨询、会议与活动、媒体专业服务、体育行销、促销、企业形象策略等。

阳狮集团(Publicis Groupe)：法国最大的广告与传播集团，创建于1926年，总部位于

① 余沛文：《数字广告时代广告公司的发展》，新浪财经，2008年4月10日，http://finance.sina.com.cn/hy/20080410/12114731230.shtml。

法国巴黎。旗下的广告代理公司有阳狮(Publicis)、盛世长城(Saatchi & Saatchi)、李奥贝纳(Leo Burnett)、Arc[原 D'Arcy 北美的通用(GM)部门和宝洁(P&G)部门]等;媒介服务公司包括:实力传播集团(Zenith Optimedia)、星传媒体(Starcom MediaVest)等。媒体经营主要在法国市场,主要有法国最早的音乐电视台 TV6。还拥有 MS&L 公关服务(Manning Selvage & Lee)和 Publicis Dialog 客户关系和市场营销服务等。阳狮集团以广告代理服务、媒介服务、媒体经营、公共关系服务和市场营销服务为主要业务。

电通:电通扬雅株式会社。总部位于日本东京,在 30 多个国家设有子公司,在 50 余个国家成立了合作据点。目前为全球最大的独立广告公司,4A 广告公司之一,世界五大传播集团之一。亚洲为数不多的可以与欧美四大传播集团在同一个舞台上竞争的日本王牌级跨国企业。以广告为中心的综合一体型沟通服务涉及市场调查、咨询、品牌设计管理、公关、促销、大型会展运营、大型体育赛事运营、广告策划、创意、制作、媒体整合、区域规划等一系列高端服务领域。重视客户需求,注重科学合理的品牌策划是电通的一大特色。

1. 收购数字营销传播广告公司

作为全球最大的营销传播集团,WPP 早在 1995 年就开始在数字媒体领域进行投资,并在 2007 年成立 WPP Digital,以全面开启数字化营销业务。WPP Digital 通过收购和投资使集团在数字领域的实力不断提升,其收购及投资着重于三个领域:数字代理商、数据公司、技术公司,相关企业涉及视频搜索、在线游戏、移动搜索等多个领域。

2012 年,WPP 宣布收购 AKQA,后者是最大的独立数字营销机构之一。在完成对 AKQA 的收购之后,WPP 拥有了 Forrester 公司评出的全球七大数字营销公司中的 4 家,在数字领域拥有了更大的话语权。①

2013 年 10 月,WPP 收购中国数字营销公司 im2.0 互动营销,进一步加快其在中国市场的扩张战略,im2.0 互动营销作为专注于 Web 2.0 的互动营销公司,亦开启了 WPP 集团于中国市场的数字领域营销之路。②

作为全球广告、行销和公司传播领域的领导者,宏盟集团(OMG)通过其全球网络和下属的众多专业公司在 100 多个国家为超过 5000 个客户提供广告、战略性媒体计划和购买、直效行销、促销、公共关系和其他专业传播咨询服务,并且作为尝试数字媒体营销传播的先驱,在营销业务的数字化拓展方面具有一定的行业代表性。2012 年 4 月 16 日,宏盟媒体集团宣布收购网迈广告(NIM)。网迈广告是一家专门从事数字媒体策划与购

① 徐铱璟:《传统营销广告公司的数字化抉择》,《新营销》2014 年第 12 期。

② 明轩:《传 WPP 集团收购中国数字营销公司 im2.0》,腾讯科技,2013 年 10 月 15 日,http://www.techweb.com.cn/finance/2013—10—15/1343266.shtml。

买、社会化媒体营销和搜索引擎推广制作的数字整合营销解决方案服务商。通过与网迈广告建立战略合作伙伴关系，宏盟媒体集团将提高其数字营销相关业务领域的专业性，凭借合并后双方业务的媒介承揽总额，客户将受益于增加的业务服务范围和媒体购买量，从而提升其数字营销水平。

2014 年 10 月，全球第三大广告巨头阳狮集团宣布收购数字营销机构 Sapient，收购完成后，阳狮将基于 Sapient 成立一家名为 Publicis 的公司。Sapient 新的控股子集团，旗下将会包含多个数字营销机构。据阳狮集团官方估计，收购 Sapient 将帮助其在 2015 年内实现数字广告业务收入占比提高到 50%的目标，按原先计划这一目标将在 2018 年实现。这一收购被认为是传统广告巨头对数字化的又一次“主动拥抱”。①

面对数字化的变革，日本最大的广告传播集团日本电通也有所预见及准备。2013 年，电通完成了对数字营销集团安吉斯的收购；在中国，电众数码是日本电通旗下的中国区互联网广告战略核心公司，此外，电通也是中国很多广告技术公司 3%－5%股份的天使投资商。②

2. 增设数字化部门或整合数字营销服务平台

除了加快收购相关数字化营销传播公司，国际广告集团还通过增设数字化部门或整合数字营销服务平台的方式推进数字化业务布局。2011 年 6 月，WPP 设立了一个新的数字媒体广告部门 Xaxis(邑策)，该部门主要销售精准广告、移动广告和 SNS 广告，与谷歌和微软的同类产品直接竞争。同年，Possible World wide 将 WPP Digital 旗下的几家企业整合成一个新的数字营销集团，其使命是为全球最大的品牌提供定制化并且可衡量的互动营销服务。此外，WPP 也通过宏盟为其 500 名员工提供在线媒体优化培训，并招聘了一大批数字化专业的年轻人。

2014 年，宏盟旗下的 BBDO/Proximity live 正式更名为 BBDO Live(中文名将沿用“天尚”)，并启动全新的企业识别形象。BBDO Live 着意转型为一家为客户提供包括数字媒体相关业务的综合性市场营销传播公司。全新的 BBDO Live 将整合包括公关、社交媒体、活动体验、设计和创意服务等多种业务，关注创意的创新与互动沟通，将客户的品牌体验完整地呈现给消费者。对于此次的更名以及转型，BBDO Live 董事总经理 Nick Cakebread 先生表示：“我们有许多客户都急迫需求更富创新性的沟通方式。我们将突破市场传播和营销传统的窠臼，为我们的客户提供强有力的、以结果为导向的创意。我们的团队集合了各类具有跨渠道丰富传播经验的人才，确保我们的创意能被完整而有效地呈现。”③

---

①② 徐铱璟：《传统营销广告公司的数字化抉择》，《新营销》2014 年第 12 期。

③ 《BBDO/PROXIMITY LIVE 更名为 BBDO LIVE》，《成功营销》2014 年第 9 期。

2014 年 6 月，阳狮集团宣布推出数字服务代理公司 ROAR，该机构可精准提取阳狮集团的内部数字资源，为客户提供策略创意、用户体验、媒体分析等核心信息。ROAR 将通过智商（IQ）、情感（EQ）以及技术（TQ）协助客户改善营销策略。阳狮集团表示，希望通过拥抱数字技术和大数据为其营销带来更多价值和新的活力，数字化及数据已成为整个营销生态中的重要组成部分。①

而电通集团 CEO 表示，2015 年，其在数字营销领域的营收已占到了电通安吉斯整体的 43%，未来也会持续提高这个比例，集团的目标是把数字营销领域的营收在 2016 年提升到 50%。而未来，电通安吉斯集团亦将以数字领域为核心，整合旗下部门、品牌，实现无缝对接与合作，将其旗下不同品牌和机构所有的专长进行统一的组织和管理，这是其公司内部以数字化为核心进行的非常深入的横向整合。②

3. 储备数字化人才

除收购专业的数字营销传播广告公司及内部增设数字化部门外，储备和培养专业的数字化人才亦是各大全球领先的国际广告集团加速数字业务拓展的重要举措。

2014 年 5 月，WPP 集团旗下子公司群邑的数字化团队已经增加至 6 000 人，这个数目大概是 5 年前的 3 倍，约占群邑全球员工数的 1/3。目前，群邑已经停止雇佣任何不具备数字化知识的人才。③

宏盟集团旗下子公司恒美 DDB 也正在努力架构一个跨界的人才库，包括技术、人性和创意。DDB 全球 CEO Chuck Bryme 表示："5 年前，一家广告公司的任务就是根据客户的要求给出一个广告创意。如今，除了广告创意人才，我们需要更多懂技术的人。DDB 如今拥有的技术专家数量是前所未有的，比如在 DDB 的新加坡办公室就有 28 名技术专家，他们都有着工程师背景，每天的工作就是运用新技术做各种创意。这种充满了数字技术气息的创意形式看起来并非传统意义上的广告创意，更像是一整套技术解决方案。"④当下，精通数字技术的人才在广告公司的地位及重要性显著提高。

2014 年，麦肯光明北京办公室宣布裁减传统创意业务部门的员工，几乎同时，在麦肯的官网上发布了数字业务单元的招聘信息。麦肯世界集团大中华区首席执行官林增瑞明确表示："在当前的数字媒体格局下，那些只会运用传统的、孤立的创意思维的人已经丧失了竞争力，新一代的麦肯要配备更精于数字化的人才队伍。"⑤

电通集团 CEO 也表示，未来的广告营销行业是专攻和分工明确的市场，未来有很多

---

① 子咖：《阳狮集团成立数字服务代理公司 ROAR》，eNet 硅谷动力，2014 年 6 月 30 日，http://www.enet.com.cn/article/2014/0630/A20140630389438.shtml。

② 陈时俊：《电通集团 CEO：2016 年数字化营销收入占比将达 50%》，《21 世纪经济报道》2015 年 1 月 8 日，http://tech.163.com/15/0108/01/AFDD2U9K000915BD.html。

③④⑤ 李会娜：《广告公司革命》，《第一财经周刊》2014 年第 5 期。

分别在社交媒体、内容、搜索、移动端等数字领域拥有专长的专业人士会加入电通安吉斯集团，从清楚意识到每个专攻行业都具有很强的复杂性的同时，确保合理地组织人才，系统整合人才资源，从而为客户提供一个高效便捷的解决方案。①

4. 联合技术公司实现数字化技术的渗透与利用

对广告公司来说，要做到快速反应，需要从整体架构层面进行调整，而数字化浪潮下，技术的渗透与利用是最好的解决办法。但较为困难的是，广告公司在技术的原始积累方面要从零开始，在技术革新以秒计的时代，从头开始所需的成本和收益是不确定的。因此，在无法创造技术的情况下，大型国际广告集团通常采取与技术公司合作的方式拓展数字化业务，以求事半功倍。

(1)联合技术公司实现数字化利用

对国际广告巨鳄们来说，类似谷歌的数字技术公司的飞速发展与扩张既为其带来了巨大的挑战，也为其带来了合作的机遇。将他们视作竞争者，不如将其作为分享宝贵用户数据的技术公司和媒介平台，这对于协助广告公司联结客户与消费者有益无害。目前，联合技术公司实现数字化业务渗透是众多国际广告集团较为常见的战略选择。

WPP 集团全球 CEO 苏铭天透露，2013 年在谷歌上花费的媒介购买预算为 25 亿美元，2014 年这个数字预计达到 30 亿美元，这意味着谷歌将取代默多克的新闻集团(News Group)，成为 WPP 的第一大媒介合作伙伴。苏铭天希望谷歌今后会致力于“建设性地”发展双方的关系。除了谷歌，WPP 2013 年在 Facebook 上的花费也达到 4.39 亿美元，2014 年这一数字可能增加到 7.5 亿美元左右。②

2013 年 10 月，阳狮旗下拥有可口可乐、本田汽车等大客户服务的媒介代理公司 MediaVest 与谷歌达成了几千万美元的交易。2013 年 11 月，阳狮集团旗下的 DigitasLBi 和 Razorfish 又与谷歌完成了 1 亿美元的交易，承诺其客户从 2014 年起将在 YouTube 和谷歌上投放广告。DigitasLBi 和 Razorfish 全球主席 Rishad Tobaccowala 表示，“对于未来的营销，它们处于非常中心的位置”。Tobaccowala 所说的“中心位置”是指谷歌和 Facebook 这样的互联网公司在未来的广告传播领域应该发挥的价值在于有效地搭建从品牌到消费者之间的传播链条，建立一种长久关系，而不仅仅是在页面上推送一则广告而已。③

2014 年 3 月，宏盟集团和 Facebook 旗下的照片分享服务 Instagram 签订了 1 亿美元的广告合同，这是 Instagram 第一次与广告代理公司达成重大交易。据《广告时代》报道，

---

① 陈时俊:《电通集团 CEO:2016 年数字化营销收入占比将达 50%》,《21 世纪经济报道》2015 年 1 月 8 日,http://tech.163.com/15/0108/01/AFDD2U9K000915BD.html。

②③ 李会娜:《广告公司革命》,《第一财经周刊》2014 年第 5 期。

星传媒体集团(Starcom MediaVest Group)也在与Instagram进行谈判。

麦肯世界集团亚太区首席技术顾问Greg Armshaw表示，最初和Facebook、谷歌的合作其实并不那么顺畅。对Armshaw来说，他需要了解谷歌这类公司到底如何接触消费者、如何带来收益等，而起初“它们只是一味地卖它们的广告位而已”。不过后来事情很快有了改变。Armshaw开始见到相关工程技术人员以及产品经理。①

(2)利用数字技术，加快传统业务模块的改造升级

各大广告集团利用数字技术，加快传统的业务模块改造、升级。针对传统的创意服务，为了更好地实现创意服务，DDB设立了一个整合全球资源的数字平台“Fit for Excellence”。选择这一数字平台进行广告创意的客户拥有一支不受地域限制的创意团队。品牌提供的简报会在这个平台上发送给DDB位于世界各地的办公室进行分解和探讨。

麦当劳的“一见中薯”(I See Fries)就是来自这个平台的成果。当麦当劳的创意简报发布给DDB全球的创意人才后，短短2周时间，麦当劳就收到了20多个创意方案，最终确定将澳大利亚DDB的精彩创意用到中国来。

从某种程度上说，如今谷歌和Facebook也可以被看作是创意公司。它们拥有内部创意团队，会通过技术形式找出更好的实现创意的方法。②

除此之外，广告公司还会利用数字技术革新广告内容，使之更加与受众的兴趣爱好相匹配，并逐渐模糊广告与信息的边界。2012年3月，Twitter移动端推出了信息流广告。它们并未提供类似苹果iAD或者谷歌的AdMob那样的横幅或者图片展示广告，而是让广告看起来类似普通的Twitter信息并将其嵌入用户阅读中，只是会被打上“Promoted”的标签。这样的广告被完全整合到用户阅读的信息流中，而不是像传统显示广告一样出现在页面的顶部、底部或者侧方。

3个月之后，Facebook也推出了类似的移动广告产品，这种被称为“Sponsored Stories”的广告形式在每20条Facebook信息中嵌入1条广告。③

5. 革新传统购买模式

2014年，由于数字业务的推动，广告公司在媒介代理方面的收入基本保持了稳健增长。其中，以程序化购买④这种新型数字技术为依托的购买形式是其增长的主要推动力量之一。很多机构和业内人士对程序化购买的爆发也进行了预测。eMarketer称程序化购买市场份额将从2011年的20%发展至2017年的80%；艾瑞则预计，中国移动程序化

①②③　李会娜：《广告公司革命》，《第一财经周刊》2014年第5期。

④　2014年，IAB美国互动广告局，从资源售卖角度，针对数字广告投放的程序化交易的四种方式进行了划分和定义。这四种方式分别是：Automated Guaranteed(流量与价格是交易双方协商固定的)、Unreserved Fixed Rate(双方预先协议价格，但是无库存流量保证)、Invitation-Only Auction(通过白名单/黑名单邀请购买方参与，流量通过竞拍获得)、Open Auction(公开市场流量竞拍，即RTB)。

购买从2015年起三年内保持较快的增长速度，2017年将超过35亿元。谷歌亚太区商业合作部总经理Jeff Galvin称，2017年，将有一半的数字广告实现程序化购买。①

2008年，法国阳狮集团整合旗下媒体和数字业务机构阳狮锐奇（VivaKi）。2010年，由阳狮锐奇新媒体整合中心首创的全新广告投放平台Audience On Demand（AOD，精准用户定位投放平台）抢滩中国市场。AOD是阳狮锐奇集团自有的定向和定性精准投放的媒体购买监测和优化平台，实现了"按需定制"的交易体系。② 阳狮锐奇集团新媒体整合中心联合微软、谷歌、雅虎和Platform A等数字媒体集团，将其广告工具与AOD平台系统整合，帮助广告主提升广告投放的有效率和回报率。

Vivaki Nerve Center总裁柯特·赫克特（Curt Hecht）表示："在美国，AOD平台已经拥有超过55家大型广告客户，为我们带来了3 100万美元的收入。这个平台代表媒体行业出现了一种新的业务模式，能够为客户提供更多的价值，使客户可以通过广告联盟网络中不多见的优质内容，到达精确定义的目标消费者，使他们的交易实现更高的透明度。与此同时，领先的媒体拥有者能够更加高效地卖出其广告位并获得最大收益。"③

广告公司在通过技术改变产品的同时，也在利用新兴技术的转型促进广告产业的进一步发展。

2014年，WPP宣称旗下受众购买平台Xaxis（邑策）推出首个完全程序化产品Xaxis Sync，该程序化购买平台在全球范围内带来了7.75亿美元的收入，比2013年上涨了30%。另外，该产品让广告主能够在用户的移动设备上同步投放与电视上相对应的广告。④

"从更广泛的角度来说，'程序化''数据化'这样的词很快就会过时，它们会渗透到我们生活中的每一个角落。"WPP首席执行官苏铭天如此评价程序化购买的未来。2014年，WPP集团对广告技术平台App Nexus追加2 500万美元的投资，持股水平增加到15%。苏铭天表示，对App Nexus的投资显示了WPP正在关注快速成长的程序化媒介购买领域，以及对于该领域内技术优异的独立创业公司的支持。⑤

2014年年初，宏盟集团也开始为客户提供数字化销存。2014年全年，宏盟集团程序化购买收入占全球总收入的2%，约3.06亿美元，比2013年上涨1.4亿美元。宏盟旗下的浩腾媒体则表示，其代理客户的90%以上在使用程序化购买。⑥

---

①④ 《2014程序化购买大事记》，广告门，2014年12月23日，http://www.adquan.com/post—1—29541.html。

② 唐超：《你必须知道的25家互动营销公司》，《中国广告》2013年第11期。

③ 《VivaKi首创精准用户定位投放平台（AOD）落地中国》，互动中国，2010年12月15日，http://www.damndigital.com/archives/14108。

⑤ 《2014程序化购买大事记》，广告门，2014年12月23日，http://www.adquan.com/post—1—29541.html。

⑥ 传媒使者：《美国广告市场观察：数字化业务高速增长》，第一传媒，2015年5月29日，http://www.1cnmedia.com/media/ggcm/10175.html。

由此可见，整个广告公司行业正在积极变革，整合各类资源，极力拓展自身在数字媒体营销中的领域与地位，包括对业务拓展、服务流程、赢利模式、营销平台等一系列基本项目的数字化改造与革新，以适应日新月异的广告市场，满足客户需求。

（二）本土广告集团的数字化拓展跟进

本土广告公司也积极涉足数字媒体广告传播领域，与国际大型广告集团类似，表现在通过整合收购、增设相关数字部门以及加强同数字技术公司的合作等方式强化自身在数字营销方面的实力。

1.通过设立及收购数字化部门增强多元化营销实力

近年来，随着数字媒体的进一步发展及广告主数字营销需求的加大，本土广告公司也通过多元化收购策略和方式以谋求增强数字营销实力和多元发展。

如，广东省广继 2012 年 5 月份推出广告数字化运营系统之后，2012 年 7 月又设立了子公司赛铂互动传媒广告，目标是着力发展数字互联网媒体业务，将省广的资源优势延伸到数字媒体中加以利用，深度开发客户数字营销需求。2012 年 11 月，省广投资入股合众盛世（北京）国际传媒广告有限公司，进一步强化自身在数字整合业务方面的实力。2014 年，随着公司在产业链布局上的完善，除了协同作用外，交叉推广成为提升多元化营销服务能力的重要动力。当下，省广已经全面投入运营“广告数字化运营系统”，集成了消费者洞察、品牌策略、创意发想、媒介策划等多模块运用，力求更有效地为客户提供营销全链条解决方案。

除省广外，多年来以传统电视媒体业务为主要资源优势的昌荣传播也开始逐步增强自身在数字营销、内容营销方面的布局和发展。2010 年，昌荣就在集团旗下正式成立了专业的互动传播服务子品牌——昌荣互动，在互联网营销服务领域进行全面探索和实践。该子品牌与昌荣传播集团原有的昌荣广告、上星传媒一起，成为当时集团的三大核心业务子品牌。2011 年 6 月，昌荣传播又通过资本并购的方式，收购了原上海世奇广告，成立了“昌荣精准”子品牌，针对互联网精准营销领域提供专业化的服务，形成了如今昌荣集团旗下的四大服务子品牌。近两年来，结合广告主对网络视频以及社会化媒体营销传播需求的不断增强，昌荣传播先后成立了网络视频部门以及微营销板块，专注于网络视频与以微博为代表的社会化媒体营销、移动营销，进一步加强了公司在数字营销领域的布局和探索。

另外，在整个人才结构上，昌荣也加快了引进新媒体领域拥有专长的传播人才的节奏。在内部加大新媒体营销知识和技能的培训力度，加强与百度、优酷土豆、搜狐视频等各大新媒体领军媒体的深入合作，推动整个公司服务理念和服务产品的升级，满足客户不断增长的营销传播需要。①

除省广、昌荣外，蓝色光标亦多次通过收购同类型公司来强化其数字化业务，实现多元发展。蓝色光标在2014年以参股或并购的方式完成了对30家企业的投资，积极布局智能营销传播行业基点。其中，大数据企业8家、移动互联5家、电子商务4家、数字营销4家、互联网金融2家、国际业务5家、娱乐内容2家。投资中除了考虑现有客户的协同效应之外，更多的是未来智能营销产业链布局：移动互联通过移动端的大数据收集分析，移动广告平台着重于流量和数据变线；在大数据方面侧重互联网媒体投放、广告效果监测、CRM、DMP等基于大数据的广告全案和精准营销能力，有专利算法等核心技术及经验，单一市场占据有意义份额，以期未来有集成整合制定游戏规则的可能；电商服务则力求覆盖全网，掌握消费者一手数据，投资侧重于电商服务公司对于数据的占有挖掘和再利用，以及服务的客户黏性，以图O2O整合营销长远布局。②

从2007年开始，蓝色光标内部推行数字化营销转型，到2014年集团和数字有关的业务收入超过70%，数字营销收入超过50%，数字化业务已经成为蓝色光标的主要利润来源之一。③

2. *以数字化为线索纵向深入拓展公司业务链条*

在经营压力日渐增加、竞争越发激烈的市场环境中，很多本土广告公司以数字化为线索进一步拓展公司的业务链条。首先，开拓薄弱的业务板块，注重拓展数字业务。2013年6月，百度与昌荣建立战略合作伙伴关系，共同创建一整套互联网营销的研究及评估体系，提高消费者洞察力等。其次，在数字化媒体环境中，消费者的广告屏蔽能力增强，广告主越发注重对消费者感兴趣的广告内容的融合。因此，广告公司向前拓展，着力于内容的制作与推广，拓展植入广告、影视剧版权等多方营收。如，2013年11月，中视金桥与江西卫视合作，打造美食真人秀节目《闻香识男人》，在内容创意和制作上不断实现突破。再次，广告公司向后拓展，以现有业务为拓展基础，推出大型网络游戏，依托现有客户资源打造B2C电商平台等。

3. *案例解析：蓝色光标大数据战略布局*

无论是国际还是本土的营销传播集团或广告公司，都对广告公司数字化变革及转型的紧迫形势有所感知、备感压力。作为国内最大的营销传播集团，近年来，蓝色光标关于数字化的前瞻性及战略布局取得了一定的成绩，具有一定的行业代表性。因此，我们可

① 昌荣传播官网：《昌荣两案例获2014金投赏提名　转型升级初见成效》，2014年8月19日，http://www.charm-group.cn/news/news_gongsi_info.aspx? xwbh=150。

② 蓝色光标：《蓝色光标2014年并购投资解读》，《蓝色光标资本市场双月刊》2015年第1期。

③ 赵文权：《蓝色光标2014年并购30家公司组建国产WPP，马上就是中国移动广告市场老大了》，2015年3月30日，http://www.fashangji.com/news/show/4463/。

从其未来的数字化布局一窥究竟，使其他广告公司的数字化转型从中有所借鉴。

（1）开启智能营销时代

2014年8月，蓝色光标曾宣布未来十年的发展战略，即“开启IMC时代，打造营销IBM”。由于蓝色光标的版图扩张之路与WPP类似，都是通过不断的收购发展壮大，所以蓝色光标一直被业界誉为“WPP的中国学生”，但是，在数字化转型战略方面，蓝色光标有着自己的规划。

蓝色光标认为，随着市场消费环境和媒体环境的急剧变化，消费者主权正在确立，越来越多的企业从售卖产品转变为客户关系的经营，信息技术的发展使得对消费者需求和行为的洞察变得更加重要，一个智能营销（Intelligent Marketing Communication，IMC）的时代正在来临。智能营销将是建立在商业智能（business intelligence）基础上的整合营销传播。打造营销IBM，一方面意味着蓝色光标将为客户提供更有价值的Intelligence Business Marketing服务，另一方面意味着蓝色光标将不再以电视时代的营销巨头模式为指导。蓝色光标旨在打造数字时代的新型营销传播集团，在许多特征上意味着其更像一个科技公司。

（2）技术驱动业务，服务依然是核心

无论是国际广告巨头的数字化拓展还是本土广告集团的数字化跟进，其聚焦核心与变革基石都是技术和相关人才，只有拥有技术及人才优势才能在数字化竞争浪潮中存活。但是，对蓝色光标和其他广告公司来说，不是要在业务上转型去做IT，公关、广告等营销传播服务依然是核心，只是其服务将以技术和大数据等相关前沿科技为基础和驱动，并且将开发出更多平台化、标准化的大数据产品和服务。其大数据战略的核心是构建大数据的智能营销平台。未来三至五年，蓝色光标来自技术驱动的业务将占到50%。

（3）实现数据产品化

对蓝色光标来说，过去数据主要是提高营销效率的手段，为广告营销业务提供支持，现在蓝色光标想做的事情是让数据本身变成一种资产，让数据通过产品变现。这包括两个层面：

第一，在原有业务的基础上进行产品化、标准化沉淀，利用大数据资源为客户提供增值服务。比如蓝色光标现在为客户提供一个方案，很多情况下其中60%的需求是行业其他客户也有的，只有40%是特别定制的。那么在其未来的业务中，一些已完成方案中的共有需求部分可转变为标准化方案，通过标准化的平台或产品为客户提供标准化的服务，提升服务效率，提高产品溢价。这其实就是IBM、Oracle等科技公司的做法，是蓝色光标向科技企业学习的一个方面。

第二，开发基于大数据的新产品和服务，做增量市场。蓝色光标曾推出两个自主研发的新产品：Blue View 智能营销系统和 Blue MP 移动营销产品。利用这类新型平台，蓝色光标可以针对不同量级的企业客户提供不同的业务服务。比如，利用 Blue View 为企业提供咨询服务，或者帮助企业提升营销活动的效率和转化率；针对一些中小型企业，Blue MP 则可提供平台型轻应用的产品，使用更加便捷，性价比相对更高。未来，蓝色光标还将推出一款类似手环的可穿戴产品，通过硬件产品的形式来展示自身在数据方面的实力。①

蓝色光标虽然力推数字化转型，但对广告公司来说，其核心仍然是服务。因此，广告公司的数字化转型的本质仍然是为客户提供服务。这意味着广告公司的商业模式并没有改变，只是为原有业务打造了一副数字化的技术盔甲，令其更好地为客户服务，实现营销目标。回归营销服务机构的本质我们发现，消费者洞察依然是广告公司最主要的目标，这样才能更好地回归营销本质，而营销的本质永远是价值的创造与交换，助力融合化下的广告主营销价值再造。

另外，一些本土公司也分别在媒体资源获得、媒体新广告产品的开发、媒体广告监测和效果评估等方面展开战略布局，借助风险投资的大力支持，快速发展。例如：亿动广告传媒开发完成智能化的无线广告管理系统（Mad Serving），广告服务和技术公司 DoubleClick 推出视频广告监控技术，好耶推出反“点击欺诈”工具，广东平成广告有限公司携手知名软件公司，打造数字化平台，实现项目管理的专业化和标准化。

四、以数字技术为依托的新型广告公司迅速崛起

随着数字技术的出现、网络平台的普及与发展，整个营销产业链分工更加精细化，一批以技术和数据驱动的新型广告公司迅速崛起，其以数字技术为导向，开始进入广告市场。数字技术服务型广告公司是指为客户提供互联网及数字媒体领域全服务的广告公司。面向广告主它们更多地是提供如网络精准传播、互动传播等数字技术的服务。其利用数字媒体平台，凭借自身的技术优势，不断丰富广告形式与互动方式，以广告投放模式更精准、更贴近用户，传播活动的互动与反馈性强等优势吸引广告主。

概括而言，数字技术型广告公司发展大致经历了以下三个阶段：

（一）1998—2003 年：初步兴起期

20 世纪末，国际及本土数字技术型广告公司纷纷兴起。上海好耶是本土技术型广告公司早期代表之一。1998 年 10 月，上海好耶计算机技术有限公司创建。1999 年 10 月，

---

① 徐铱璟：《传统营销广告公司的数字化抉择》，《新营销》2014 年第 12 期。

Ad Forward 广告管理系统面市。2000 年 2 月获得 IDG 的投资，随即注资成立新好耶信息技术（上海）有限公司。2000 年 8 月启用好耶广告网络 Allyes Ad Network。2003 年 8 月，上海好耶广告有限公司成立。自 2003 年起，其成功转型为提供互联网及数字媒体领域全方位服务的广告公司，并致力于提供跨媒体领域的整合营销服务。

另外，作为本土发展较好的数字技术型广告公司，华扬联众数字技术股份有限公司成立于 1994 年，前身为北京华扬联众广告有限公司。自 2002 年起，该公司转型为提供互联网及数字媒体领域全方位服务的广告公司，致力于提供跨媒体领域的整合营销服务。其提供的服务覆盖互联网广告营销解决方案、无线营销解决方案、数字广告分发平台开发与应用、搜索引擎跨平台解决方案、数字媒体版权分销、原创视频内容制作与发行、数字营销相关产业研究等方面。

而国际数字技术型广告公司在此期间亦在中国市场采取了行动。1999 年，以“数字市场推广的力量”为宗旨的美国 Ad Force 宣布成立 Ad Force 亚洲公司 Ad Force Asia（智网通科技有限公司），并致力于进军迅速发展的亚洲网络广告市场。Ad Force Asia 利用 Ad Force 的中央广告服务技术设施，经由位于北京及香港的广告服务中心，为中国内地、台湾、香港及新加坡的客户投放网络广告。

（二）2004—2008 年：成长蓄势期

从 2004 年到 2008 年，以数字技术为依托的广告公司从数量到营业收入都获得了一定的发展。在这一阶段，数字技术服务型公司的数量持续增加，客户稳步增长，不同公司开始了对自身差异化定位的探索。这些都为其下一阶段的快速成长打下了良好的基础。

在这一阶段，较大的数字技术服务型广告公司经营额一般都取得了较快的增长。年经营额超过 1 亿元的企业已经有 3 家，分别是好耶旗下的诠释广告公司、华扬联众旗下的传立、电通。华扬联众获得了中国数字媒体广告历史上最大的一笔订单，成为中国移动的全年网络广告代理商。①

到 2004 年年底，从事数字技术服务的广告公司超过 100 家，以数字技术服务为主的广告公司超过 20 家，这些公司的发展进入了专业化分工阶段。如创世奇迹广告 90％的客户来自于网络游戏行业，世纪华美广告拥有最多的手机类客户，科思世通广告的大部分广告主来自汽车行业，鑫海恒、嘉华恒顺、龙拓等广告公司则是以房地产广告主为主，红马联媒、新经合主要服务于教育等类型的行业客户。这些公司深入了解某一个行业广告主的宣传需求，并在此基础上为行业广告主提供一系列专业化网络营

---

① 杨伟庆：《2004 网络广告行业盘点，产业形态更成熟》，http://www.cnshu.cn/info/gghy/168140.shtml。

销服务。[①]

(三)2009年至今:持续发展期

近年来,易传媒、互动通、vpon移动、Media V(聚胜万合)、Avazu(艾维邑动)等新生的技术驱动型广告公司通过领先的数字技术,整合资源,服务于广告主,在激烈的市场竞争中开始崭露头角。

目前国内具有代表性的数字营销公司,如好耶、华扬联众、传漾、易传媒、悠易互通、互动通、Media V、Avazu等,除最早成立的好耶和互动通以及2003年转型的华扬联众之外,大多数字营销公司成立于2007、2008年之后,其中Avazu于2009年在上海设立分公司后,2011年5月份才开始正式进入中国市场。尽管这是一群年轻的公司,但其含金量绝对不可低估,除了技术、人才独具优势,最重要的是它们代表了数字营销的发展方向。虽然同处数字营销的技术领域,各公司均有不同的杀手锏,不论是悠易互通多年累积的3亿庞大受众数据库平台、好耶的软件系列和效果计费网络,还是Avazu的DSP(广告需求方平台),其核心技术都称得上"精准"二字,通过定向技术分析并瞄准目标网络受众,为客户提供更完善的数字媒体投放及营销服务。

近年来,由于互联网向移动互联的延展日渐明显,移动终端的相关技术研发在一定程度上成为数字营销公司之间的硬性比较。2010年初移动营销服务提供商安沃传媒成立;2010年易传媒正式发布移动互联网广告平台,成为中国第一家横跨互联网及移动互联网的整合数字广告平台,向广告主提供移动终端广告、App开发及推广、LBS整合营销等移动互联网营销解决方案;2011年好耶广告网络宣布进入移动互联网营销领域,在广告网络平台、品牌整合营销、技术解决方案三大业务的基础上,正式上线移动互联网一站式整合营销业务,实现PC互联网与移动互联网的无缝对接。紧接着,互动通控股集团正式推出旗下全新的移动数字广告平台——hdtMobile(掌握传媒),其前身为iMocha,其作为国内手机移动数字广告平台,以有效到达、广告展示为核心,在整合资源的同时,达到最广的覆盖面。

此外,诸如Ad Master、秒针等以技术和数据分析能力为核心竞争力的多元数字营销服务公司出现,专门为数字媒体广告效果提供全流程监测分析、评估优化的咨询与技术服务,让广告公司数字营销成为一种更加专业、更让广告主信赖的传播方式。

---

① 三联生活周刊编辑部:《中国互联网广告发展史》,《三联生活周刊》2007年4月9日,http://tech.sina.com.cn/i/2007—04—09/14121455666.shtml。

本章思考题

1. 阐释广告主、传播对象以及广告公司的概念。
2. 从行业构成分析广告主的总体广告投放与数字媒体广告投放变化。
3. 从社会、受众、消费者三个维度分析传播对象在数字媒体营销传播环境下的变化趋势。
4. 从广告业三方主体——广告主、媒体、广告公司的角度解析广告公司的数字化转型原因。
5. 阐释传统广告公司的数字化业务拓展。
6. 阐释以数字技术为依托的新型广告公司迅速崛起这一现象。

第四章　数字媒体营销传播发展历程

本章导言

广告主数字媒体营销传播活动具有自身独特的发展规律，但同时，其又与广告主营销传播活动的发展紧密相连。广告主数字媒体营销传播本身就是广告主营销传播活动的有机组成部分，其发展变化必然带有不同阶段广告主营销传播活动的时代烙印。本章梳理总结了广告主营销传播发展的历程及阶段性特征，概括总结了广告主数字媒体营销传播的发展历程及阶段性特征。

本章要点

1. 以企业为中心的单向传播阶段
2. 以消费者为中心的双向互动传播阶段
3. 以关系为核心的新型整合营销传播阶段
4. 1997 年—2004 年：单向传播主导时期
5. 2005 年—2008 年：双向传播主导时期
6. 2009 年—2013 年：关系传播主导时期
7. 2014 年至今：渠道传播一体化时期

第一节　广告主营销传播的整体发展

现代营销学之父菲利普・科特勒教授将营销的演进划分为三个阶段。第一，营销 1.0 时代，即以产品为中心的时代。由于产品相对稀缺，在这一时期企业以产品功能差异性为诉求点，从而获得较好的营销效果。第二，营销 2.0 时代，即以消费者为中心的时代。随着产品功能同质化，企业开始追求与客户建立紧密联系，突出解决消费者的情感诉求，为消费者提供情感价值，一方面随着科技的发展、消费能力的提高、物质的极大丰富，消费者的情感诉求趋于同质化；另一方面，社会议题的公众化、社会经济震荡、气候变化剧烈、污染日益严重、灾难频发等，促使人类的情感开始紧密地联系在一起，越来越多的消费者在关注产品使用的自身利益的同时，开始注重企业在生产过程中是否符合人类共同利益和普世价值。第三，营销 3.0 时代，即人本中心主义的时代。营销者不再将客户仅仅视为消费者，而是将其还原成具有独立思考能力，心灵和精神完整的人类个体，由此把营销的理念提升到一个关注人类期望、价值和精神的新高度，使营销的价值主张从"功能与情感差异化"深化至"精神与价值的相应"。① 以此理论为基础，本书根据营销观念导向的变迁将广告主营销重点的发展历程划分为三个时代，即以企业为中心的营销 1.0 时代、以消费者为中心的营销 2.0 时代，以及以关系为核心的营销 3.0 时代。同时，在营销观念导向变迁的过程中，广告主营销传播也经历了单向传播、双向互动传播到关系传播的发展过程。

一、以企业为中心的单向传播阶段

（一）营销 1.0 时代

在营销 1.0 时代，企业营销观念侧重于企业。经历了以生产观念为导向、以产品观念为导向再到推销观念为导向，乃至以营销观念为导向的发展过程。

以生产观念（the production concept）为导向的营销理念产生于供给相对不足、竞争有限、生产者占据市场主导权的历史条件下。因此，企业的主要任务是扩大生产规模和分销覆盖面，降低成本以提高利润率。

在以产品观念（the product concept）为导向阶段，企业不仅关注扩大生产，并且开始注重产品质量。企业的重心放在提高质量和降低生产成本上。

而在推销观念（the selling concept）为导向下的生产和经营重点是以现有产品为中心，向消费者推销产品或服务。推销观念产生于生产与消费趋于平衡之时，竞争初见端倪，因而企业的主要任务是积极推销以刺激消费者大量购买，即"以产定销"。

在企业营销观念由生产观念、产品观念转变为推销观念的过程中，企业经营管理的核心始终是产品，即始终以企业或产品为导向。这种以企业或产品为中心的营销观念导向下的企业市场营销活动，被称之为营销 1.0 时代（见表 4-1）。

---

① 〔美〕菲利普·科特勒、〔印度尼西亚〕何麻温·卡塔加雅、伊万·塞蒂亚万：《营销革命 3.0：从产品到顾客，再到人文精神》，毕崇毅译，机械工业出版社 2011 年版。

表 4-1 营销 1.0 时代广告主营销观念的演变过程

营销观念	消费者心理	竞争环境	营销重心
生产观念 (the production concept)	认为消费者喜爱那些可以随处得到的、价格低廉的产品	供给短缺，几乎没有竞争	致力于扩大生产规模，提高生产效率，并扩大分销的覆盖面
产品观念 (the product concept)	认为消费者喜欢高质量、多功能和具有某些创新特色的产品	供给相对平衡，竞争有限	扩大生产并关注产品质量
推销观念 (the selling concept)	认为消费者不会主动购买足量的产品	供给大量饱和，竞争初露端倪	主动推销和积极促销，以促成更多的交换

在营销 1.0 时代，营销活动以企业为中心。最典型的例子是亨利·福特[①]所说的："无论你需要什么颜色的汽车，福特只有黑色的。"企业经营的核心是产品管理，为产品创造需求。营销活动从扩大市场需求和市场份额入手，主要营销的策略是市场渗透和市场开发。最典型的代表性营销理论是 4Ps（见表 4-2）：产品（product）、价格（price）、渠道（place）、促销（promotion）。

表 4-2 4Ps 营销理论

	产品	渠道	价格	促销
4Ps 营销理论	注重开发的功能，要求产品有独特的卖点，把产品的功能诉求放在第一位	尽可能地扩大分销覆盖面；注重经销商的培育和销售网络的建立	规模化生产，降低生产成本，以形成价格竞争优势；根据不同的市场定位，制定不同的价格策略	以短期的行为促进消费的增长

（二）单向传播

在营销 1.0 时代，营销者假设每个人都是一样的，忽略市场需求差异，认为每一个人都是潜在顾客，力图通过固定的产品、分销、大众传播影响到最广泛的市场，即大量生产、大量分销和大量促销。在特定需求的商品不充足、消费者产品需求同质性较高的情况下，这种营销方式能够有效地实现规模经济，一度为企业所推崇。这时候，传播往往"借助电视、报纸、广播、杂志等大众媒体，将关于企业和商品的信息传递给消费大众，借以成功地将商品销售出去"。[②] 这种传播一般都是单向的，即信源发出的信息，经由传播渠道

① 亨利·福特（Henry Ford，1863 年 7 月 30 日至 1947 年 4 月 8 日），美国汽车工程师与企业家，福特汽车公司的建立者。

② 程皖冰：《大众营销与分众营销融合与分解趋向探析》，《现代营销》（学苑版）2012 年第 9 期。

抵达信宿，这个过程是单向的，缺乏及时的反馈或互动的机制。这种营销传播方式在一定条件下能够有效地传递产品或服务并影响到最广泛的人群，解决商品与价值的矛盾、生产与销售的矛盾。

从关注产品数量到关注质量，再到进行积极主动的推销，企业的营销观念随市场环境的变化适时调整。其局限性在于，企业只关注生产产品，而不关注消费者需求。因此推销观念导向下的企业经营还不能称为真正意义上的"营销"。大约从 20 世纪 70 年代开始，生产效率得到明显提升，产品品类增加，品牌丰富，全球由卖方市场转向买方市场，竞争加剧。企业逐渐意识到以企业为中心的营销思想观念难以适应市场的变化，营销思想观念开始转向以消费者为中心。

二、以消费者为中心的双向互动传播阶段

（一）营销 2.0 时代

随着生产力的发展，生产效率提高，可供选择的产品日益丰富并趋向同质化，伴随着消费者可选择性的提升，卖方市场逐渐转为买方市场，商品供给大于需求，竞争加剧。消费者的需求受到重视，市场营销观念（marketing concept）逐渐形成。现代营销学之父菲利普·科特勒给市场营销下的定义是："通过创造和交换产品及价值，从而使个人或群体满足欲望、需要的社会过程和管理。"[①]可见，生产的最终目的——交换能否顺利地进行，关键在于广告主创造的产品和价值是否能满足个人或群体的需要。营销传播的主要任务是利用各种手段，为营销目标的实现提供帮助，最终促进交换的进行和完成。

与推销观念不同的是，市场营销观念将"以消费者需求为中心，以市场为出发点"视为经营管理企业的指导思想。市场营销观念认为，实现组织目标的关键在于确定目标市场的需求与欲望，并比竞争对手更有效、更有力地传送目标市场所期望满足的东西。此时，市场营销的概念才真正走上历史舞台，企业市场营销进入 2.0 时代。

在营销 2.0 时代，最具代表性的营销理论是与 4Ps 相对应的 4Cs：顾客（customer）、成本（cost）、便利（convenience）和沟通（communication）。营销的中心从"产品"转向"顾客"，即要求企业生产满足消费者需求的产品，而不是生产企业能够生产的产品；从"价格"到"成本"要求企业从考虑短期赢利转向考虑满足消费者需要而愿意付出的成本；从"渠道"到"便利"要求企业考虑满足消费者购买产品的便利；从"促销"到"沟通"要求企业从单方向的信息推送转向与消费者进行双向的互动交流（见表 4-3）。

---

① 〔美〕菲利普·科特勒：《市场营销原理》（第 9 版），王霞、赵平译，清华大学出版社 2003 年第 9 版，第 6 页。

表 4-3 4Cs 营销理论

	产品→顾客	渠道→便利	价格→成本	促销→沟通
4Cs 营销理论	生产满足不同消费者不同需求的产品	渠道分销，使目标细分市场更容易接触到	根据消费者的价格承受能力制定价格	与顾客进行积极有效的双向沟通，建立基于共同利益的新型企业、顾客关系

市场营销从 1.0 发展到 2.0 时代，营销观念的导向发生了根本转变，即从产品转向消费者，营销传播也从企业主导的单向传播转向更为有效的双向互动传播。

（二）双向互动传播

营销从 4Ps 的"以企业为中心"转变到 4Cs 的"以消费者为中心"，实质上是企业从单向营销信息灌输转变为与顾客之间双向的、互动的信息交流。以消费者为中心的双向互动传播观念得以普及，有如下原因：

一方面，市场上同质化的产品越来越多，竞争加剧，传统的以企业或产品为中心的单向传播模式使企业离消费者越来越远，企业与企业之间很容易进入广告战、价格战的恶性循环中。企业的营销传播成本飙升，盈利下降，市场风险增加，因而亟待针对性更强、效率更高的营销传播方式来降低成本、减少资源浪费。

另一方面，随着信息海量增长，讯息传播的环境噪音增多，消费者的注意力被分散，传统单向传播的投入产出比明显下降，及时而明确甚至精准的信息推送对营销人员来说变得愈发重要。

此外，信息技术的革新提供给双向互动传播技术支撑，使双向互动传播得以广泛应用。

在双向互动传播过程中，企业为营销传播设置了反馈或互动的机制。这种机制的形成依托于信息技术的革新，初现于信息时代。信息技术的发展使市场研究门槛降低，数据的获取、存储和分析更为简单。同时，营销人员不再是信息传播的主体，消费者更多地参与到信息的制造、加工与传播过程，在这个过程中产生的大量事实数据又被营销人员采集、加工，用于传播。因而双向互动传播在这方面有两层涵义。

1. 基于大量消费者事实数据的信息传播

在营销 2.0 时代，以消费者为中心的双向互动传播必须基于大量数据支持的市场调研，强调在营销传播活动的过程中全面、实时的消费者信息及行为调查，实时调整传播策略。不同性别、年龄、教育程度、职业、收入的消费者，对广告、促销以及内容往往具有不同的喜好，媒介接触习惯、消费行为模式也不尽相同。以消费者为中心的营销理念认为产品的价值应该由消费者来定义。因而营销者必须认真研究目标人群的消费行为特征，进行市场细分，针对有相似需求的特定目标群体，开发出具有优势的产品，并做出相对准确而集中的信息传播。

2. 消费者双向互动传播

除了基于消费者信息的传播，这种双向互动传播还有另一层含义，即营销者与消费者之间的即时互动。人际传播是典型的双向互动传播。在人际传播中，信息的发送与回收几乎是同时进行的，这是理想的双向互动传播状态。以互联网为标志的信息技术带来了传播革命，双向互动传播的“规模”得以扩大，支持双向互动传播的时间和空间更为灵活机动。

当然以传统大众媒体传播为代表的单向传播与双向互动传播二者之间并非互斥，营销 2.0 是兼容营销 1.0 的。囿于技术的发展，大众传播时代营销传播侧重量的评估，因而评估指标主要为到达率、覆盖率以及基于量化的成本，如 CPM、CPRP 等。调研公司的数据也是围绕发行量、收视率等概念展开的。这种模式如今仍然广泛应用于广告主营销传播实践。而双向互动营销传播则关注传播的精确度与深度。更多时候，这两种营销传播模式是交叉应用的，互为补充、相辅相成。

这种整合可以视为是整合营销传播理论的初级应用，即通过同时使用两种或两种以上的营销传播方式，传递一致的声音和品牌形象，是整合营销传播的雏形。

(三) 整合营销传播

整合营销传播(integrated marketing communication)并不仅仅是简单地在不同营销传播渠道上传播统一的讯息，它强调的是在消费者数据搜集、洞察的基础上，对不同营销传播渠道综合运用的互联互通。美国西北大学唐・舒尔茨最先提出整合营销传播理论。他认为整合营销传播的内涵是：“以消费者为核心重组企业行为和市场行为，综合协调地使用各种形式的传播方式，以统一的目标和统一的传播形象，传递一致的产品信息，实现与消费者的双向沟通，迅速树立产品品牌在消费者心目中的地位，建立产品品牌与消费者长期密切的关系，更有效地达到广告传播和产品行销的目的。”[①]在整合营销传播中，消费者处于核心位置，是营销 2.0 时代典型的营销传播理论。

整合营销传播主张将企业的一切营销和传播活动，包括营销传播组合当中的所有要素(广告、促售、事件和体验、公共关系和宣传、直接营销、人员推销)，以及其他所有可能与消费者产生信息交换的接触点，进行统一的整合与重组，使消费者在与企业接触的所有信息渠道中都能获得对于企业或品牌的一致信息，即企业与消费者的每一个接触都对品牌有所贡献，并且可使用的传播方式大大增加了。整合营销传播实现了对营销传播资源的统一配置和使用，大大地提高了资源的利用率。

---

① 〔美〕唐・舒尔茨：《整合营销传播》，吴怡国等译，内蒙古人民出版社 1997 年版。

三、以关系为核心的新型整合营销传播阶段

(一)营销3.0时代

随着互联网和手机等数字媒体形式的普及,消费者亦开始在社会化媒体上,如微博、微信,自主发布信息,海量信息充斥着消费者的社会生活。可是无论信息量如何更新叠加,人们的信息处理能力并不会与之相应地同步提高,人们开始自发设置"信息屏障"。与此同时,互联网的海量信息和搜索工具,为消费者主动获取信息提供了方便,所以消费者不仅不会一味地接收企业单方面信息,而且对于和自己兴趣爱好或需求不相符的信息,人们自然会设置起"信息屏障"。① 为了适应这些新的变化,营销者开始了一次新的营销变革,更专注于人类的内心需求,这就是科特勒所说的营销3.0。

在营销3.0时代,营销者以建立、经营、维护客户关系为基础,通过企业品牌个性、品牌文化的建立发展等,实现对消费者的吸引与影响,从而让企业品牌在纷繁复杂的海量信息中脱颖而出。

(二)关系传播导向下的新型整合营销传播

消费者对价值认同的追求、对自我价值实现的标榜是新营销时代消费者生活及消费行为变化的根源和动力。这一源动力不仅指导着消费者的价值观、人生目标和生活态度,还在实践层面引领着消费者的消费行为、生活方式。深入消费者内心层面的价值发现与利益满足成为企业新的营销竞争着力点。关系传播导向下的营销活动着力建构卖方和买方的关系,以共创价值为目标,重视关系建构、价值的交互。②

建构与消费者长期关系的意义主要表现在两大方面:

第一,正如美国学者沃尔夫所言:"当代市场经济最有代表意义的特征,恐怕是消费者作为主动性的一方,有权自主选择,而生产者已经成为提供服务的角色。"③消费者在数字媒体环境中主动性强、主导意识明显,带有明显商业企图的单向推广式传播方式很难让消费者接受,唯有与消费者建立平等合作的关系,才能得到消费者的关注和认同。

第二,市场的繁荣和消费者的个性化需求,导致消费者的品牌忠诚度下降。对企业来说,品牌忠诚者在营销成本上最低,为企业带来的利润最丰厚。美国学者雷奇汉和赛塞的研究结果表明,顾客的忠诚度每提高5%,企业的利润就能增加25%。④ 吸引一个新的顾客所花费的成本是保留一个老顾客的成本的5倍,相对于新的顾客,忠诚顾客的营

---

① 〔日〕电通跨媒体沟通开发项目组:《打破界限——电通式跨媒体沟通策略》,苏友友译,中信出版社2011年版。

② 〔日〕鸠口充辉:《全方位营销的开展——面向IMC的发展》,日本庆应义塾大学2009年版。

③ 余晓莉:《广告营销功能观的历史变迁与现代转型》,《武汉大学学报(人文科学版)》2009年第4期。

④ 杨龙志:《关系营销为何成时尚》,《中外管理》2001年第3期。

业成本低，企业顾客管理费用相对缩减。与消费者建构长期关系，成为进一步提升品牌忠诚度的重要基础。

在经历供不应求的产品稀缺年代，以及大规模生产的时代以后，当前的产品服务面临的不是量的问题，而是以差异化应对同质化的问题。品牌不仅仅是质量好的象征，还担负着以品牌精神引发消费者共鸣、以企业价值观获得消费者认同的重大责任。在众多品牌中，只有拥有鲜明的品牌个性和富有感染力的品牌精神，才能够得到消费者的认可，在竞争中力拔头筹。在消费者追求实现自身价值的时代，品牌日益成为其标榜自身价值、展现个性的符号之一，同时，优秀的品牌还发挥着引领消费者价值导向的作用，与消费者共同成长。

知识链接：4R、4I 理论

4R 理论：

4R 营销理论是由美国学者唐·舒尔茨在 4C 营销理论的基础上提出的新营销理论。4R 分别指代 Relevance（关联）、Reaction（反应）、Relationship（关系）和 Reward（回报）。该营销理论认为，随着市场的发展，企业需要从更高层次上以更有效的方式在企业与顾客之间建立起有别于传统的新型的主动关系。因此，营销人员应考虑从以下四个方面进行营销活动：

1. 紧密联系顾客：企业必须通过某些有效的方式在业务、需求等方面与顾客建立关联，形成一种互助、互求、互需的关系，把顾客与企业联系在一起，减少顾客的流失，以此来提高顾客的忠诚度，赢得长期而稳定的市场。

2. 提高对市场的反应速度：多数公司倾向于说给顾客听，却往往忽略了倾听的重要性。在相互渗透、相互影响的市场中，对企业来说最现实的问题不在于如何制订、实施计划，而在于如何及时地倾听顾客的渴望和需求，并及时做出反应，来满足顾客的需求。这样才有利于市场的发展。

3. 重视与顾客的互动关系：4R 营销理论认为，如今抢占市场的关键已转变为与顾客建立长期而稳固的关系，把交易转变成一种责任，建立和顾客的互动关系。而沟通是建立这种互动关系的重要手段。

4. 回报是营销的源泉：由于营销目标必须注重产出，注重企业在营销活动中的回报，所以企业要满足客户需求，为客户提供价值，不能做无用的事情。一方面，回报是维持市场关系的必要条件；另一方面，追求回报是营销发展的动力，营销的最终价值在于其是否给企业带来短期或长期的收入。

4I 理论：

在网络时代，奥美提出了网络整合营销 4I 原则：Interesting（趣味性原则）、Interests（利益原则）、Interaction（互动原则）、Individuality（个性原则）。

1. 趣味性原则

趣味性意味着在进行营销活动时，营销人员设计以用户关注点为指标，注入用户感兴趣的元素和内容，以激发消费者主动参与活动的主观意愿。在渠道失灵、信息过剩的数字媒体时代，消费者已经对传统推广形式产生免疫，开始选择性地屏蔽这些信息。在这种情况下，营销活动若想获得消费者关注，就要遵循兴趣原则，关注消费者感兴趣的话题，以趣味性的方式指导营销传播活动，强化客户关系，增加客户黏性，激发客户对营销活动的兴趣，提高客户美誉度和满意度。

2. 利益原则

在数字媒体时代，企业通常为用户提供一定的利益，比如打折、促销等形式，通过这种让利行为激励用户购买或更主动地参与营销活动。经济上的利益是指通过返现、抵现、打折等方式减少用户在交易过程中的花费；心理上的利益是用勋章、等级、称号等方式满足用户"炫耀"、特殊对待的心理需求。总之，就是让用户能从营销活动中获得"收益"。

3. 互动原则

互动与沟通是数字媒体时代网络营销最重要的特征，也是网络营销最具革命性的优势。企业通过与消费者的沟通，增加其对品牌和产品的了解，消弭消费者对产品或品牌的认知欠缺和疑问，保持并提升用户的忠诚度。网络营销活动的互动原则一般包括促进用户之间的交互，以及用户与营销平台的交互。值得一提的是，这里的用户不单单是指产品的用户，而是所有新媒体使用者，信息覆盖范围广，营销信息扩散快。企业促进用户之间的交互意在通过推动用户在参与的营销活动中进行沟通交流，进而借助社会化媒体平台形成口碑传播，树立良好的企业形象。用户与营销平台之间的交互指的是消费者通过参与线上或线下营销活动与企业进行即时互动，拉近消费者与产品、品牌的距离。营销人员可以通过两种交互模式的融合使用提高销量，维护客户关系等。例如，淘宝通过打造年度"双十一"购物节，通过 App 鼓励用户参与线上游戏赢取红包，并在当日完成交易，接着利用社会化媒体等造势宣传，鼓励用户转发分享。

4. 个性化原则

个性化的营销强调在观念上充分关注每个顾客独一无二的个性，以国际互联网等信息技术为支持，识别每个顾客的个性化需要，并做出相应的营销反应。① 个性化营销应从两个维度认知：从消费者角度，识别其个体需求；从广告主角度，有针对性地做出营销反应。比如，策划营销活动时，根据数据挖掘技术，对用户个人信息、购买行为、消费特点等数据进行分析，为目标用户画像，进而为其提供个性化的用户体验，使营销更为精准。

---

① 杨龙志：《关系营销为何成时尚》，《中外管理》2001 年第 3 期。

第二节　数字媒体营销传播的发展历程

随着互联网、手机等媒体逐步成为我们生活中必不可少的一部分，数字媒体这个概念也为大家所熟知。快速崛起的数字媒体在改变媒体产业格局的同时也引发了媒体经营和企业营销传播活动的变革。

当然，企业对数字媒体的运用亦不是一蹴而就的。一方面，从媒体角度看，每一种新媒介形式，都需要经历出现、发展与完善的过程。另一方面，从消费者角度看，技术的发展与革新亦在潜移默化之中影响着消费者的消费观念、消费行为方式等。广告主作为营销活动的主导者，也在探索这种变化的过程中，不断对营销传播实践进行调整、更新。

一、1997—2004 年：单向传播主导时期

(一)媒体环境："互联网"开始在我国出现

1994 年，中国获准接入互联网，并在同年 5 月完成了全国联网工作。1997 年新浪、搜狐、网易中国三大互联网门户相继成立，拉开了中国互联网普及应用的序幕。1997 年也成为中国互联网发展元年。1999 年中华网成为第一支赴美上市的互联网股票，在随后一年内，新浪、网易、搜狐等门户网站也相继在纳斯达克上市。然而好景不长，刚刚上市不久的互联网企业就遭遇了互联网经济泡沫的破灭，整个行业陷入低谷。随后在互联网产业复兴期间，风险投资、海外上市、广告创新、增值业务，共同推动了互联网媒体的再发展。互联网精准化、个性化、互动化的传播功能逐渐被大众及广告主接受和应用。

(二)消费者：消费观念及互联网消费行为的改变

1.消费观念从"他人取向"为主转向"自我取向"为主

改革开放后至 20 世纪 80 年代末，我国社会生产力发展水平迅速提高，物质商品日益丰富，城市居民的收入水平显著提高，购买力显著增强。在这一时期，城市居民的消费观念以"他人取向"为主。所谓"他人取向"是指以社会中大多数成员的价值观作为自己消费行为的判别标准，表现为大多数社会成员拥有比较相似的消费目标，消费从众现象比较明显。"他人取向"反映到购买行为上就是以社会上大多数人的一般消费观念和消费行为来规范和约束自己的消费行为，消费时往往首先考虑别人的议论与评价，主流消费观及大众消费市场逐渐形成。

随着改革开放的逐渐深入、社会转型的加速，20 世纪 90 年代至 21 世纪初，城市居民的价值观总体上发生了较大变化。在人们的价值观中，个人意识得到较大程度的提升，

自我关注度明显提高。这种状况同样也渗透到消费领域，表现在消费态度、消费行为上。城市居民的消费观念逐渐从“他人取向”转变为“自我取向”。所谓“自我取向”是指社会成员主要以自身的价值观作为消费行为的判别标准，较少考虑周围其他人的看法。

随着网络的出现及改革开放带来的经济加速发展，消费者开始关注自身的个性需求，而这种个性化需求又由于地域、性别、年龄等不同更为凸显。消费者在生活方式及消费行为上，都呈现出较为明显的分化特征。正如舒尔茨教授在其《整合营销传播》一书中所描述的那样：“忽然之间，消费者能获得比以往更多的资讯，并开始要求有特别的产品、特别的渠道和沟通，一度单一化的大众市场，被分割为成百上千的个别市场，不同生活形态、种族背景、教育、收入、地理因素、性别和其他可以突显个人与众不同条件的因素，造就了成百上千的市场。”①

在这一阶段，品牌仍然是人们在消费过程中的主要考虑因素，对消费行为具有重要影响。但随着时间的推移，人们对品牌的重视从“务虚”走向“务实”。也就是说，消费者不仅看重品牌所代表的符号价值，而且看重产品本身的功能或者性能。这是人们在消费过程中理性回归的重要表现。②

2. 消费者互联网消费行为从以获取科技信息、社会新闻等为主要目的转向以休闲娱乐与获取咨讯并重为主要目的

1997 年中国互联网络信息中心（CNNIC）发布的《第 1 次中国互联网络发展状况统计报告》显示，39.6％的用户希望在网上获得商业资讯，32.8％的用户希望在网上获得金融信息，80.4％的用户希望在网上获得科技信息，42％的用户希望在网上获得社会新闻，24.8％的用户希望在网上获得休闲信息。大部分上网用户对科技信息比较感兴趣，这也与用户从事职业的比例有关系，从事科研、教育、计算机行业的用户及学生占 54.7％，真正的消费型用户比例很小。③

但到 2004 年，互联网用户上网的主要目的较 1997 年发生了较大的转变。仅有 39.1％的用户上网目的为获取信息，8.4％的用户上网目的是学习，而以休闲娱乐为目的的上网用户比例高达 35.7％。互联网用户经常使用搜索引擎和 BBS 论坛、社区的比例也分别达到了 65％和 20.8％。互联网用户在互联网上查询信息、休闲娱乐、发表观点、参与讨论的行为日益成为主流。④

① 〔美〕唐・舒尔茨：《整合营销传播》，吴怡国等译，内蒙古人民出版社 1997 年版。

② 杨雪睿：《分化与重聚——对城市居民消费行为的重新解构》，中国传媒大学 2007 年博士论文。

③ 中国互联网络信息中心：《第 1 次中国互联网络发展状况统计报告》，1997 年 12 月 1 日，http://www.cnnic.net.cn/hlwfzyj/。

④ 中国互联网络信息中心：《第 13 次中国互联网络发展状况统计报告》，2004 年 1 月 12 日，http://www.cnnic.net.cn/hlwfzyj/。

（三）广告主：从初步尝试到填补传统媒体覆盖空隙

1. 广告主初步试水互联网广告

广告作为互联网商业模式的核心组成部分，伴随互联网的兴衰起伏而发展。1997年，中国第一个互联网广告出现，Chinabyte.com获得了第一笔广告收入。1998年世界杯期间，新浪网站的广告收入达到了18万元人民币。[①] 1999—2001年互联网泡沫破灭，中国互联网企业遭遇寒冬。之后，随着互联网的逐步成熟，互联网广告形式不断丰富、效果可控性大大提高，互联网广告收入呈现出迅猛的增长态势。2002年中国网络广告收入为4.9亿元人民币。[②] 根据艾瑞市场咨询有限公司统计，2003年中国网络广告市场规模达到10.8亿元，比2002年增长120%。2004年中国网络广告市场（不含搜索引擎）已经从2003年的10.8亿元增长到18亿元，市场增长率近70%。整个网络广告市场保持着高速增长的状态。[③] 从广告形式上看，从最早单向传播、简单的图片或文字链广告逐渐演变为可测量的、互动的、有丰富多彩的Flash的富媒体广告，与此同时，广告规格不断扩大，搜索引擎广告也随之兴起。

2. 互联网主要承担"填补传统媒体覆盖空隙"的责任

2002年网络广告占整体广告市场份额为2.5%，2003年这一比例增加到3%。中国传媒大学广告主研究所的调查数据显示，2004年虽然已有54.7%的被访广告主表示选择互联网媒体进行了广告投放，但是广告主互联网媒体广告费用占媒体广告总费用的比例仅为4%。新浪、搜狐等当时影响力最大的网站，广告销售业务也多是几千元、上万元的单子。互联网作为企业媒体组合中的一员，主要是起到填补电视、报纸等传统媒体覆盖空隙的作用，并主要针对城市年轻消费者或部分高端消费人群。

1999年养生堂第一次接触网络广告，在推广女性保健品品牌朵尔的时候，开展了"在你最美的时候遇见谁"征文活动。养生堂在网络投放上选择了女性网民点击率较高的娱乐频道、娱乐新闻。由于养生堂朵尔的消费群大多为25岁以下的年轻人，养生堂在网络媒体选择上，以FM365、OICQ等深受年轻人喜爱的网站作为主要选择对象，为迎合其口味，广告形式设计丰富多元。

但这一时期广告主对互联网的广告投放，仍旧以尝试性投放、临时性投放居多。在大多数广告主的年度媒体广告预算中都没有互联网广告专项投放费用。即使有投

---

① 陈彤、曾祥雪：《新浪之道》，福建人民出版社2005年版。

② 郭泽德：《中国互联网广告10年发展过程研究》，《中国广告》2001年第11期。

③ 艾瑞咨询：《2004年中国企业网络营销研究报告》，http://www.iresearch.cn。

放,数额也只是传统媒体广告投放费用的零头。在这一时期,广告主的数字媒体广告投放尝试并不稳定,如果短期内效果不明显,即停止尝试。因此效果成为影响广告主数字媒体营销传播开展的重要因素。2003年中国广告市场生态调查数据显示,被访广告主认为互联网最有可能运用于在线销售和在线促销两个环节,选择比例分别为69.5%和66.4%。另外有35.1%的广告主也比较看好互联网在产品开发与改进方面的作用。

案例:汉王科技2002年在新浪投放千万元广告大单①

2002年汉王科技在新浪的广告投放费超过千万。当时,新浪网每天有800多万人次的浏览量,而且数字仍在不断增长。由于当时网络普及率并不高,一般网络使用者为精英人群。因此,当时的网民往往是消费潮流的领导者,特别是对像汉王名片通这样必须与电脑搭配使用的产品来说,这部分消费者才是最需要抓住的。而且当时同类市场上已经出现了四五个品牌的竞争产品,虽然汉王名片通在技术上处于领先地位,但依靠新浪这样的浏览量较大的互联网媒体,有助于使汉王名片通在目标人群内迅速形成品牌扩散,成为同类产品中的第一品牌。

汉王科技市场总监唐崇兴表示,网络广告虽然不像电视媒体广告那样具有强大的视觉冲击力,也没有印刷媒体广告大幅面的表现空间及可收藏性,但网络广告仍具有其独特优势。首先,网络本身具有的互动性功能,使网络广告具有高度的"可测量性",这一点使网络广告有着无可比拟的直效行销的功能。其次,像新浪这样的知名门户网站具有非常可观的浏览量,即使没有被点选,也有着不可估量的品牌知觉价值,而一些专业网站虽然浏览量有限,但浏览者大都是固定的专业人士,因此传播的到达率很高,非常适合以品牌导向为诉求重点的广告。最后,接触网络广告的人大都文化层次及收入水平较高,基本上可以定位为消费潮流的领导者,比较适合新产品上市时的传播。

作为新上市的高科技产品,汉王对名片通广告的第一要求就是要支持直销,再者就是要在最短时间内树立起第一品牌的形象。正是出于这些因素,汉王才选择新浪网作为其产品宣传阵地。

(四)广告主营销传播观念:单向传播思维下的初级互动阶段

1.在传统媒体广告投放之外广告主开始尝试互联网广告投放

一直以来,电视、报纸、广播、杂志和户外媒体是广告主营销传播倚重的五大主要媒体。在大众消费时代,大众媒体的覆盖面广、传播效率高,而且符合消费者从众、注重权

① 吴文:《汉王压宝网络广告 新浪喜接千万大单》,《中国经营报》2002年1月31日。

威的消费心理。依靠传统媒体广告“高举高打”策略取得市场突围的成功案例，给广告主的媒体观、营销观留下了深深的烙印，也成为20世纪90年代乃至21世纪初中国广告主营销传播的一种思维定式。无论是投入规模还是产生的效果，传统媒体广告都成为广告主营销传播中最重要的部分。

然而随着消费者分众化趋势的出现，广告主单独倚重大众媒体广告的传播手法，效果不再像以前那么明显。为了应对销量下行，广告的营销活动重点开始向线下转移调整，加大对渠道的管控、加强在销售终端对消费者的传播。数字媒体的出现，再次让广告主意识到，单向传播效率越来越低，而更多的互动交流能取得更好的营销传播效果。因此，少数广告主开始尝试互联网媒体。由于对“互动”概念的理解受限，他们在初试互联网媒体之际，媒体主导的传统传播观念仍然起到指导作用。

2. 互联网广告活动仍旧沿袭了单向传播思维

互动可以分为三个层次（Rafaeli，1988）：双向沟通（非互动）、反应式（准互动）、完全互动。双向沟通是指讯息双向流通，但讯息并不关联；反应式沟通是指讯息根据前一个讯息而产生；完全互动是指所有的讯息都与之前的所有讯息相关联，并且在完全互动沟通之下，沟通的角色是互换的。[①] 基于互联网的互动可以分为两大类型（Hoffman and Novak，1996）：第一类，机械互动，是指消费者与网站本身的互动；第二类，人员互动，是指消费者与企业经营人员，以及消费者之间的互动。[②]

2004年之前，广告主互联网广告运作仍处于单向传播思维下的初级互动阶段。换言之，互联网广告的效果主要体现在提供双向沟通的通路上，但广告主仍沿用传统媒体传播的单向发布方式。对他们来说，互联网虽然成为部分消费者的信息接收通路，但也只是在电视、广播、平面、户外之上又增加了一种媒体选择。从广告主的互联网媒体广告投放策略来看，有以下两方面的表现（见表4-4）：

第一，从市场表现来看，截至2004年，网络广告形式以横幅广告、文字链广告、按钮式广告为最主要的方式，短信广告的主要形式是Push类广告。这些形式都属于单向传播，可以说是互联网版的报纸和杂志。

---

① Rafaeli，S. (1988). “Interactivity: From New Media to Communication”. In R. Hawkins, J. Weimann, & S. Pingree (Eds.), *Advancing Communication Science: Merging Mass and Interpersonal Processes Newbury Park*, CA: Sag, pp. 110－134.

② 杜骏飞等：《中国网络广告考察报告》，社会科学文献出版社2007年版。

表 4-4　投放网络广告采取的主要形式①(单位:次)

网络广告形式	频率	网络广告形式	频率
弹出式	11	游动式	9
横幅广告	8	文字标题式	6
按钮式	5	旗帜类	4
超大尺寸	4	邮件式	2
电视视频式	1	其他	1

第二,从广告主发布网络广告的网络类型来看,主要以点击量为选择依据。其本质与电视媒体的收视率和报纸媒体的发行量、传阅率没有差别。广告商、广告代理商大都是按照购买传统媒体的经验来购买互联网广告,在价格一定的前提下,希望选择人流量最大、曝光率最高的页面和最好的位置,如首页,这样的广告位就像杂志的封底、电视的黄金时段一样,供不应求。而其他的或深层的页面很难引起广告主的兴趣。网站自身也将最重要、最具爆炸性的事件,最精华的内容放在了有限的几个页面上,如新闻中心的首页,使得浏览者集中浏览一个页面,这也是广告主不愿意把广告投到深层网页去的原因之一(见表 4-5)。

表 4-5　企业发布广告的主要网站②(单位:次)

网站类型	频数
大型门户网站,如新浪、搜狐等	38
公司自己的网站	31
专业/行业网站	13
电子商务网站	13
搜索引擎	12
BBS	10
地方新闻网站,如千龙网、东方网	9
QQ	7
全国性新闻网站,如人民网、新华网	3
政府网站	2
其他	1

3. 部分广告主开始尝试利用互联网与消费者展开互动

随着互联网媒体广告形态的日益丰富,部分先行广告主开始尝试采取与消费者互动沟通的方式。比如,2001 年乐百氏在新浪网建立品牌迷你网站,网站由有奖活动、乐百氏

①② 杜骏飞等:《中国网络广告考察报告》,社会科学文献出版社 2007 年版。

BBS(网上论坛)、精彩下载、精彩回放四大部分组成。网民进入该网站,既可以了解各类产品信息,如乐百氏“有‘源’相会健康游、开瓶奖不停”促销活动的信息,也可以在 BBS 上发表自己的观点、见解、意见和建议;既可以参加网上游戏、有奖问答,保证在线促销与离线促销并行展开,也可以观赏或下载乐百氏历年经典广告、精彩镜头。网站为每一位网友设立积分榜,推荐网友注册加入以累积积分,每月排出积分排行榜并对前 100 名进行奖励。该网站不仅能全方位宣传乐百氏的品牌形象与产品信息,更重要的是,借助此网站的开通,乐百氏将初步建立起一个能够与网民(消费者)更直接、更有效、更快速地进行沟通和互动的平台。

二、2005—2008 年:双向传播主导时期

(一)媒体环境:数字媒体影响力增强、传统媒体数字化转型

1.数字媒体日益多元,影响力增强

随着技术的进步和互联网受众行为的变化,互联网广告形式也不断推陈出新,除了传统硬广推送、搜索引擎广告之外,视频广告、游戏植入广告、博客营销、社会化媒体营销等新型数字媒体营销形式快速发展。这些新型的广告形式高举 Web2.0 的大旗,标榜精准和口碑的力量。无论现实效果如何,这些新的形式确实有别于传统媒体广告形式,传播原理也尽量吻合互联网开放互动的特性,某种程度上代表互联网运用的一种趋势。这也为广告主通过各种新兴的互联网传播手段来实现与目标受众更为深度的沟通提供了可能。

除互联网媒体外,手机媒体凭借高度的便携性、互动性、网络化开始受到业界追捧。2006 年 5 月 15 日,中国移动收购新闻集团持有的 20%凤凰卫视股份。此前,中国移动相关负责人就多次在公共场合表示,手机已经具备媒体传播的特性,实现手机媒体化是中国移动的战略方向。2006 年 7 月,中国联通全面推出手机广告,提供以 WAP 技术访问互联网、短信、语音和预先置入四种方式的广告业务。2006 年,世界杯更成为促使手机电视腾飞的催化剂。拥有中国地区独家宽带网络和手机无线版权的上海东方宽频公司称,6 月 10 日比赛当天数小时内,东方宽频视频点击量即达到数亿次。另外,固网互联网和移动互联网融合也在加快。基于移动互联网的新服务不断涌现,互联网通过手机实现了更广的人群覆盖,互联网受益群体不断扩大。截至 2008 年,中国移动互联网用户已超过 8 400 万,占全部网民人数的 33.2%,较上一年增长 66.7%(如图 4-1)。

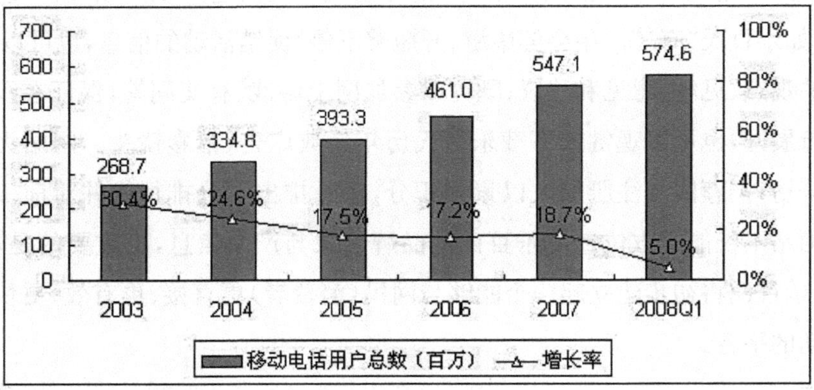

数据来源：中商情报网①

图 4-1　2003—2008 年中国移动电话用户规模及增长率

在 2008 年的各类重大事件中，数字媒体的表现都异常抢眼。国务院新闻办公室网络局副局长彭波在 2008 年新媒体高峰论坛上表示，对汶川地震的报道，标志着网络媒体正成为中国社会的主流媒体。中国互联网络信息中心发布的《中国网民奥运媒体消费行为研究报告》显示，选择通过互联网了解奥运信息的网民占网民总数的 79.8%，其次是电视、报纸，手机已经超越广播、杂志而成为网民获取奥运信息的第四媒体。这说明网络媒体的受众对于互联网的依赖超过了其他的传统强势媒体。同时，互联网的受众构成主要是 19—25 岁的年轻人。该调查显示，作为未来社会中的主流消费人群，这部分年轻人对于互联网和手机的依赖性明显高于其他人群，对传统媒体的依赖性则远低于其他人群。②

2. 传统媒体开启数字化转型

在数字媒体冲击下，传统媒体纷纷开始了数字化转型。2004 年 7 月，《中国妇女报》首先开通网站，随后不少中央和地方报社也相继开通官方网站。在 WAP 网站方面，人民网于 2005 年 2 月“两会”期间，开通无线新闻网站。李长春同志为此作出重要批示：“国家主流媒体要占领网络、手机等新的舆论宣传阵地。”③在移动媒体方面，2005 年 12 月 16 日，人民网、新华网、千龙网更联合创办了“掌上天下”手机网站，成为重点新闻网站在移动通信领域中的旗舰。在利用移动媒体推送新闻方面，一些网站亦有不少创新之举。如《中国日报》(*China Daily*)网站对重大事件、突发事件进行图文连续发送，达到直播的

---

① 数据来源：中商情报网 http://www.askci.com/data/viewdata54096.htm。

② 中国科学院计算机网络信息中心：《2008 年中国网民奥运媒体消费行为研究报告》，2008 年 8 月 6 日，http://www.cnic.cn/zscb/cnnictjbg/cnnictjbgrd/200808/t20080806_2424160.html。

③ 顾瑞珍：《李长春：积极拓展互联网传播领域　不断扩大主流媒体覆盖面和影响力》，2009 年 12 月 28 日，http://tech.163.com/09/1228/20/5RL88suI000915BF.html。

效果。①

除了报纸媒体外，作为电视媒体的领军代表的央视、湖南卫视等开始积极进军新媒体市场。2006年4月，“中央电视台网络传播中心成立暨CCTV.com改版新闻发布会”召开，正式对外宣布新机构诞生。同时，由中视网络和央视国际网站合并而成的新公司——央视国际网络有限公司注册成立。网络传播中心和新央视国际实际上是“一个机构、两块牌子”，对外宣传统一使用“央视国际”(CCTV.com)品牌。2006年，湖南卫视新媒体公司——快乐阳光成立，2007年金鹰网独立承办快乐男声网络赛区。

(二)消费者：分众化、注重即时互动分享，移动性增强

1.消费者呈现小众化、碎片化态势

随着经济的不断发展、人民物质生活日益丰富，曾经在中国老百姓消费发展进程中以高度趋同性和排他性消费为特征并占据主导地位的大众消费正分崩离析、逐步瓦解，取而代之的是小众化、碎片化消费。

消费者由于地理因素、人口统计特征、心理特征、行为特征等方面的差异被划分为不同的消费群体，形成消费分化。人文环境的变化是形成消费分化的基础，收入差距的扩大是导致消费分化的直接原因。除了社会宏观环境的影响外，来自媒介的消费导向也影响着人们的文化观念、价值观念和生活态度，为消费分化推波助澜。消费市场的不断细分达到极致后，就表现为一种“碎片化”。

碎片化人群媒体接触习惯变化的显著特征是：他们不再相信单一的所谓的权威信息来源，希望从不同角度更全面地了解信息，在意其他消费者的比较意见，更加看重自身的使用感受和经历，自我意识加强使个性化消费需求和自我表达欲望增强。根据个性化需求再次黏合到一起的消费者，形成了一个个“我时代”下新的小众群体。

2.消费者注重即时互动与分享

Web2.0的本质是“参与式的架构”，最重要的特点就是以用户为中心，充分激发用户的主动性，发挥用户的原创能力，并真正形成网上网下的互动。“用户”与“受众”的最大区别在于前者不再只是参与消费信息产品，他们还能够参与信息的生产与传播。“用户产生内容”(UGC)、“用户产生应用”(UGA)成为中国互联网发展的新亮点。这一时期，博客的传播能力和社会影响力日益强大。2006年6月8日，三一重工集团执行总裁向文波在他的博客上发表文章，质疑美国投资集团凯雷收购中国徐工机械一案，由此掀起关于外资收购中国骨干工业企业的大讨论，并引起政策层面的关注和反应。

---

① 周世勇：《中国报业数字化的进程与前瞻》，人民网，2006年3月6日，http://media.people.com.cn/GB/40628/4169150.html。

3.移动性增强

此外,伴随城市化进程和经济的发展,人们活动的范围不断扩大,外出活动的频次相较以往也有所增加。城市受众移动程度的增强,使得传统的空间内接触媒体,比如电视,对受众的聚拢作用逐渐被削弱,各种形式的移动新媒体为适应受众移动生活状态的变化应运而生。移动过程中的媒体接触既扩大了受众媒体接触的空间,也延长了受众媒体接触的时间,从而带来信息传播方式的变革。①

(三)广告主:数字媒体投入稳步增长,发展为广告主媒体组合的重要组成部分

这一时期,在广告主眼中,互联网从媒体组合中传统媒体的"补位"角色,逐渐发展为广告主倚重并能够串联、整合多种媒体的主要角色之一。

以互联网媒体为核心的数字媒体之所以能够成为营销传播的整合者,得益于三方面:第一,互联网媒体的特性,信息海量、互动性强,能够实现多方即时交流,这是其他任何媒体无法比拟的;第二,互联网的受众以七〇后和八〇后为主体,这群人不仅具有较强的消费能力,而且是目标消费群体中传播能量较高的受众群;第三,电子商务的发展,网络购物的便捷交易,使消费者与互联网的接触增多、对互联网的依赖程度加强,进而为广告主的接触点营销管理提供了更多的机会。伴随互联网商务和数字支付平台各方面的发展与完善,京东、梦芭莎等品牌网络商城迅速崛起。

1.广告主的广告花费逐渐向数字媒体营销传播倾斜

资源的投入永远追随战略的方向。随着消费者数字媒体消费的增加、数字媒体本身的快速发展,广告主对数字媒体的投放也呈现飞跃式增长。据中国传媒大学广告主研究所的调查数据显示,2008年电视媒体仍然是广告主媒体广告费用分配中的重头,比例为28.7%,但2008年被访广告主在电视媒体上的费用分配比例出现了大幅下降,降幅达8.3%。与电视媒体费用分配比例下降呈鲜明对比的是广告主在户外和新媒体方面的费用分配比例出现了持续的大幅上升,从2004年的17.3%逐年攀升,到2008年已经基本与电视媒体投放比例持平。另外,从广告主媒体类型选择率上看,2008年选择投放互联网、数字户外、手机媒体的被访企业比例已经分别达到65%、40%、15%。

---

① 以《2007IMI城市受众移动生活形态与新媒体接触研究报告》中北京、上海两地居民为例,调查结果显示,对于"已经工作并且有比较固定上下班时间"的人群,平日主要的外出活动是上下班、上班期间的外出活动和晚上下班后的外出活动。北京样本上下班在路上花费的时间一共是81.4分钟,上海样本一共是72.6分钟。两城市有10%左右的有固定上下班时间的人群"工作中需要外出",北京样本外出在路上花费的平均时间为5.1小时,上海样本为3.7小时。两城市居民周末有外出活动的比例均高于平日,在70%以上。周末外出活动的平均时间分别是3.9小时和3.6小时,基本是平时晚间外出活动时间的2倍以上。对于"已经工作但没有比较固定上下班时间"的人群来说,工作时间的随意性使他们的作息时间很没规律。北京和上海样本中,这类人群由于工作需要外出花在路上的时间平均是2.7小时和2.1小时。平日里,有57%左右的人还有除工作需要以外的外出活动,北京的平均时间是2.0小时,上海是1.7小时。对于这类人群周末外出活动的比例,北京为63.7%,上海为71.7%。

2. 从“补位”到“整合”

(1)以消费者为导向的“时空”整合

以消费者为目标的媒体组合策略已逐步成为广告主媒体运作的主要原则,改变了过去以现有媒体为基础的组合方式,围绕消费者的媒体接触习惯,在时间和空间两个维度进行拓展和延伸,是这一时期广告主提高媒体运作效率的新思路。

第一,从消费者媒体接触时间互补上看,2007 年 IMI 城市居民广告接触度调查结果显示,电视广告在晚间时段占有绝对优势,受众在晚上 18 点至 23 点之间接触电视广告的比例较高。白天时段,受众接触的广告种类繁多,其中较为突出的是户外液晶电视广告,其受众接触有明显的高峰时段。只有网络广告受众是全天候接触。第二,从消费者媒体接触空间延展角度看,由于城市居民户外移动时间增多,所以户外液晶电视广告、广播广告与电视、平面媒体广告也形成了在空间覆盖上的互补效果。

为了能够获得更加精准且有效的细分,广告主利用“时空定位”的同时,更加注意对消费者需求的追踪,使产品及品牌信息能够在“对的时间、对的地点遇到对的人”。而“对的人”就是有“需求”的人,“对的时间和对的地点”就是消费者“刚好有需求”的时间和地点。

(2)以传播效果为导向的“新旧”整合

在这一时期,越来越多的广告主对所谓“新”“旧”媒体有了更加成熟的认识,摒弃了媒体“新旧”的论调,专注于媒体特性本身,更加关注于不同媒体在帮助企业实现营销传播各个阶段目标中所起的作用,依据企业的传播战略和目标来选择使用媒体,而不以媒体的“新旧”或者某个固定的指标来指导媒体的选择和组合,只要能够达到目的,任何媒体都可以利用。因此,多种媒体的综合使用和多样化组合逐渐成为主流。

在数字媒体选择方面,广告主更加注重整合多种网络广告形式,以提升数字媒体广告投放的精益性。一般来说,广告主会选择以搜索引擎作为数字媒体整合营销传播的入口和收口,以搜索引擎为主线,串联起门户网站、垂直网站以及社交网站等其他网络广告形式。这种投放模式将搜索引擎设定为受众注意力导引的入口,通过搜索引擎将受众导流至门户网站和垂直网站,同时借力社交网站及论坛,打造或借势热点话题吸引受众,引领或刺激受众进一步转发、分享企业产品或品牌信息,驱动产品及品牌信息的二次甚至 N 次传播。

(四)广告主营销传播观念:以消费者为中心,在整合的基础上增强互动

在数字时代,消费者的自主性获得空前释放,他们成为主动的信息获取者,他们有权利选择接收什么信息,在什么时候接收信息,以什么方式接收信息,他们知道什么信息留给自己,什么信息需要传播给他人。消费者不再只依赖来自广告的信息购买商品,对于

他们感兴趣的信息，他们不会被动等待，他们会通过网络检索与自己需求相同的其他消费者正在使用什么样的产品及品牌，怎样评价等信息。接下来，在购买产品后，他们有可能在博客、BBS上发表自己的评价。消费者的消费行为以及信息获取方式发生了很大的变化，传统的传播模型已经无法适应新的媒体环境。日本电通集团针对这一时期消费者生活形态的变化提出了全新的消费者行为分析模型，即AISAS模型：Attention（引起注意）—Interest（引起兴趣）—Search（进行搜索）—Action（购买行动）—Share（人人分享）。

Web2.0技术推动下的数字媒体互动性大大提升，也为广告主的互动传播升级提供了可能。在这一时期，广告主不仅利用SNS、微博、手机等多种数字媒体形式实现与消费者的互动，提升品牌体验，也使官方网站等新媒体平台进行角色转换，逐渐由向消费者传递信息的单一性质平台向与消费者互动的参与式体验平台转变。

案例：伊利金领冠奶粉——专家教你读婴语

伊利金领冠奶粉为了树立其在婴儿奶粉上的专业形象，通过“婴语”这一热点话题，引爆母亲及准母亲群体的关注热潮，通过整合多种网络平台将“婴语”话题从网络辐射至全社会。首先，通过搜狐母婴婴语专区、相关语病毒视频、金领冠婴语专家团成立，引发网友对“婴语”概念的争议、猜测，预热整个活动。其次，通过活动网站、垂直网站、社交网站开展金领冠专家家访、《大鹏嘚吧嘚》报道、“专家教你读婴语”等活动进行话题扩散，并且利用相关视频宣传明星婴语访谈间、婴语EP大碟发布专题，实现多次传播（见表4-6）。

表4-6 伊利金领冠奶粉推广活动互联网传播形态整合情况

网站/推广类型	网络平台	传播形式
搜索引擎	百度、谷歌、搜狗	“婴语”关键词
活动网站	金领冠	故事分享、专家在线解答、爱儿俱乐部、婴语活动告知等等
垂直网站	搜狐母婴社区	硬广、软广、母婴婴语专区
社交网站	博客、白社会、微博	口碑传播、信息分享、“专家教你读婴语”话题扩散传播
视频网站	搜狐、优酷等	线上直播发布会、《大鹏嘚吧嘚》报道

三、2009—2013年：关系传播主导时期

（一）媒体环境：数字媒体的发展催生全媒时代的到来

2009年以来，国内发放3G牌照，三网融合的进程有了初步的进展。2009年8月，新浪微博开始内测，9月正式上线。其后，其他微博运营商也逐渐跟进，激发了用户网络社交的风潮。无论是三网融合的推进，还是微博等社交平台的发展，信息应用的无限延展

始终是数字技术进步中的永恒话题,也是数字媒体吸引消费者使用与互动的核心要素。

而无论是国际还是国内手机市场,都进入了智能机激烈竞争的阶段,移动互联网时代的产品吸引用户的关键在于应用与服务,各大品牌智能机纷纷在改善用户体验上下功夫。在智能手机操作系统方面,苹果 ios 系统以其丰富的应用和超强的用户体验深得人心;安卓系统以开放性的应用领先占领智能机市场份额。除了智能机市场的爆发性增长,由 iPad 引发的平板电脑热也是消费者体验经济的最好例证,平板以介于通讯工具与互联网工具之间的移动互联网的体验空缺为目标,开辟出一条新的体验之路。媒体形式的创新只有顺延消费者的体验需求才能有更好的发展,而这种创新的媒体形式在与用户良性互动的过程中加深了消费者的媒介感官体验,为用户媒介生活开辟出更多的可能性。

移动互联网及移动终端的发展直接刺激了传统个人电脑的革新,同样朝着优化用户体验的方向发展。联想表示,个人电脑正从个人计算转向个人互联,它的用途也从个人办公扩展到了个人信息的获取、娱乐、社交、电子商务等方面。由此,个人电脑已不再局限于含有键盘和屏幕的传统形态,还拓展为平板电脑、智能手机、智能电视等丰富多彩的新形态。

伴随着多种数字媒体终端的出现及数字技术的推动,传统媒体资源逐步实现了向数字化应用的转变,全媒体信息平台的轮廓已经初步显现。如传统电视通过数字技术的包装开始衍化为记录家庭收视信息的重要平台;手机、平板等移动终端在移动互联网的覆盖下成为个人化信息汇集的端口;而互联网以海量信息的分享与交换,通过用户之间广泛而深入的互动行为,重新在碎片化的用户群体中构建起全新的虚拟社区,实现用户的重聚,并且这种社区重聚是以用户的偏好为基础的,从企业营销的层面来讲,更有针对性、更为有效。

(二)消费者:日渐数字化生活、开始追求价值认同

1.消费者自身的“媒介化”:人人媒体、事事传播

在数字媒体环境下,尤其是社会化媒体的快速渗透和普及使消费者之间的互动传播更加频繁。在这样的信息传播环境中,人人都是传播者,消费者也具有媒介的属性。

消费者媒介化,即每个消费者都是有效的、可利用的媒介,每个人都具有媒介和消费者的双重属性。尼尔森的一项调查显示,无论在全球还是在中国,发展最快且受信任程度最高的媒体是消费者自发形成的媒体,包括博客、维基百科、社区网络等,口碑对于消费者购物决策的影响力正在逐步提升。①

基于数字技术的社会化媒体同时成了“人人媒体、事事传播”的自媒体平台,消费者

---

① MitchBarn:《口碑营销:先是倾听艺术,再是诉说技术》,《中国经营报》2009 年 10 月 24 日,http://www.cb.com.cn/deep/2009_1026/59512_2.html。

不再仅仅拥有自我表达的欲望和需求，还开始进一步加强自身制造、传播话题的主动性，以引发更深层次的交流。甚至可以说，每个有表达欲望、有基本媒介使用技能的人都开始成为一个自组织的发声体。如果他表达与传播的欲望足够强烈，获得信息的能力更快更强，那么他就可以从一个简单的发声体变为一个微型的传播组织，构建起自身在社会化媒体中的影响力。

2. 消费者网络购物的猛进

在国家积极拉动内需、刺激消费的经济政策环境下，与网络购物相关的服务的提升带动了网购群体规模的大幅度扩大。网络购物中的售前咨询、物流、退换货等售后服务亦不断地完善。随着网民年龄的泛化和资深网民数量的逐步增加，一大批网购新生代正在崛起，越来越多的消费者开始尝试通过网上购物实现消费(如图 4-2)。2010—2012 年，中国网民对各类网络应用的使用率逐年升高，应用类型也呈现多样化，甚至对很多消费者来说，网购已逐渐成为日常生活消费的主体形式。购物网站的综合化和专业化双向发展为消费者提供了更多元化的选择。此外，日益受欢迎的网购节庆促销很大程度上激发了网民在特定节日的潜在购买需求，使网络购物订单在短期内激增。同时，伴随第三方机构安全保障的加强，以及网民在网络购物上的心理接受度和实操行为的成熟度的发展，越来越多的产品与服务可以通过网络实现最终交易。

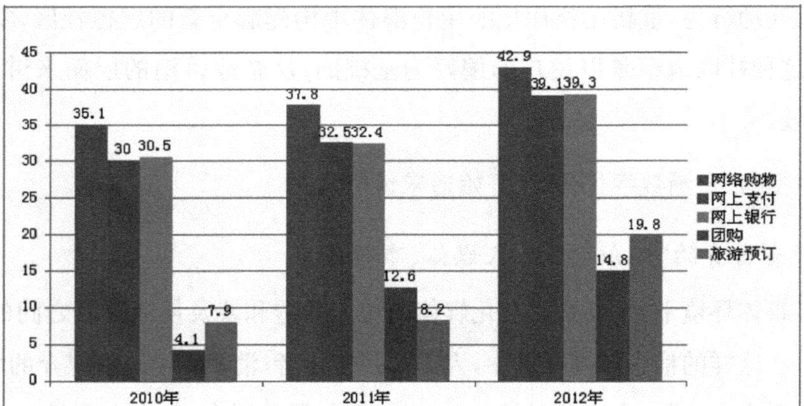

数据来源：中国互联网络信息中心①

图 4-2　2010—2012 中国网民对各类网络应用的使用率

① 中国互联网络信息中心：《第 31 次中国互联网络发展状况统计报告》，2013 年 1 月 15 日，http://www.cnnic.net.cn/hlwfzyj/。

3.消费者追求价值认同与自我实现

在信息爆炸的时代，海量的信息在不断的分享与更新中充斥着受众的生活，消费者对信息的需求达到前所未有的高度。根据中国互联网络信息中心数据，截至2011年底，在众多网络应用中，搜索引擎的使用率稳定增长，以79.4%的使用率仅次于即时通信的网络应用；同时，网络新闻的使用率从上一年的77.2%下降至71.5%。[①] 网络新闻使用率的下降，说明网民通过互联网获取新闻信息的渠道正在发生转移：一方面，流向微博等即时社会化媒体平台；另一方面，用户能更多地发挥主动性和参与性，对自己感兴趣的新闻话题进行主动的搜索，减少了从传统网络新闻渠道获知信息方式的使用频率。对信息的主动性搜索深刻地反映出消费者对自我需求的认知并开始尝试通过自己的努力予以满足，在寻求信息认同的同时，也加深了对自身需求更深层的了解。

另外，消费者越来越注重除了价格以外的信息，他们会在网上搜索信息，了解产品结构及品牌信息，在讲求质量的同时也更加关注品牌及企业的社会责任等。当消费者通过互联网获取信息越来越容易的时候，其对性价比的定义和考量的维度就不再是简单的质量和价格的比较，维度会日益多元化，比如品牌带来的社会化地位、自我认同属性等。另外，他们也越来越关注产品及品牌的独特价值，比如奢侈品能提升身份，环保品牌能表达自己的观点和立场等。

(三)广告主:互联网实现了与报纸媒体的位置互换

根据中国传媒大学广告主研究所调研数据显示，2011年成为互联网与报纸在广告主媒体广告投放组合中位置和角色变化的一个分水岭，报纸和互联网的位置实现了互换。2004—2014年十年间，互联网上升态势较为明显，从2004年的3.9%上升至2014年预期的25.9%。报纸媒体下滑较为明显，从2004年的23.4%下滑至2014年预期的8.3%。传统户外媒体和杂志媒体表现相对较为稳定(如图4-3)。

(四)广告主营销传播观念:关系传播导向下，实现价值共创

1.构建关系、创造价值

近年来，消费者的消费需求和消费意识愈加多元、复杂，卖方也越来越难以辨别买方的真实需求和态度。以卖方了解买方的行为结构和消费心理为前提的传统营销思维已被颠覆。一项针对20名畅销商品的经理的研究调查显示，当被问及“你当时就认为能够卖得这么好吗?”这个问题时大多数人的回答是“没有想到”。这意味着，相当一部分广告

① 中国互联网络信息中心:《第29次中国互联网络发展状况统计报告》，2012年1月31日，http://www.cnnic.net.cn/hlwfzyj/。

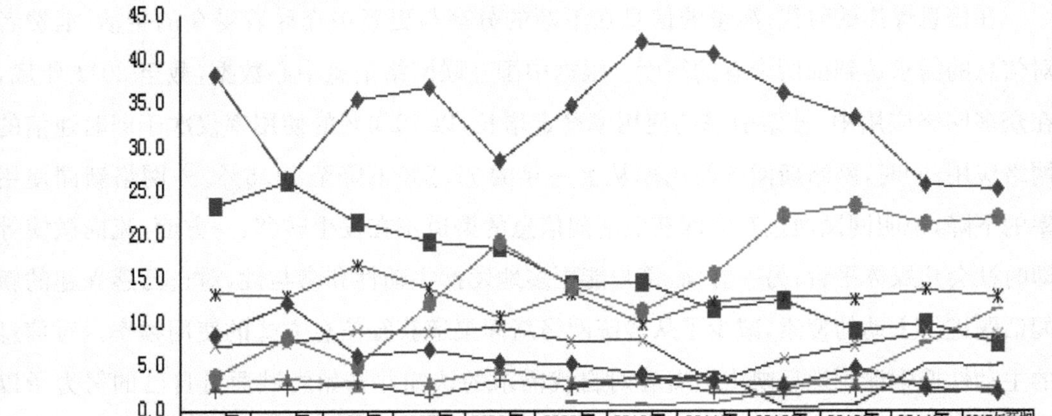

	2004年	2005年	2006年	2007年	2008年	2009年	2010年	2011年	2012年	2013年	2014年	2015年预期
电视	38.2	26.3	35.4	36.9	28.5	34.8	42.0	40.5	36.1	33.4	25.7	25.3
报纸	23.4	26.2	21.5	19.3	18.4	14.3	14.5	11.5	12.4	8.9	10.0	7.6
广播	2.9	3.7	2.9	3.2	4.9	3.3	3.7	3.2	3.2	2.9	3.2	2.8
杂志	7.4	7.8	9.0	8.9	9.5	7.8	8.0	3.2	5.9	7.4	8.8	8.6
传统户外	13.4	13.0	16.6	13.9	10.6	13.4	9.8	12.4	12.9	12.6	13.7	12.9
互联网	3.9	8.3	5.1	12.2	19.2	14.1	11.3	15.4	22.2	23.3	21.2	21.9
直邮	2.2	2.5	3.1	1.6	3.3	2.4	3.8	2.0	1.9	2.2	2.1	2.2
其他数字媒体						2.9	3.0	4.3	0.4	0.7	5.2	5.1
移动互联网						0.9	0.6	0.8	2.3	3.8	7.6	11.5

数据来源：中国传媒大学广告主研究所

图 4-3　2004 年—2015 年预期被访广告主媒体广告投放费用在下列不同媒体类别间的费用分配比例(2004 年 n=114,2005 年 n=154,2006 年 n=103,2007 年 n=103,2008 年 n=100,2009 年 n=91,2010 年 n=108,2011 年 n=102,2012 年 n=122,2013 年 n=99,2014 年 n=99,2015 年预期 n=85)

主只有实际销售后才知道商品能热卖，并不是一开始就了解消费者实际的需求。基于这样的环境变化，融合卖方和买方两者建构连续型关系的营销范式开始出现。① 这种模式强调企业力求和顾客一起，将其当作共创价值的伙伴(朋友)，努力让消费者表达自己的需求，并将这种需求共同转化成企业产品或服务，以共创新价值为目标，重视顾客关系的建构与管理，开启新型交互式关系营销。

由此，企业品牌建设的过程不再是“独角戏”，而是企业有意识地引导消费者参与到品牌构建和传播的过程中，这和消费者发生的新变化密不可分。在收入增加和信息接触量加大的背景下，消费者智慧正在不断升级，过去那种源自企业单方面说服的方式将不再具有感染力。正如调查机构尼尔森在一份调研报告中所指出的：“新一代的中国消费

① 杜国清、陈怡：《整合营销传播在当今市场环境下的特征与趋势》，《现代传播》2011 年第 5 期。

者越来越富有冒险精神，也更加确信自己的消费者身份。”正是消费者这种更冒险、更有主见的变化，使越来越多的企业更加重视品牌构建和传播过程，也必须重视来自消费者的声音，甚至大胆地让消费者按照自己的理解去赋予产品更为丰富的品牌内涵。

与此同时，以互联网为代表的数字媒体的发展和网络口碑、网民观点井喷式的发展也为企业与消费者“共创品牌”提供了客观条件。[①] 据 DCCI 互联网数据中心的调查显示，品牌与消费是网友在维护关系链时的重要话题，用户在网上交流品牌信息的行为相当活跃：有近八成的用户会在和好友聊天时交流品牌信息，使用论坛交流品牌信息的比重也较大。社交网站已经成为影响消费的重要媒体，而且社交网站上用户对品牌信息的接受度极高，信息是从自己关系链上的人那里传播过来的。此外，还有 74%的用户不介意收到带有品牌信息的虚拟礼物，这更给品牌在关系链中的传递提供了空间。[②] 因此，数字媒体为广告主构建并维护客户关系，以及进一步开展营销活动，实现价值共创提供了更多渠道和可能。

案例：宝洁——创造一对一、实时并且终身的品牌关系

宝洁全球市场与品牌执行官毕瑞哲(Marc Pritchard)明确提出：“如今我们谈论的不只是数字营销，而是在数字世界中建立品牌形象(Today is not about digital marketing, it's about brand building in the digital world.)。”宝洁数字营销战略的目的是“我们要为全球的客户创造一对一、实时并且终身的品牌关系”，要从根本上转变营销方式来创造更好的消费者忠诚度，同时降低销售成本。而这样的转变将会使其在广播领域的投资减少，转而创造更多针对每个消费者的个性化内容。面对数字化时代，宝洁公司大中华区销售总裁翟锋对媒体表示，宝洁的服务形式已经不再局限于产品和实体店，而是在升级版“4C”理论构建的品牌数字化模型下，创新地利用网络便捷的沟通平台，与消费者直接对话，更有效地为他们服务，建设和维护与消费者的长期关系。

宝洁公司在消费者沟通和开发方面，十分注重消费者的群体力量，其营销策略放弃了传统的消费者调研和开发方式，转而启动了与消费者共同开发、创建产品或服务的开放式创新计划。这项计划使得宝洁在全球的管理者和供应商拥有源源不断的各种鲜活生动的产品创意。有数据显示，开放式创新计划对宝洁的营业收入贡献值高达 35%，公司很多知名产品都是与消费者共同开发、创建的。

案例：“大众自造”网络体验活动

2011 年，大众汽车发起了一项“大众自造”活动，活动分为“我的汽车我设计”以及“我

---

① 黄升民、杜国清、邵华冬：《2011 年广告主蓝皮书》，社会科学文献出版社 2011 年版。

② 李靖：《寻找关系链营销的引爆点》，《中外管理》2010 年第 9 期。

型塑我车”两个阶段。网上营销推广以官方网站 www.zaoche.cn 为核心互动平台，配合官方微博以及人人网公共主页等。整个活动吸引了汽车专业人士、业余汽车爱好者以及普通网民近 25 万人，共收集近 18 万份汽车设计创意作品，引起了广泛的话题讨论。活动网站分为“找灵感”“来造车”“去 PK”“看进展”四大板块，每个板块以有趣、友好、便捷的方式呈现用户感兴趣的话题，同时体现大众汽车创新的思维和与消费者共同探索未来汽车设计和制造的理念。用户通过参与话题、上传自己的想法与页面互动，流畅的浏览体验、活泼的页面设计使消费者乐在其中。

2. 价值共创的核心：能够引发共鸣的话题内容

随着互联网和移动端媒体的普及，在博客、社交网站上自主发布信息的消费者也随之增加，社会上流通的信息量开始爆炸式地增长，可是人们的信息处理能力并不会同步提高。面对信息的泛滥，人们开始设置自身的信息接收系统，自动筛选、过滤，仅仅接收感兴趣的信息。尤其是伴随着市场竞争的日益激烈，产品同质化之后的传播同质化成为众多品牌营销传播的困惑。如何才能根据产品及品牌打造消费者感兴趣的信息？越来越多的企业开始贴近消费者，想消费者所想，满足消费者所需。希望针对目标消费者量身打造，塑造出个性化的品牌，真正建立起与消费者的联系。[①] 根据 eMarketer 2012 年 3 月发布的调查数据，影响品牌营销网络化成功的重要因素依次为：广告内容、用户定位、公众接受度、品牌的社会知名度以及广告的形式。可见，广告信息仍然是决定品牌网络营销的关键因素之一。所以，消费者对产品及品牌信息的吸收和了解对其消费态度及行为具有决定性作用。因此，广告内容信息仍是广告主营销活动关注的核心。

当今的消费者所寻找的产品和服务不但要满足自己的基本使用需求，他们更希望能发现一种可以触及其内心深处的体验和商业模式。也就是说，为消费者提供意义感成为企业营销活动的价值主张，而这种价值认可通常体现在企业与消费者的沟通中，话题内容作为彼此沟通的关键环节，对整个营销活动至关重要。因此，话题内容往往是构建顾客关系和成就品牌的最重要的因素之一。较为卓越的品牌往往能够塑造并引领话题，并且因为其自身关注度和资源而拥有相当多的话题。这时，话题引导就显得更为重要。对于新兴品牌或者成长中的品牌，内容塑造及引导就更为重要。根据数据显示，从以往的经验中可以发现，在所属领域有最多话题的品牌的平均增长速度比领域中其他品牌快 4 倍；话题增长 12%时，销售增长达 2 倍。[②]

那么，广告主应如何创造话题？首先，是故事性。一个新的话题背后一定要有故事。

① 杜国清、陈怡：《整合营销传播在当今市场环境下的特征与趋势》，《现代传播》2011 年第 5 期。

② 郑以萍：《议题：企业品牌传播策略　未来如何建立品牌？》，《广告大观》2010 年第 8 期。

在行业领域中开展一个新的话题，以品牌故事方式传播。其次，授权消费者成为传播媒介。话题以消费者生活为载体，引导消费者帮助传播及促进品牌。允许消费者共同创建品牌，并为其提供平台，鼓励消费者分享他们独一无二的个人经验；授权消费者依托企业提供的话题讲述自己的故事。广告主只有确保沟通话题更具有贴近性、趣味性、体验性，才能融入消费者生活，进而影响和改变他们的生活。

案例：雪佛兰克鲁兹——“老男孩”视频增强营销贴近性、趣味性、体验性

2010 年网络流行的一个视频短片《老男孩》，是克鲁兹品牌整合营销传播活动中的载体之一。雪佛兰在中国的品牌之路并非一帆风顺，品牌真正有所起色始于 2009 年推出克鲁兹品牌。为了克鲁兹上市，雪佛兰拍摄了以《越狱》男主演米勒为代言人的广告，一时名声大振。2010 年，雪佛兰的目标是将克鲁兹做成畅销车。克鲁兹的目标人群是25—35 岁的年轻人，根据目标人群的媒体接触习惯，该活动选择年轻人最乐意、最经常接触的网络途径，以视频网络为主要沟通平台，并将目标人群所处人生阶段的主题“奋斗”作为核心话题。

一方面，广告主向社会征集“我的奋斗故事”，每一个“坚持本我、不懈努力、追逐梦想、乐于表现”的年轻人均可登录雪佛兰官网（www. chevrolet. com. cn）报名，上传或推选一段属于自己的奋斗故事，官方还启动了试驾等体验活动与之配合。另一方面，通过拍摄主题为《我奋斗、我表现——11 度青春》影视短片系列，展现以克鲁兹车主为代表的奋斗中的新生代年轻人的梦想、执着与坚持。

这个案例的成功，缘于其传播诉求更具有贴近性、趣味性、体验性，在这个前提下，沟通内容和品牌转换为生活内容，生活者的意识和行为也成为广告的一部分，二者形成了充分的融合发展。

四、2014 年至今：渠道传播一体化时期

（一）媒体环境：移动化、碎片化、场景化

在这一时期，媒体的营销环境表现出了更为鲜明的“移动化、碎片化、场景化”特征。受众不再局限于在每月、每周的固定时间里，在固定的购物场所进行消费，而是转变为随心所欲的全天候、多渠道的消费，消费者可以在任何时间、任何地点，通过多元的方式购买他们所喜欢的商品。伴随智能手机等移动终端使用量的暴增，消费者碎片化时间重聚于智能移动设备，整个媒体环境及营销环境呈现碎片化和移动化特征，即消费地点的碎片化、消费时间的碎片化、消费需求的碎片化，而这些碎片化的消费行为又因其移动性特征而随时可能发生。

另外，由于消费者消费行为的碎片化和移动化特征，广告主的营销活动更加注意营造容易触动消费者购物欲望的场景化建设。可穿戴设备、移动互联网以及各种终端的无缝连接等新技术的发展，让随时捕获消费者并建立这种情景渠道也变得有章可循。因此，营销如何"场景化"以及如何通过可以谈论的内容搭载场景的匹配，成为所有营销人员都需要面对的问题。

延伸阅读

争夺场景需要覆盖，更需要巧妙方法。①

构建场景的方法通常会遵循几个核心原则：

一、构建场景的过程要自然

360手机卫士在收到流量不足提醒短信的时候会引导用户去购买流量包，这种流量包购买的场景构建得就非常自然，让用户更容易接受，而手机助手每天不停地给用户推送各种关于下载应用的通知，则让人不厌其烦。所以，场景的构建应该顺理成章，在用户觉得合适的条件下触发，而不是无中生有。

二、构建场景的细节越具体，对用户的推动力越大

携程曾经和太平洋保险合作在其App上销售航班延误险，但是购买者并不多，主要原因在于携程营造的购险场景不够具体，导致对用户的推动力不足。试想一下，您在购买某次航班机票时，App在显示购险按钮的同时显示该航班晚点率高达75%，用户的购买率还会不会提升呢？《习惯的力量》的作者查尔斯·杜希格认为，触机(cue)是习惯培养的关键环节，而在触机中体现更多具体的内容，会有助于加强对用户的影响并促进其习惯的形成。

三、构建场景应多利用外部触点

众所周知，一部手机里面有高达80%的App平时是不会被用户想起使用的，所以即使在应用内设计了非常完善的场景构建体系，但是用户不主动使用，这些场景也不会对用户产生影响。而在手机使用环境中，存在非常多的可供场景化利用的触点。位置信息、通知栏消息、短信都可以作为场景化的触点。而短信，则是场景化触点中内容最丰富，却被人们遗忘得最彻底的一个。运用银行账单短信，可以轻易地构建一个分期付款的情景；利用机票短信，可以构建一个订目的地酒店的情景；运用水电煤账单短信，可以构建一个移动支付的情景，让用户养成用支付宝或微信支付的习惯。翻翻你的短信，你可以很容易地想出非常多的情景，但是这些情景都没有被构建，被白白地浪费了，大家却

---

① 陆丽娜：《场景化营销是移动互联网的下一风口》，i天下网商，2015年3月3日，http://i.wshang.com/Post/Default/Index/pid/37416.html。

还在为移动互联网的入口争得你死我活。不过各大手机厂商和超级 App 们已经开始有所动作，联想最新的通讯录产品已经上线情景短信功能，为其提供情景化服务的正是初创型公司小源科技，他们与厂商的合作开发计划已经排到了下半年。由此可见，在智能手机市场增速放缓的趋势下，厂商们对于这些能提供更好的用户体验，也能更好地构建自己 O2O 闭环的服务是多么热衷。

(二)消费者：个性化、社交化、娱乐化

作为一个不断崛起并日益壮大的新型消费群体，八〇后、九〇后的消费观念、消费权力、消费意识、消费话语正在深刻影响着整个市场环境和商业氛围。社会观念认为，作为新生代消费者，八〇后、九〇后的心理特点就是追求自我张扬和与众不同，即个性化。映射到消费行为中，意味着他们重视产品消费体验是否能给自己带来心灵、情感上的最大满足，并获得差异性、个性化、多样化的体验。例如，参与感成为小米手机大获全胜的成功秘诀。

受到市场经济、全球化、互联网进程的洗礼，八〇后、九〇后这一群体的人生观、价值观和世界观以及由此衍生出的消费观，呈现出与其父辈迥然不同的特征。腾讯 QQ 发布的《中国九〇后青年调查报告 2014》显示，九〇后是孤独与集体孤独的一代，他们有强烈的社交需求，孤独的他们习惯沉溺于虚拟社交渠道，这也可以解释为什么各类社交媒体平台能如此流行与火爆。

另外，相关调查数据显示："玩"是八〇后生活的主体，"玩"的开支可达他们日常消费的 1/3。而娱乐的价值就是教会他们"怎样玩"以及通过何种载体让他们觉得"好玩"。"我每天可以吃得有限、穿得有限、花得有限，但是开心必须无限"更是相当一部分在相对富裕的社会环境中成长起来的九〇后颇为推崇的生活理念。这种娱乐可以是对娱乐八卦的热爱、对生活压力的宣泄、对社会现象的吐槽、对自己生活的搞怪，天大的事儿也可以被他们解读得极具娱乐精神。这类"游戏人生"的消费者更易被情绪左右，更易进行冲动消费。

因此，营销人员对症下药，在关注内容与受众需求契合的同时，锁定其所依赖的传播渠道，打造传播销售平台的一体化，以个性化、娱乐化内容刺激其消费需求，进而实现即时消费。

(三)广告主：互联网投入小幅回调，移动互联网投入迅速增长

在这一时期，伴随广告主对以互联网为代表的数字媒体使用的日益纯熟，广告主对于互联网等数字媒体可以发挥的作用及短板也有了相对更为理性的认识。从广告花费来看，一方面，广告主对于互联网广告投入占媒体广告总体投入的比例近年来出现了小

幅回调。2012年广告主对于互联网的广告投入占同体媒体广告投放费用的比例出现了较大的提升，从2011年的15.4%跃升至22.2%，2013年达到近年内的峰值23.3%。但从2014年开始，广告主对互联网媒体的广告投入占媒体广告总体投入的比例出现了小幅回调，2014年下滑为21.2%，2015年为21.9%。另一方面，对于不同类型的互联网媒体广告主也出现了投放上的冷热分化。搜索引擎、视频网站、SNS社区媒体等近年来受到更多广告主的青睐，而门户网站、微博等互联网媒体却由于互动性不强或营销产品不够成熟等原因关注度持续下降(如图4-4)。

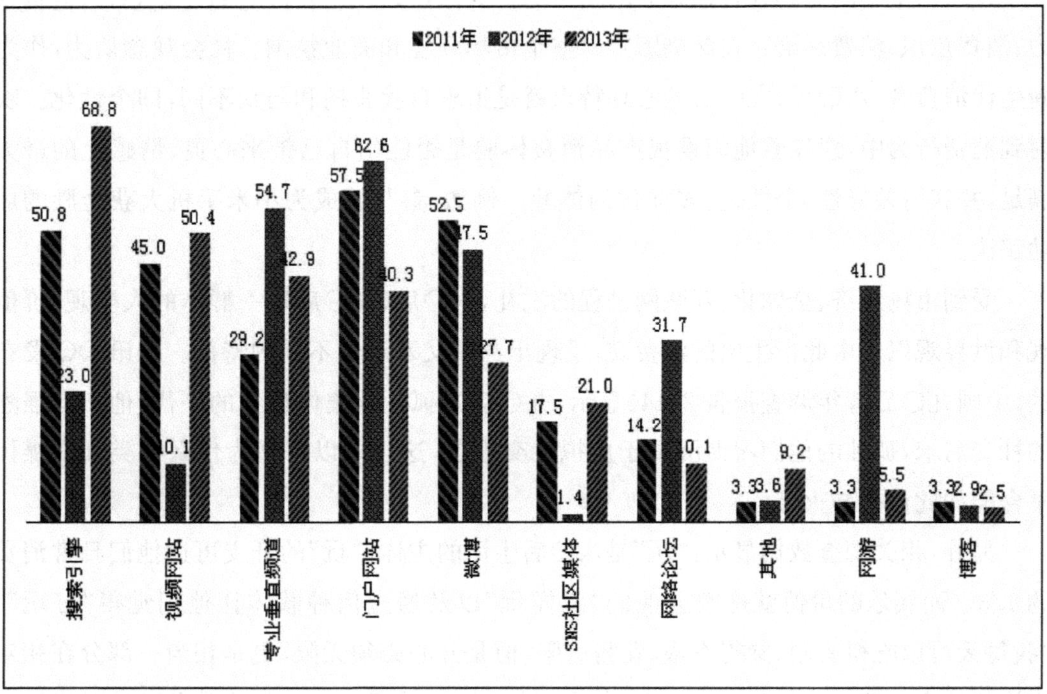

数据来源：中国传媒大学广告主研究所

图4-4 连续三年被访广告主最看好的互联网媒体广告类型(2011n=120,2012n=139,2013n=119)

与此同时，伴随着移动智能终端以及在线支付等相关服务系统的迅猛发展，广告主对于移动互联网的营销热情高涨。根据中国传媒大学广告主研究所调研数据显示，在广告主的媒体广告投放费用分配中，手机媒体尽管所占比例仍较小，但近年来随着智能手机的发展，广告主对手机媒体广告的投入增长较快，已从2009年的0.9%上升至2015年的11.5%。从投放增长趋势看，依托手机媒体的移动营销2012年已现端倪，广告主费用投入比例从0.8%跃升至2.3%；2013年延续快速增长态势，提升到3.8%；2014年、2015年则又出现了一次较大幅度的跃升，2014年比例跃升至7.6%，相比2013年数据已经翻番，2015年在2014年的基础上又有了较大幅度的增长，达到11.5%(如图4-4)。

（四）广告主营销传播理念：打造数字传播销售渠道一体化

在传统的营销管理中，传播和销售被条块化分割成两个职能部门，传播大多作为品牌部或市场部下属的职能，被看作是“花钱”的部门，而销售是直接面向市场的“挣钱”部门。数字媒体，特别是网络支付功能的实现，真正让传播渠道具有了销售渠道的功能。随着媒体融合的增强，特别是在移动互联网应用的推进下，线上线下的互动和融合成为一种常态。销售渠道与传播渠道的界限被打破，企业实体销售渠道成为企业自媒体传播的重要接触点，将消费者从线下引到线上，通过线上传播发酵之后，再次拉动线上和线下的销售，O2O营销使得线上线下实现了双向循环。

案例：优衣库打造渠道一体化，发挥线上线下的协同作用①

在2014年“双11”销售TOP10品牌中，优衣库成为领跑者之一，在“双11”当天，优衣库官方网络旗舰店的单日销售额突破1.2亿元，总计销售超过百万件商品，同比增长超过500%。线上渠道销售火爆的同时，优衣库没有放弃线下渠道的扩张与完善。截至2015年上半年，优衣库在整个大陆的店铺数量达到340家。②

优衣库是如何做到线上线下渠道协同的？

首先，优衣库通过App的推广，提升自身品牌的知名度。当用户安装App之后，优衣库会根据用户的地理位置、日活跃度等相关数据，为开店选址与节奏把控方面提供决策参考。它会通过多种方式吸引用户前往实体店购物，比如App中提供周边店面的位置指引，专门设计线上App的优惠券二维码，使其只能在实体店内扫描使用。

此外，它还实现了线上与线下同价，天猫店与实体店的用户可以相互转化，从而避免了线上渠道对线下渠道的冲击，也实现了为线下渠道引流的目的。其次，优衣库会借助大促的时机，不断提升App的安装量，推动App成为一种增加客户到店消费黏度的工具，App可以提供真正有价值的折扣活动，让客户在线下店直接使用。另外，优衣库不做网络特供款，没有会员体系，这也让优衣库的线上线下打通得更顺畅。

案例：分众传媒与酷漫居联手打造“移动门店”③

近年来，伴随移动互联的迅猛发展，分众传媒也在酝酿一场新的变革——将楼宇电梯的广告屏变身为用户的“移动门店”，在展示广告内容的同时，直接切入电商平台，完成支付。

---

① 龙金光、常梦柯：《逆势扩张！优衣库O2O的变革之道》，市场部网，2014年12月5日，http://www.shichangbu.com/article—22895—1.html。

② 丁雪娇：《优衣库2015上半年中国大陆门店达340家》，《每日新报》2015年6月2日。

③ 万晓晓：《广告渠道一体化分众传媒加速变革》，经济观察网，2013年11月2日，http://www.eeo.com.cn/2013/1102/251491.shtml。

2013年10月，动漫儿童家具品牌酷漫居与分众传媒宣布将联手打造15 000家“移动门店”新模式，希望实现从“加盟店”到“家门店”的渠道变革。只要在家门口的分众传媒LED屏上扫描二维码，用户就可以直接进入酷漫居天猫店，在线购买产品。为此，酷漫居关闭了近百家线下店铺，希望借力分众传媒的“移动门店”实现销量翻番。

对分众传媒来说，这也是新的尝试。分众传媒将每块屏打造成为一个极速的Wi-Fi热点，成为移动入口。在展示广告内容的同时，指向各大电商平台，帮助客户直接售卖产品，也可以与消费者互动，促使其进行优惠券、微电影及应用下载。分众传媒在助力用户渠道变革、广告和渠道一体化的同时，除了获得广告费用，还能获取销售带来的分成。

案例：奔驰smart打造数字化营销销售平台①

在数字媒体营销模式上，奔驰smart向来具有探索意识。2010年，smart开汽车品牌先河，率先和淘宝合作，进行淘宝团购。2012年smart联手京东发布“流光灰”特别版。2013年，smart在新浪微博平台发售与设计师万宝宝的合作款“smart新年特别版”。2013年底，smart再次与淘宝进行合作，启动了C2C的全新尝试，通过招募smart合伙人发售全新特别版。2014年4月，奔驰smart再次探出尝试触角，这一次的合作对象是拥有6亿用户的微信平台。smart推出了388辆BoConcept特别版，在微信平台发起独家抢购。

为了迎合数字时代消费者消费行为社交化的变化，奔驰smart选择微信作为特别版发售的独家平台。相比起快消品，汽车的特殊性决定了目前很难完全实现“轻点鼠标，送车到家”的模式。奔驰smart利用微信融合营销和电商的两种属性，打造完整的线上宣传和线下体验生态链。一方面，通过设计手机互动游戏，让客户非常方便地在手机上720°看车。另一方面，其CRM团队在客户注册的第一时间邀请他们线下看车——通过“亲身体验”消除消费者顾虑。

这次的微信抢购分为两个阶段。首先是预交定金阶段，以获得抢购资格。从4月14日预订开始，到4月21日早上十点的抢购通道开通，共有7 310位客户表示对smart北欧风情特别版感兴趣，并且留下了联系方式。共有1 742名客户支付了999元定金并受邀到经销商店实地体验车型。第二阶段是真正的抢购阶段：1 742位获得抢购资格的客户，在3分钟内将388台限量版smart一抢而空，创造了微信电商历史上最短时间内售空的纪录。

尽管有越来越多如优衣库、smart一样的广告主开始积极推进数字传播、销售的一体化，越来越多的如分众传媒一样的媒体传播平台在积极调整、变革，顺应广告主的营销传

---

① 该案例改编自沈瀛：《smart如此撬动6亿微信用户！》，《成功营销》2014年第8期。

播变化，广告主在传播、销售渠道一体化的推广与落实过程中，仍面临着物流配送及线上大额支付的安全保障等挑战。这些挑战仍需要广告主从长计议，不能追求短期效果，给整个交易链条的长足发展留下隐患。

本章思考题

1. 阐释广告主营销传播的整体发展脉络及阶段性特征。
2. 阐释数字媒体营销传播发展历程及阶段性特征。

分媒体类型编

第五章　广告主互联网营销传播

本章导言

随着互联网经济的蓬勃发展，互联网营销成为广告主营销传播的重要组成部分。本章第一节介绍了互联网营销在中国的发展历程，把互联网营销在中国发展的二十年划分为雏形期、黄金期以及成熟期这三个阶段。第二节主要介绍互联网广告市场的总体情况、领跑互联网营销市场的三股增长力量以及互联网营销的未来发展趋势。最后一节从实战出发，针对广告主如何有效地开展互联网营销提出了相应的策略。

本章要点

1. 互联网营销在中国的发展历程
2. 广告主互联网营销传播策略

第一节　互联网营销在中国的发展历程

互联网营销(也可称为网络营销 on-line marketing 或 e-marketing)，就是以互联网为载体，为实现一定营销目的而进行的营销活动。

20 世纪 90 年代，互联网刚刚进入中国，当时鲜有人会想到，一个新的营销平台就此出现了。1997 年，中国互联网用户突破 50 万人，当大家对互联网这个概念还是一片茫然的时候，中国第一个通过互联网向上网用户有偿提供信息的网站——比特网[①]诞生了，它的出现让网站还有.com 深深地印在了人们的脑海里，也让当时的人们认识到互联网同

① 比特网是中国第一个互联网广告诞生的地方。1997 年 3 月，Chinabyte(比特网)赢得了第一笔广告收入，广告主为 Intel 和 IBM，是中国互联网历史上一个重要的里程碑。

电视、报纸、传真等传播媒介的不同之处，它是一种完全不一样的传播与沟通手段。总的来说，中国互联网媒体营销大致分为三个阶段。

一、1997—2002年：中国互联网营销的雏形阶段

这个时期是中国互联网营销从无到有的阶段。此时中国互联网刚刚起步，网民规模还很小，至2002年底达到5 910万人，占全国人口的二十分之一左右。[①] 此时互联网广告的表现形式还比较单一生硬，大部分都是横幅广告，网站的界面体验也并不是很好，广告主也很少注意到网络营销的价值。到2002年，网络广告的市场规模只有4.9亿元。[②] 而同年，仅央视一家媒体的广告招标额就达到26.26亿元。[③]

Intel和IBM等IT企业是国内最早在互联网上投放广告的广告主。一般认为中国第一例网络广告是IBM为其新产品AS400在比特网(www.chinabyte.com)所发布的468*60像素的横幅广告。比特网从中获得了3000美元的收益，这被认为是中国网络广告的第一笔收入，同时被认为是中国网络广告发展的重要里程碑。

知识链接：

横幅广告(banner ad)是网络广告最早采用的形式，也是目前最常见的形式。横幅广告又称旗帜广告，它是横跨网页的矩形公告牌，通常为7英寸长1英寸宽，或468*60像素左右。从表现形式上横幅广告可以分为三类：静态横幅、动画横幅、互动式横幅。当用户点击这些横幅时，通常就可以链接到广告主的网站。

二、2003—2009年：中国互联网营销快速发展的黄金时期

在这段时期，2003年可以看作是互联网营销的第一个爆破点。这一年"非典"爆发，与2002年相比，上网人数增长了34.5%。[④] 除了量上的提升以外，更重要的是质上的飞跃，也就是上网时长的大幅度增长，2003年网民周上网时长由2002年的9.8小时增长到13.4小时，增长率达到36.7%。[⑤] 在此之后，互联网网民数和上网时长进一步增长。到2009年，网民数已经达到3.84亿，上网时长达到每周18.7小时，[⑥] 网络广告的时长规模

---

① 数据来源：中国互联网络信息中心：《第11次中国互联网络发展状况统计报告》。

② 杨剑：《中国网络广告十年发展历程》，新浪网，2007年4月9日，http://tech.sina.com.cn/i/2007－04－09/14101455660.shtml。

③ 数据来源：2002年中央电视台黄金时段广告招标会，人民网，2001年11月9日，http://www.people.com.cn/GB/jinji/32/180/20011109/601489.html。

④⑤⑥ 数据来源：中国互联网络信息中心：《第13次中国互联网络发展状况统计报告》。

也达到 207.4 亿元。[①] 网络广告由于其品牌渗透率高、精准度高、受众庞大等优势，越来越受到广告主的青睐，互联网营销的价值也愈发凸显出来。虽然在这个时期里，互联网广告形式不断丰富，随后还出现了 Flash 广告、富媒体等网络广告形式，但这个时期的广告形式依然缺乏互动性和体验性。广告主对其营销价值虽然有了进一步的认识，但是依然不甚明晰。

正是 2003 年，为了鼓励互联网营销的发展，中国广告协会举办了“第一届中国互联网广告大赛”，为广告主的互联网营销提供了一个交流与展示的平台。由此开始，互联网广告有了自己的交流阵地。互联网广告大赛的举办就是为了拉动互联网广告的发展，让广告主、广告公司更快地了解互联网广告的价值。从那时起，互联网营销开始成为不可忽视的营销主力。而在这一年，互联网广告的营业额已经突破了 10 亿人民币，它的营销价值正在被越来越多的广告主所认可。

三、2010 年至今：中国互联网营销进入相对成熟的发展阶段

2010 年网络广告市场规模达到了 325.5 亿元，较 2009 年增长了 56.9%，2011 年较 2010 年的增长率为 57.6%。而 2009 年相较于 2008 年的增长率仅为 22%，[②] 2013 年网络广告的市场规模则突破了千亿大关。[③] 2009 年苹果第一代手机发布，宣告移动互联网时代的到来。同年，新浪微博推出测试版本，随后几年内诸如微信、微博、陌陌等网络社交软件的出现，宣告网络营销进入一个新的发展阶段。也正因为社交网络的出现，使广告主与消费者之间更好地互动沟通成为可能。微博、微信平台成为不少企业标配，企业网络营销活动层出不穷，其中不少成为经典案例。广告主对于网络平台的营销价值也因此有了更深的认识，投入也在不断增多。更有甚者，如海尔停止杂志硬广的投入，不断加大网络广告的投入，仅 2013 年网络广告的投入就已经超过其 2013 年在央视的广告投入额。[④] 此外，随着数据存储与处理技术的不断提升，追踪消费者的网上行为成为可能，网络的精准化营销更进一步，广告主实现了由媒体购买向消费人群购买的转变。而随着智能手机和平板电脑的普及，移动网络营销虽然所占比例仍较小，却在近年来呈现爆发式增长。

知识链接：RTB 广告——广告的精准营销助推剂

RTB(Real Time Bidding)，中文解释为实时竞价，是一种利用第三方技术在数以百

---

①② 数据来源：艾瑞咨询《2009—2010 年中国网络广告市场份额报告》。

③ 杨学斌：《2013 年中国网络广告市场规模突破千亿大关，达到 1100 亿元》，艾瑞网，2014 年 1 月 9 日，http://a.iresearch.cn/others/20140109/224661.shtml。

④ 注：经统计艾瑞发布的相关数据，2013 年海尔网络广告投放额为 1.42 亿元，同年央视中标广告额为 1.37 亿元。

万计的网站上针对每一个用户展示行为进行评估以及出价的竞价技术。

RTB广告的出现不算早，但是在较短的时间内就获得了迅速的发展。比如在美国市场，2012年RTB展示广告已占到展示广告总份额的13%，达到19.5亿美元。[①] 从全球范围来看，截至2015年，基于RTB的展示型广告数额在美国将实现71%的增长，而这一数值在德国、法国和英国将分别达到99%、103%和114%。[②]

这一飞速发展的广告形式很快引进到了中国。2012年被誉为中国RTB广告的元年。作为RTB运作模式中不可或缺的一环，国内第一个真正意义上的AD-exchange(广告交易)平台——淘宝tanx在2011年底正式投入运营。百度、腾讯、搜狐等互联网巨头以及众多新兴的数字营销公司随即纷纷涉足这一领域。

案例:中国RTB广告第一例

2012年4月11日，汽车品牌广告主沃尔沃通过悠易互通悠选广告平台率先进行RTB营销，成为中国RTB品牌营销第一例。沃尔沃汽车通过悠易互通多重优化手段，点击率提升了371%，转化率高达70%。明锐互动总裁吕勇表示:“互联网技术的发展正在将广告精准投放一步步推向极致，RTB营销正是这一趋势中里程碑式的转变。沃尔沃此次选择悠选@iR广告平台进行投放，表明中国RTB的市场培育已经得到初步认可，希望悠易互通等致力于RTB营销的DSP平台提供商们能再接再厉，将互联网营销做得更好。”[③]

第二节　互联网营销传播现状

一、互联网广告市场总体情况

掌握广告主互联网营销传播的整体发展现状，需要对互联网广告市场规模有一个清楚的把握。从全球来看，互联网广告市场规模占全球广告市场的20.2%，增长态势比较稳定，始终保持着两位数的增长幅度。2011年全球互联网广告超过800亿美元，2015年

---

① 数据来源:《RTB广告，互联网展示广告的下一战场?》，钛媒体，2013年6月3日，http://www.tmtpost.com/40740.html。

② 数据来源:《RTB的惊人发展》，新华网，2012年9月28日，http://news.xinhuanet.com/tech/2012-09/28/c_123775059.htm。

③ 李万里:《沃尔沃:投下中国RTB营销第一单广告》，和讯网，2012年5月14日，http://tech.hexun.com/2012-05-14/141392465.html。

达到 1 701.7 亿美元(如图 5-1)。①

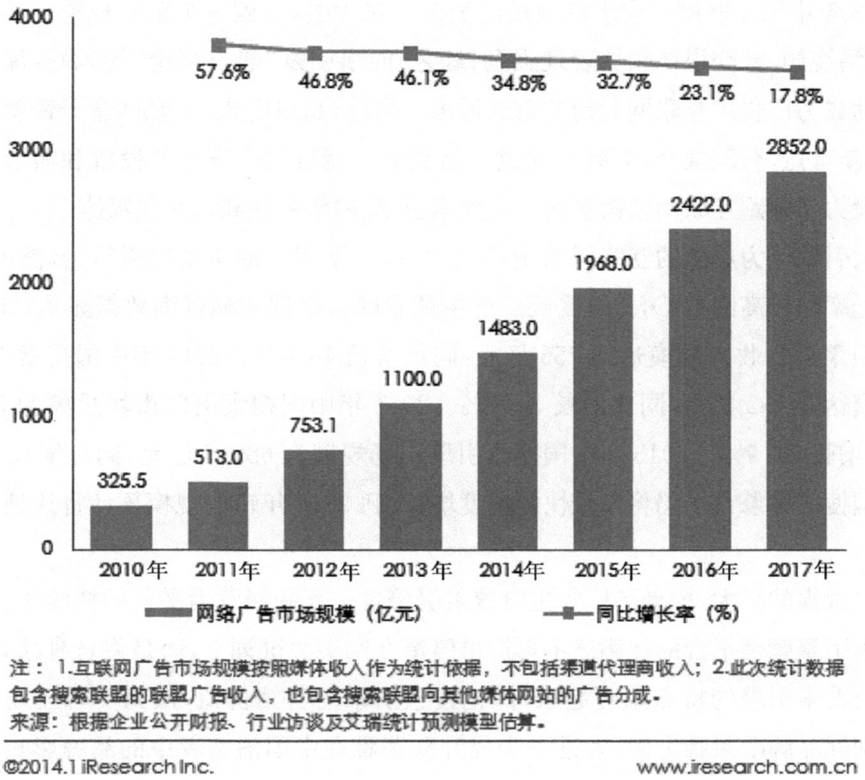

数据来源：艾瑞咨询

图 5-1　2010—2017 年中国网络广告市场规模及预测

中国互联网广告市场经过了前期的快速发展，近年来增速减慢，进入相对平稳的增长期。从长期来看，互联网广告规模增长率放缓的主要原因如下：其一，宏观经济疲软、网民人口红利不断消退对互联网广告市场发展造成一定的影响；其二，互联网广告经历十余年的高速增长，从媒体形式、广告形式等方面来看，都已经发展到较为成熟的阶段；其三，核心企业广告业务相对成熟，未来主要增长点来源于核心企业的变革与创新；其四，从互联网整体环境来看，PC 端用户增长进入平台阶段，移动端流量迅速增长，营销模式还有待完善。②

---

① eMarketer:《2015 年全球广告市场规模将达 6 000 亿美元》，2011 年 8 月 18 日，http://www.199it.com/archives/14703.html。

② 杨学斌:《2013 年中国网络广告市场规模突破千亿大关，达到 1100 亿元》，艾瑞网，2014 年 1 月 9 日，http://a.iresearch.cn/others/20140109/224661.shtml。

二、领跑互联网营销市场的三股增长力量：搜索引擎、网络视频、社交化媒体

2013年中国互联网广告市场规模已突破千亿大关，达到一个新的规模。其中，搜索引擎、网络视频、社交媒体领域表现强劲；综艺、时事引发“热点营销”的风潮，深度播报、实时互动成为广告主互联网营销的重点诉求。另外，超级电视、互联网盒子铸就“网络视频营销”新看点，台网融合、多频互动成为新趋势。就目前广告主的投放和需求来看，主要有三股力量领跑互联网营销市场——搜索引擎、网络视频和社交化媒体。

搜索引擎作为成熟的互联网营销模式之一，基于用户的主动搜索行为，能够提供较高的曝光率与较高的RIO，持续受到广告主的青睐。根据艾瑞咨询数据显示，2012年中国搜索引擎广告收入规模达到256亿元，同比增长48.8%。2013年中国搜索引擎广告收入规模达345.2亿元，同比增长34.9%。2014年中国搜索引擎市场规模为599.6亿元，同比增长51.9%。2015年中国搜索引擎市场规模为682.6亿元，同比增长32.2%。未来中国搜索引擎市场仍将以较快的速度增长，到2018年市场规模预计将达到1 676.4亿元。①

用户规模的扩大，推动了广告主对搜索引擎这一互联网营销平台的持续关注。广告主对搜索引擎营销平台的使用已不再简单停留在购买关键词上，而是将自身品牌传播中的元素与搜索引擎的特点融合起来，深挖搜索引擎的营销价值，做到实时互动、紧密合作。以国际品牌欧莱雅为例，为进一步提升欧莱雅在中国消费者中的品牌影响力，其借助搜索引擎创新营销，实现了品牌曝光度的提升。如利用欧莱雅形象代言人范冰冰戛纳红地毯走秀事件的高关注度，欧莱雅在搜索引擎上增加了对“范冰冰＋欧莱雅”关键词的购买量，有效推动了搜索量的突破性的增长。此外，广告主还利用关键词对受众进行人群细分，针对不同的人群，提供不同的广告形式和广告内容。②

网络视频也是近年来广告主互联网营销的一个热点领域。2008年以来，网络视频用户呈现几何式增长态势(如图5-2)。2012年国内网民规模达到5.64亿人，其中2012年5月网络视频的网民渗透率已经超过搜索引擎，成为第一大网络应用。网络视频汇集了大量网民。同年，电视媒体“限娱令”“限广令”的颁布实施，再次促使广告主进军网络视频领域，并加强与消费者的深入互动。热门剧集和电视节目给网络视频行业带来极高的关注度及流量，广告主对于台网联动的需求日益强烈，网络视频媒体的广告价值进一步提

---

① 张希：《2014中国搜索引擎市场规模599.6亿》，艾瑞网，2015年2月2日，http://report.iresearch.cn/html/20150212/246488.shtml。

② 黄升民、杜国清、邵华冬：《广告主蓝皮书——2013年中国广告主营销传播趋势报告》，社会科学文献出版社2014年版，第72页。

升。其中视频网站使用率占比 7.7%，上升 0.6 个百分点，其市场份额进一步提高。[①] 在广告主整合投放的趋势下，更多广告主开始向网络视频广告倾斜预算。截至 2014 年 12 月，网络视频用户规模达 4.33 亿，用户使用率为 66.7%。[②] 另外，广告主将网络视频广告与社会化媒体平台打通，发挥互联网整合营销传播的作用。不仅投放视频广告，而且借助社会化媒体在聚集人气、扩大影响力方面的天然优势，从而使品牌在最大范围内产生影响力。以中高端人群为目标受众的奢侈品牌 LV 和 Dior 在中国选择了优酷投放视频广告，他们均通过投放贴片广告、时尚频道广告来展现其新品发布、品牌核心内容等，以求覆盖的全面性。同时，优酷开放性的分享机制可以使两大品牌通过分享机制将视频广告分享到微博、微信、SNS 社区平台，形成话题，从而产生更深层次的互动。[③]

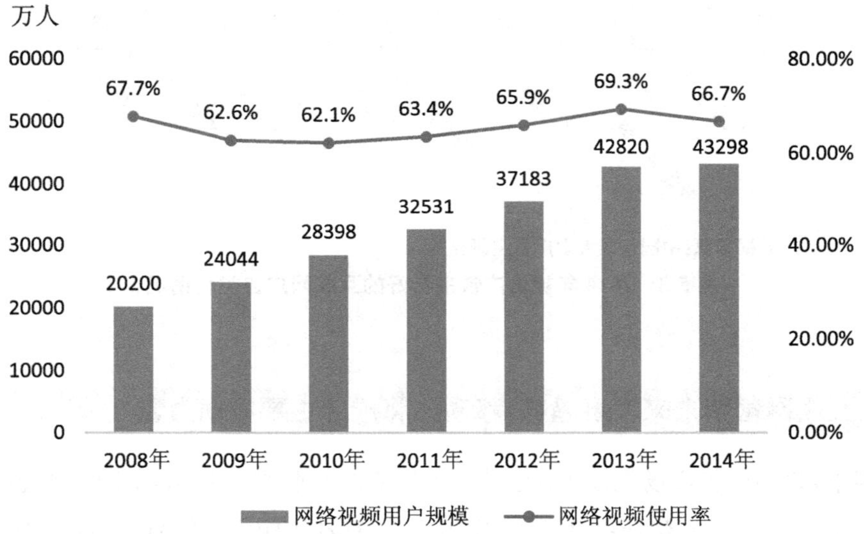

数据来源：中国互联网发展状况统计调查

图 5-2　2008—2014 年中国网络视频用户规模及使用率

社会化媒体的蓬勃发展是基于 Web2.0 技术的迅速发展和电子商务的兴起。在中国市场，主流的社会化媒体包括微博、微信、博客、SNS 社区等。近几年，社会化媒体的形式、营销模式、技术手段都在不断地演进和发展，呈现出多极化的格局。广告主不再将社会化媒体当作单纯的发布信息和反馈意见的平台和工具，而是推出高卷入度的社交媒体营销模式来实现与消费者的深度沟通和互动，以此来与消费者建立长久而稳定的友好关

① 丁佳琪、杨学斌：《2012 年中国网络广告市场规模突破 750 亿元》，艾瑞网，2013 年 1 月 24 日，http://a.iresearch.cn/new/20130124/191956.shtml。

② 数据来源：中国互联网络信息中心：《第 35 次中国互联网络发展状况统计报告》。

③ 黄升民、杜国清、邵华冬：《广告主蓝皮书——2013 年中国广告主营销传播趋势报告》，社会科学文献出版社 2014 年版，第 74 页。

系，提升消费者对品牌的黏性。根据中国传媒大学广告主研究所调研数据显示，微信(47.5%)仅次于搜索引擎，成为广告主眼中效果最好的互联网广告形式之一（如图5-3）。[1] 在社会化媒体上，网友之间可以相互转发并分享内容信息，在微博上关注品牌、关注明星逐渐成为人们的习惯和爱好。当有着共同兴趣爱好的社团、群体在网络上呈现上涨的趋势时，社会化媒体对广告主传播品牌信息的强有力价值便凸显出来。

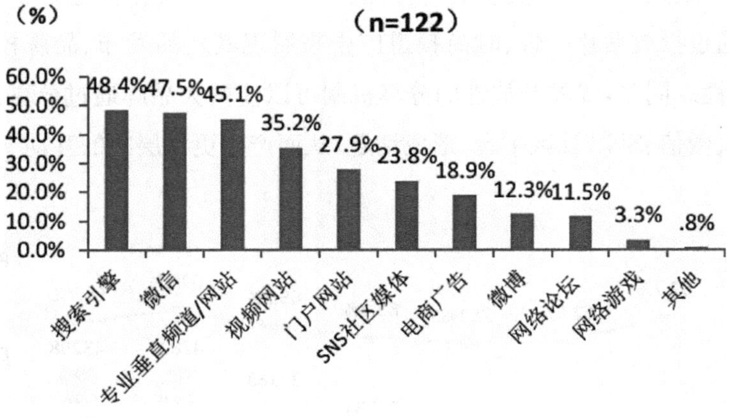

数据来源：中国传媒大学广告主研究所

图 5-3　2014 年被访广告主看好的互联网广告类型情况

三、互联网营销未来发展趋势：移动端将成为主要拉动力量

近年来，移动广告市场规模不断扩张，在整体的互联网广告市场中的渗透率不断提升。2014 年，移动广告（包括移动搜索、应用广告、移动视频广告等）市场规模为 296.9 亿元，在 2012—2014 年 3 年中均保持超过 100%的增速。根据艾瑞咨询预计，未来移动广告将继续保持高速增长，并且增长率远高于网络广告市场的增速（如图 5-4）。[2]

移动应用广告平台总体规模高速增长，移动广告市场开始逐步走向成熟，竞争更为有序化（如图 5-5）。一方面，广告主不断增加在移动端的投入，行业广告主需求旺盛，品牌广告主预算增加；另一方面，媒体环境变得更加成熟，原生广告、视频广告等更加丰富的广告形式的出现为媒体提供了更广阔的广告空间。2014 年移动端开始了对程序化购买的探索，并有一系列企业开始相继转向程序化购买。[3]

---

① 数据来源：中国传媒大学广告主研究所 2014 年度中国广告生态调研。

② 陆静雨：《移动广告走向成熟，平台功能细分化》，艾瑞网，2015 年 4 月 7 日，http://report.iresearch.cn/html/20150407/248417.shtml。

③ 陆静雨：《移动广告走向成熟，平台功能细分化》，艾瑞网，2015 年 4 月 7 日，http://report.iresearch.cn/html/20150407/248417.shtml。

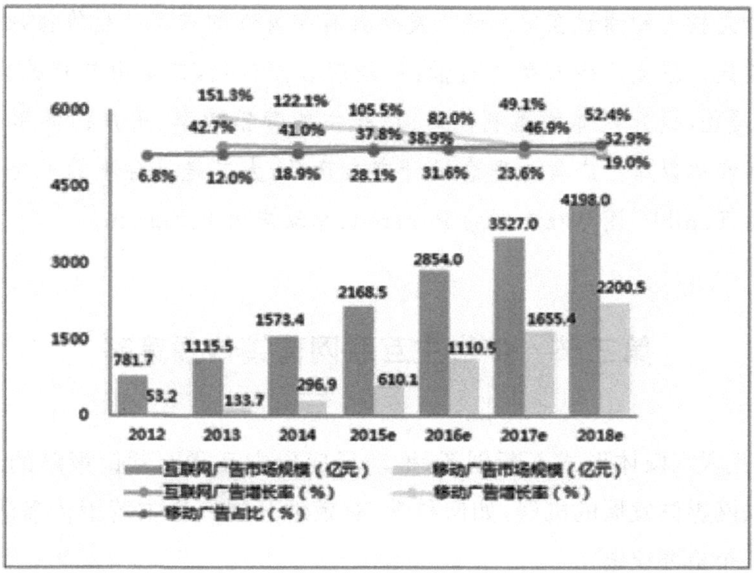

数据来源：艾瑞咨询

图 5-4　2012—2018 年中国互联网广告及移动营销市场规模

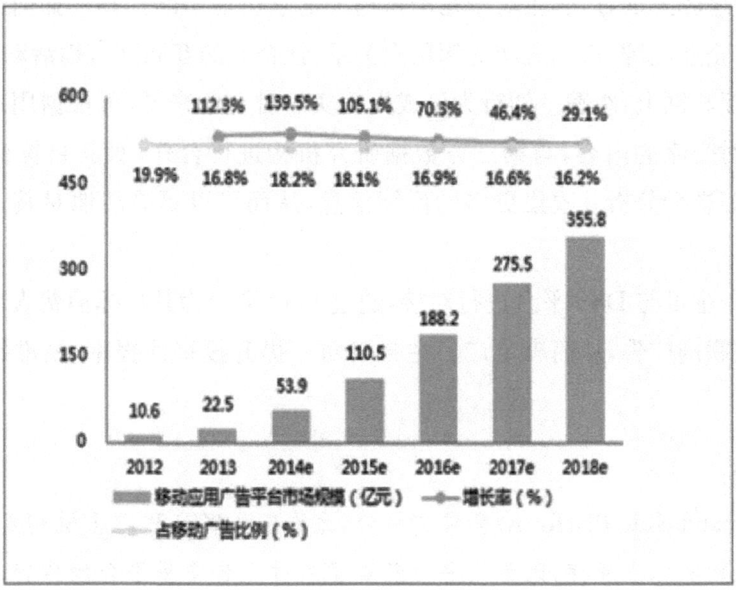

数据来源：艾瑞咨询

图 5-5　2012—2018 年中国移动应用广告平台市场规模

知识链接:原生广告

原生广告是指一种通过在信息流里发布具有相关性的内容产生价值,提升用户体验的特定商业模式。原生广告有两大特性:一是广告内容化,二是用户相关性。它可以跨终端、多系统覆盖,提升媒体的赢利能力、广告主的营销效率、用户的使用体验,实现共赢。目前很多媒体以原生广告为理念设计广告产品,尤其是平台型的社交网络,如国外的轻博客网站 Tumblr、图片社交网站 Pinterest、移动应用 Instagram。

第三节　广告主互联网营销传播策略

近年来,互联网媒体形式不断创新,推动了广告主互联网营销策略的适应和调整。如何把握互联网媒体发展的机遇,如何科学、有效地开展广告主营销传播活动是众多广告主关注的一个重要议题。

一、基于大数据,精准锁定目标人群

在互联网营销传播的过程中,受众细分的概念始终为广告主所关注。近年来,随着大数据应用的蓬勃发展,广告主对于精准营销的需求也在不断提高。如何通过技术手段挖掘大数据与企业品牌、产品之间的深层次关系,让企业的互联网营销活动更加有效?

首先,在互联网上,跟踪一切行为已成为现实。对企业来说,可根据用户在互联网上行为展示、实时交流的内容,与第三方数据研究机构进行合作,对其目标消费人群的特征、消费倾向等进行分析并收集更多的反馈信息,从而可以更灵活地对其营销方案进行适时调整。

其次,广告主可与 DSP 平台进行对接,通过 DSP 平台为其目标消费人群推送更具效果导向性的互联网广告,从而满足广告主自身对于提升投资回报率、精准锁定目标人群的需求。

知识链接:

DSP(Demand Side Platform)需求方平台,允许广告客户和广告机构更方便地访问,以及更有效地购买广告库存,因为该平台汇集了各种广告交易平台的库存。其实就是为客户提供了跨媒介、跨平台、跨终端的广告投放平台。

二、以消费者需求为线索整合多种互联网传播手段,多接触点触达消费者

如今,消费者的媒体接触点越来越广泛化,同一消费者往往同时接触着多种媒体。

在互联网营销的过程中，广告主需要根据消费者的信息接触习惯和需求，尽可能创造消费者可感知的品牌接触点。

综合门户网站、搜索引擎、网络视频、SNS、电子商务……不同的互联网服务满足消费者不同信息需求与服务体验。广告主在进行互联网营销时，要以消费者的需求为线索，统筹各种互联网服务，让品牌影响力得到充分的传播，发挥1＋1＞2的效果。

例如，雀巢运用“搜索＋社交”的方式来准确捕捉目标消费者的有效需求，以此为线索来提高品牌营销推广效果。雀巢母婴首先通过社交媒体了解目标受众的特点和需求，进而提炼出关键词。其通过在育儿类的专业网站发帖和问答的形式与目标消费者进行沟通和交流，并根据消费者的反馈，提炼出“宝宝的奶量”“孕妇的免疫力”等关键词。[①] 然后，其通过这些关键词开展搜索引擎营销，有效提升了品牌营销传播效果。这些关键词不是广告主主观想象或者由搜索平台提供的，主要还是依靠社交化媒体中消费者的内容贡献。

三、打破传统广告疆界，广告内容载体多元化，原生广告等创新不断

(一)打破传统广告疆界，广告内容载体多元化

伴随着媒体资源的日益丰裕，消费者每天所接触的广告信息也呈现海量化状态。如何在众多的品牌信息中脱颖而出？众多广告主开始打破传统广告的疆界，通过多元化的方式打造消费者感兴趣的热点内容，让消费者主动关注企业品牌或服务信息。互联网的发展，极大地助推了这一趋势。除了硬性广告投放外，网络视频的植入，微博、微信中的口碑管理，借助热点话题的社会化媒体营销等都成为广告主传播企业品牌或服务内容的多元化载体。

如2011年北京遭遇罕见特大暴雨，多处积水、堵车。由于自身产品特殊性不能在大众媒体投放广告的避孕套品牌杜蕾斯，从这次事件中发现了营销机会，在微博上策划了一起杜蕾斯暴雨“套鞋事件”。杜蕾斯官方在微博上发布了一位博主遇暴雨以杜蕾斯代替鞋套，从而避免鞋子被暴雨淋湿的信息。[②] 在这个事件中，由于杜蕾斯顺势借用了大家对北京特大暴雨的关注，并巧妙宣传了杜蕾斯产品弹性好、防护好的特性，使“鞋套”迅速成为当天微博的热点话题，大量的网友自发通过微博转发，媒体也争相报道，使得杜蕾斯通过极小的投入就获得了极丰厚的品牌关注回报。

---

① 黄升民、周艳：《互联网的媒体化战略》，中国市场出版社2012年版，第116页。

② 同上，第97页。

(二)广告与资讯合二为一,原生广告受到广告主青睐

除了广告内容载体的多元化外,越来越多的广告主试图在用户体验中通过提供有价值的内容来抓住用户的眼球。因此,“原生广告”(native advertising)的概念开始兴起。第一个提出“native advertising”概念的是投资人 Fred Wilson,他认为:“原生广告是一种从网站和 App 用户体验出发的赢利模式,由广告内容所驱动,并整合了网站和 App 本身的可视化设计。”它不同于“软文”,是一种虽然是付费广告但尽量做到看上去像正常内容的互联网广告形式。原生广告提供有趣或有用的内容,以此降低普通展示广告的侵入性,增加转化率。原生广告往往具备以下特点:第一,视觉整合(visually integrated),将广告建筑在用户体验之中;第二,用户主导(choice),广告不打断用户体验、不产生干扰;第三,内容为王(content),品牌要推送对用户有实际价值的内容。

四、整合消费者线上、线下的体验、参与,打造 O2O 闭环

互联网的发展,使得品牌之间营销竞争的重点从媒体广告投放之争、渠道掌控之争走向了线上和线下的全方面、立体化的竞争。以往,众多广告主的营销重点往往着力于一个突破口,这个突破口可以是强有力的渠道掌控,可以是活跃的在线交流和分享,可以是良好的进店消费体验等。但伴随着电子商务的发展、成熟,越来越多消费者的消费行为开始出现线上、线下的融合化趋势。消费者可以在线上搜索浏览,然后进店购物,再上线分享;也可以进店浏览,选到中意商品,随时用手机等移动智能终端进行在线搜索、咨询、比价,再做出购物行为。消费者消费行为的线上、线下随时切换、融合,使得广告主开始注重协调、整合线上、线下营销活动,让消费者无论是线上的搜索、分享、虚拟体验、在线购物还是线下时与终端店员的互动、对实际产品或服务的体验、终端购物都能够有较为良好的感受,形成良好的品牌印象。

案例:e 袋洗——把洗衣服变成互联网 O2O 产品[①]

2014 年是移动互联网取得大发展的一年,也是 O2O 蓬勃兴起并逐渐成型的一年。这一年 O2O 领域融资接连不断,新创企业纷纷亮相。越来越多的行业涉足 O2O,教育 O2O、医疗 O2O、美容 O2O、家政 O2O、汽车服务 O2O……

e 袋洗是老牌洗衣服务品牌荣昌推出的一款基于移动互联网的 O2O 洗衣服务产品,区别于传统洗衣按件计费的洗衣模式,用户在微信平台下单,预约上门取件的时间,随后工作人员上门取件,并在 72 小时内将洗好的衣物送回。其以“99 元洗一袋”的模式颠覆

① 沈云云:《2014 年中国十大小而美的 O2O 经典案例》,品途网,2015 年 1 月 13 日,http://www. time-weekly. com/html/20150113/28105_1. html。

了“按件计费”的传统模式。

e袋洗布局“小区众包”的物流模式，即以社区为单位进行布点，每个点配备一个配送员，并以递推的形式加强推广力度，力求将洗衣模式标准化，并以线上线下相结合的O2O模式改造洗衣行业。e袋洗的每日客单量在1 000单左右，目前开通地区有北京、上海、深圳。

e袋洗的核心是基于本地洗衣实体进行洗衣服务，本质上洗衣流程没有改变，但对消费者而言更加快捷。2014年7月，e袋洗宣布获得来自腾讯的2000万人民币投资，该产品目前估值约为2亿人民币。

本章思考题

1. 阐释互联网营销在中国的发展历程。
2. 阐释互联网广告市场的总体情况。
3. 对领跑互联网营销市场的三股力量进行阐述。
4. 阐释互联网营销的未来发展趋势。
5. 阐释广告主开展互联网营销传播的策略。

第六章　广告主搜索引擎营销

本章导言

在数字媒体时代，受众行为模式（媒体选择、消费行为）发生了一系列变化，搜索成为互联网时代受众信息获取与处理中的重要一环。伴随着搜索引擎技术的不断完善，受众的信息搜索成本大大降低。消费者的需求会驱动其对信息的搜索，帮助营销人员更有针对性地锁定目标消费者，设计相关信息。同时，搜索引擎营销在控制成本、品牌推广、挖掘潜在用户、针对目标客户群等方面深受广告主认可与青睐。近年来，搜索引擎营销越来越成为企业产品营销的重要方式和渠道。通过对本章的学习，了解搜索引擎营销传播的理论基础，包括定义、特点和主要模式；搜索引擎营销的现状；搜索引擎在营销传播中的运作策略；搜索引擎营销传播的发展趋势。

本章要点

1. 搜索引擎营销的定义
2. 搜索引擎营销的特点
3. 搜索引擎营销的主要模式
4. 搜索引擎营销的市场发展现状
5. 搜索引擎营销受到广告主青睐
6. 搜索引擎营销市场发展历程
7. 交易转化的提升
8. 整合搜索引擎营销策略
9. 搜索引擎营销与其他数字媒体营销多元融合
10. 关注用户需求

第一节　搜索引擎营销概述

一、搜索引擎营销的定义

(一)搜索引擎的定义

搜索引擎(search engine)是指根据一定的策略,运用特定的计算机程序从互联网上搜集信息,在对信息进行组织和处理后,为用户提供检索服务,将用户检索的相关信息展示给用户的系统。搜索引擎使用户能够查找网页或者特定数据库的信息。①

(二)搜索引擎营销的定义

"搜索引擎营销(Search Engine Marketing,SEM)"的概念最先由 GoTo. com 公司提出。1997 年,GoTo. com(www. overture. com)最早发明了按点击量收费的搜索引擎营销模式。② 从企业的角度而言,搜索引擎营销是指企业通过提升搜索引擎自然排名、推出付费搜索广告等与搜索引擎相关的行为,来使企业网站或相关企业营销信息在搜索引擎上显著列示的营销手段,其目的是吸引目标受众访问企业网站或关注企业相关营销信息。③ 业界一般将搜索引擎营销视为网络营销的重要组成部分,通过页面优化和关联广告展示等来提升企业网站或相关信息在搜索引擎结果页面中被关注的几率。④

综上所述,我们将搜索引擎营销定义为:搜索引擎营销是指企业根据用户通过搜索引擎满足其信息需求的使用习惯,尽可能地将营销信息通过搜索引擎检索结果传递给目标用户,以影响其产品认知度及态度,进而完成交易转化,实现营销目的的营销活动。

案例:《赫芬顿邮报》的搜索引擎营销之道⑤

《赫芬顿邮报》作为互联网第一大报,在搜索引擎优化方面做得十分成功。这也是 AOL 收购它的重要原因所在。《赫芬顿邮报》的编辑分为两部分:一部分人从事传统的采编业务,另一部分人则坐在编辑室里,时刻紧盯谷歌网站,看哪些搜索关键词最受关注,然后根据这

---

① 李莎:《搜索引擎及搜索引擎广告现状研究》,《广告大观》2006 年第 3 期。

② Edelman B,Ostrovsky M and Schwarz M. "Internet Advertising and the Generalized Second-price Auction: Selling Billions of Dollars Worth of Key-words". *American Economic Review*,2006,97(1) : 242—259.

③ Telang R,Rajan U and Mukhopadhyay T. "The Market Structure for Internet Search Engines",*Journal of Management Information Systems*,2004,2(21) : 137—160.

④ Search Engine Land. *The State of Search Engine Marketing* 2006,http: / / searchengineland. com / the—state—of—search—engine—market— ing—2006—10474,2007.

⑤ 全媒派:《〈赫芬顿邮报〉的搜索引擎营销之道》,梅花网,2014 年 5 月 15 日,http://www. meihua. info/a/36592。

些关键词撰写发布新闻故事。这里总结出了《赫芬顿邮报》几项 SEO 策略：

1. 在报道中设置短语、热词标签链接：《赫芬顿邮报》的报道中包含易抓取的短语，点击链接到站内其他点击量高的报道中。同时，随便点开一篇文章或一段视频，都会发现在大标题下方的关键词处至少有 10 个热词标签，有的甚至更多。有些短语彼此之间可能只是词序不同，有的可能只有单复数的差别，有的只是限定短语略有不同，总之，这些标签试图把所有人的搜索用词都囊括其中，确保用户在搜索时能为《赫芬顿邮报》贡献较多的流量（如图 6-1）。

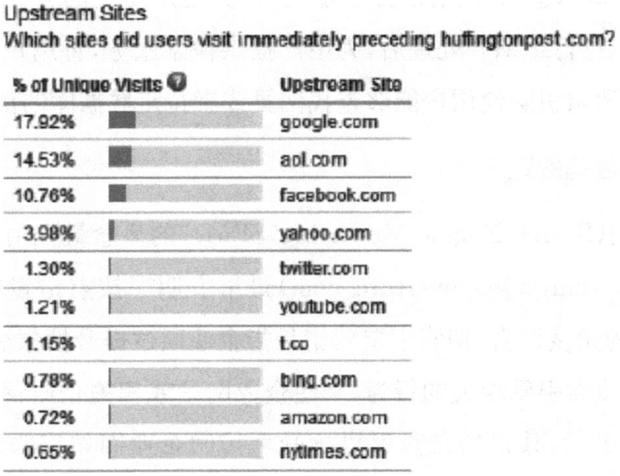

图 6-1 《赫芬顿邮报》的流量来源

2. 内容管理系统（Content Management System）：《赫芬顿邮报》每天会有 6 000 到 10 000篇原创文章诞生，CMS 可以快速捕捉到其中 10～100 篇具有病毒式传播特点的文章，给编辑加以推荐、推广。

3. 时事流量分析系统（real time traffic analysis）：找出具备病毒式传播特点的内容，对内容传播的情况进行持续测评，再根据结果进行调整。对《赫芬顿邮报》的点击率情况进行追踪，并绘制出趋势曲线，对于不具备病毒传播特点的内容及时进行调整，或提升或降低版面位置，甚至删除。

4. 社交媒体融合：从首页开始，《赫芬顿邮报》提供“follow”渠道，每隔五分钟与用户进行交互发动推文。同时，从 2009 年 8 月开始，《赫芬顿邮报》与 Facebook 合作推出了一个社会化新闻新板块“HuffPost Social News”，用户可以在该区域看到自己的 Facebook 好友正在阅读的内容，也可以将感兴趣的内容直接发到自己的 Facebook 账号，推荐给好友，由此形成一种信息筛选模式——将海量的新闻过滤成用户及其好友关注的部分，由用户决定需要了解的内容，并形成一定范围的社群传播。

二、搜索引擎营销的特点

(一)用户广泛且精准度高

搜索引擎营销作为目前一种主流的网络营销模式之所以备受广告主青睐，是基于其用户群基数的庞大及对潜在用户的吸引。

根据中国互联网络信息中心《第 35 次中国互联网络发展状况统计报告》数据显示：截至 2014 年 12 月，我国搜索引擎用户规模达 5.22 亿，使用率为 80.5%，用户规模较 2013 年增长 3 257 万人，增长率为 6.7%；手机搜索用户数达 4.29 亿，使用率达 77.1%，用户规模较 2013 年增长 6 411 万人，增长率为 17.6%。[①] 搜索引擎作为互联网的基础应用，是网民获取信息的重要工具，其使用率自 2010 年后一直保持在 80%左右的水平。根据艾瑞咨询数据显示，2012 年中国搜索引擎广告收入达到 256 亿，同比增长 48.8%；2013 年中国搜索引擎广告收入达 348 亿，同比增长 35.9%；2014 年中国搜索引擎广告收入为 599.6 亿，同比增长 51.9%；未来中国搜索引擎市场仍将以较快的幅度增长，到 2018 年市场规模预计将达到 1 676.4 亿。[②]

除此之外，搜索引擎最大的特点是受众的针对性强、精准度高。传统的营销方式虽然能够接触较大范围的受众，但是由于基数较大，转换率相应较低，运营成本也较高，而且主要采用的是拉动、说服等被动的方式。搜索引擎营销与之不同的是，用户会主动去搜索自己需要的相关信息，其中搜索的关键词反映了他们的关注点。这些用户很有可能会转化为消费者，这种关注正是广告主所看好的搜索引擎的价值所在。

(二)投资回报率高

现如今大多数企业都利用投资回报率来评价营销活动的效果，希望花最少的成本来达到最好的营销效果。欧洲市场营销人员中的 76%都相信，在达到业务目标方面搜索引擎营销比条幅网页广告更为有效，另外，80%的商业被调查人对搜索引擎营销的投入回报率表示满意，其中有 35%是非常满意。美国投资银行 Piper Jaffray 提供的几种常见的网络营销方式的广告价值(广告价值为平均每单位销售量耗费的成本)比较显示：比较几种常见的营销方式(搜索引擎、电子邮件、黄页、广告条、直邮)可以发现，搜索引擎营销的成本是最低的，因此越来越多的广告主将其作为企业控制成本的重要营销方式。[③]

---

① 中国互联网络信息中心：《第 35 次中国互联网络发展状况统计报告》，2015 年 2 月 3 日，http://www.cnnic.net.cn/hlwfzyj/。

② 张希：《2014 中国搜索引擎市场规模 599.6 亿》，艾瑞网，2015 年 2 月 2 日，http://report.iresearch.cn/html/20150212/246488.shtml。

③ 张苗苗：《搜索引擎营销在中国的应用研究》，天津大学，2009 年硕士论文。

(三)可控性较强

广告内容、广告投放时间以及广告成本是搜索引擎营销可控性的三个主要表现。其中,在广告内容方面,广告主可以根据反馈,较为灵活、及时地修改和优化广告内容,提高广告投放效果;在广告投放时间上,广告主可以挑选最合适的时间来投放自己的广告。这对一些具有明显周期性的产品或服务的广告主而言具有较大吸引力。另外,在广告成本上,由于搜索引擎营销基于每次点击(CPC,Cost Per Click)的付费方式来进行广告预算的控制,广告主花在搜索引擎营销上的成本可以由点击量和CPC的价格得到,如果超过预算广告主可以及时灵活地调整。

三、搜索引擎营销模式

搜索引擎是网络推广的重要手段,目前主流的搜索引擎营销模式主要有四种:关键词广告、竞价排名、搜索引擎登录和搜索引擎优化。

(一)关键词广告

1.关键词广告的定义

关键词广告是指作为广告主的企业根据自身产品和服务的特点向搜索引擎提供商购买关键词,实现高级定位投放,用户可以根据需要更换关键词。在相同关键词页面,付费高者排名靠前。一般的关键词广告与自然搜索结果是分开显示的。例如谷歌和百度都是将其放置在搜索结果页面的右侧。当用户利用某一关键词进行检索时,在检索结果页面会出现与该关键词相关的广告内容。由于关键词广告具有较高的定位精准性,近年来获得了较为快速的发展。

2.关键词广告的特点

第一,呈现形式合理。

关键词广告的呈现方式符合用户的搜索习惯,较为合理,易为用户接受。关键词广告形式主要是文字信息,其搜索结果形式与自然搜索分开显示。关键词广告一般呈现在右侧,与左边用户搜索结果互不干扰,用户可以主动根据自身需要筛选结果。

第二,费用可控。

关键词广告不按既有固定模式收费,而是根据点击率收费,一定程度上摒除了广告主对投放费用“另一半不知道花在哪儿”的质疑。首先,按点击率收费意味着用户点击广告才收费。如果只显示而没点击,则不收取费用,这使得广告投放更合理,同时其预算也可自动控制。其次,广告主可根据关键词费用的不同标准自主选择投放费用,这意味着广告主可以通过自行选择价位而达到控制预算的目的。

第三，管理便捷。

相对于其他网络广告形式中营销信息传播过程具有的不可控性，比如社会化媒体广告中负面信息的裂变性传播，关键词广告的管理更便捷和稳妥。购买关键词广告后，服务商会提供给广告主一个管理入口，可以实时查看广告的点击情况及费用，广告主可以根据显示的数据进行比较分析，从而根据营销目的选择最合适的广告关键词。

3. 优化关键词广告策略

在对关键词广告的特点有所了解的基础上，广告主可以根据产品、品牌定位自行选择关键词以实现营销目的。

第一，确定关键词。

首先，确定网页关键词是广告主搜索引擎营销的基础。能否合理选择关键词意味着是否能为企业网站带来具有针对性的访问及预期访问量。关键词的确定也有章可循。第一，选择合理的关键词，从两个角度考量其合理性：其一，与企业网站内容相关；其二，用户易检索。如果企业购买的关键词与其网站内容相关性不高，搜索引擎会将这样的网站排名靠后，甚至不纳入排名范围。① 因此，企业在选择关键词时，宜少而精，避免过于雷同和重复。同时，为了令关键词更易被用户搜索，应将其全面置入检索各环节，比如页面内容、标题等部分。正常情况下，关键词出现的频率越高，与用户搜索内容的契合度就越高，越容易被提前检索。但需要注意的是，关键词分布不能过于密集，防止搜索引擎识别为恶意行为而禁止检索。第二，关键词选择要契合产品及品牌定位。想要传递营销信息，关键词必须与企业自身产品或服务契合或相关。另外，在挑选关键词时，为了避免同质化竞争，应尽量根据产品或品牌特点，选取比较具体的词汇。这样更易脱颖而出，获得用户关注。②

第二，实时监测关键词。

确定关键词后，需实时监测关键词，根据实时效果及外部情况（竞争等）的变化，对关键词进行及时修正、调整。另外，通过搜索引擎平台提供的广告特点，广告主可以通过随时跟踪每个关键词的变化，及时更新替换，以保证营销效果。而选择恰当的时间发布关键词也可带来事半功倍的效果。根据百度统计的最新数据显示，目前我国网民在一天中有两个上网的峰值时间段。

从阶段性数据来看，2014 年 11 月，国内网民上网时间的高峰时段维持在 20:00—20:59，比例为 6.66%，较上月上涨了 0.02%。随着时间向凌晨推进，上网人数越来越少。其中，最低值出现在 4:00—4:59，比例仅为 0.79%。此外，10:00—19:00 这段时间，网民

---

① 王琰：《搜索引擎营销研究及"ED"公司搜索引擎营销实施》，电子科技大学，2004 年硕士论文。

② 谭宏利：《企业搜索引擎的模式和发展研究》，东北师范大学，2010 年硕士论文。

上网时间分布的比例较为稳定，基本在5.46%至5.8%之间。[①]

2015年3月，国内网民上网时间基本保持稳定，主要集中在晚上。国内网民上网时间高峰时段延后为21:00—21:59，环比上月，比例增加0.19%，达到6.61%。次高峰20:00—20:59的比例也实现上涨。随着时间向凌晨推进，上网人数逐渐下降，在4:00—4:59出现最低值0.81%。[②]

可见，网民上网峰值始终保持在20:00—20:59及21:00—21:59两个时间段。选择合适的时机往往给广告主营销带来事半功倍的效果。

(二)竞价排名

1.竞价排名及其优劣势

竞价排名是目前搜索引擎营销中最常用的方式，获得较好的排名是企业搜索引擎营销的最终目的之一，关键词排名的重要性不言而喻，所以企业会为他们希望得到的名次进行关键词竞拍。据艾瑞咨询的调查结果显示，搜索结果中排在前10名的网站占有72%的点击率，排名第10名到20名之间的网站拥有17.9%的点击率，而排名20名以后的网站只有10%，排在第30名以后的访问率几乎为零。[③] 首先，竞价名次属于许可式营销，它让客户主动找上门来，只有需要的用户才会看到竞价名次的推广信息，因此竞价名次的推广效果具有很强的针对性；其次，竞价名次按照效果付费，根据给企业带来的潜在客户访问数量计费，没有客户访问不计费，企业可以灵活控制推广力度和资金投入，投资回报率高。[④]

竞价排名的基本特点之一是按点击量付费。推广信息出现在搜索结果靠前的位置，并有“推广”标记，如果没有被用户点击，则不收取推广费。竞价排名按照给企业带来的潜在客户访问数量计费，企业可以灵活控制网络推广投入，获得最大回报。其优点十分明显：快速、有效，只要付钱立刻可以排名到首页；排名时间可以自己掌握，想什么时候有排名，什么时候停下来，都可以自由操作；对网页内容和质量要求低，只要不是违规网站，都可以交费排名。然而在占尽先机的同时，竞价排名的劣势也略有显现：不交钱给搜索引擎，排名就立即消失；出价低于对手，排名就落后；关键词竞价费用越来越高，长期看，费用畸高，很多企业往往把大量的销售利润转成竞价排名的费用，最后成本和利润倒挂，

---

① IDC评述网：《11月国内网民上网时间分布：晚上8点出现峰值6.66%》，2014年12月4日，http://www.idcps.com/news/20141204/80546.html。

② IDC评述网：《3月国内网民上网时间分布：峰值依然出现在晚上9点》，2015年4月20日，http://www.idcps.com/news/20150420/83797.html。

③ 张苗苗：《搜索引擎营销在中国的应用研究》，天津大学，2009年硕士论文。

④ 《搜索引擎营销的主要模式》，百度经验，2012年12月10日，http://jingyan.baidu.com/article/7e440953f50e572fc0e2ef1f.html。

不得不停止投入；相互竞价导致单次点击成本抬高，有的高热门词达到每点击 1 次 100 多元；存在欺骗性点击，竞争对手的恶意点击使广告预算增加；有时候虽有很多人点击，但就是没有一个咨询，没有一个电话，当天预算用完，则网站不再显示。如果持久不间断地展示，则需要较大资金消耗。万一碰到竞争对手的恶意点击，将是难以承受的负担。另外，覆盖面窄也是竞价排名的弊端，如果做了百度竞价，那么排名就只出现在百度里，在谷歌、360 等其他搜索引擎里则无法出现。①

2. 竞价排名策略

第一，选择性价比较高的搜索引擎平台。

一般来说，广告主倾向于选择用户使用数量较多的百度、雅虎这类搜索引擎平台。但价格及同质化竞争情况同样应作为广告主考量的要素之一。例如，如果竞争对手较多，而同一关键词使用率及重复率较高，会在一定程度上影响营销收效。因此，要综合考虑性价比，择优选择搜索引擎。此外，通过综合考量投资回报率，可以通过选择投放多个搜索引擎平台，同时进行营销活动，增加点击率及扩大覆盖范围，提升营销效果。

第二，实现关键词最大曝光。

要想实现关键词竞价排名靠前，实现最多频次的曝光，那么关键词表现形式多元化，增加数量也是广告主实现竞价排名优化的策略之一。但需要注意的是，表达需谨慎，切忌盲目追逐热点。虽然热词更为流行，但因其价格过高、竞争过于激烈反而影响投放效果。广告主可以通过相关度较高的关键词代替，实现多元表达。另外，想要提高曝光度，更易被用户检索到，单一的关键词过于分散，用户很难精确查找，营销效果受到制约，因此，增加关键词数量，提升用户覆盖面及曝光频度，更易实现营销信息的到达。

（三）搜索引擎登录及搜索引擎优化

搜索引擎登录是早期搜索引擎营销的重要内容。其方法是企业登录搜索引擎网站，将自己企业网站的信息在搜索引擎中免费注册，由搜索引擎将企业网站的信息添加到分类目录中。搜索引擎登录并不能保证网页在某个关键词的搜索结果中获得很好的排名，但是能使站点获得良好的可视性，更全面地展示站点内容。

搜索引擎优化针对搜索引擎对网页的检索特点，让网站建设各项基本要素适合搜索引擎的检索原则，从而使搜索引擎收录尽可能多的网页，并在搜索引擎自然检索结果中排名靠前，最终达到企业网站推广的目的。搜索引擎优化是完善搜索引擎技术的过程，是让网页设计更适合搜索引擎的检索原则从而获得搜索引擎收录并在排名中靠前的各

---

① 肖睿：《竞价排名和搜索引擎优化的区别》，豆瓣网，2014 年 11 月 7 日，http://www.douban.com/note/446825907/。

种行为。[1]

搜索引擎优化(Search Engine Optimization,简称 SEO),是一种通过搜索引擎抓取互联网页面,并确定某一特定关键词的搜索结果排名的技术,通过提升网站访问量,最终提升企业网站的销售能力和宣传能力。搜索引擎优化工作不仅可以使网页高效简洁,而且可以使目标客户直奔主题,从而连接企业和客户,发挥出最佳的营销效果。

图 6-2 是 iprospect 公司关于目前企业常用的搜索引擎优化方法的调查结果。

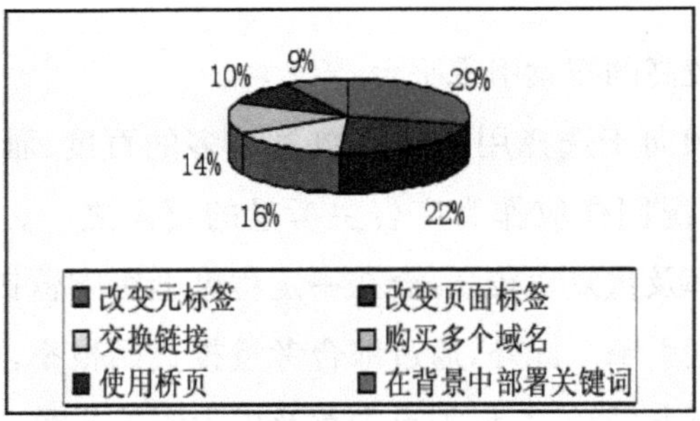

图 6-2 企业常用的搜索引擎优化常用方法

(四)网页内容定位广告

基于网页内容定位的网络广告(content-targeted advertising)是搜索引擎营销模式的进一步延伸,广告载体不仅是搜索引擎的搜索结果网页,也是延伸到这种服务的合作伙伴的网页。搜索引擎谷歌于 2003 年 3 月 12 日开始正式推出按内容定位的广告。按照谷歌的说明,这项服务是将通过关键词检索定位的广告显示在谷歌之外的相关网站上。谷歌的主要竞争对手 Overture 已经推出了类似的广告形式,"按效果付费"服务,可以让赞助商的广告链接出现在许多合作伙伴的网站上。

第二节 我国搜索引擎营销的现状及发展历程

一、搜索引擎市场发展现状

(一)全球搜索引擎市场现状

从 2014 年搜索引擎在全球市场的市场占有率不难看出,在全球范围内,谷歌搜索引擎的市场占有率依旧排名第一(约 68%)。除了谷歌以外,Bing 和 Yahoo 依然是主流的

① 冯英健:《网络营销基础与实践》,清华大学出版社 2004 年版,第 57~60 页。

搜索引擎。而谷歌退出中国后，其在全球的搜索引擎市场的占有率呈持续下降趋势，从2010年的84.88%降到了2014年的67.6%，在中国市场的份额也由2010年的26.3%降低到2%。而谷歌退出中国内地市场后，最明显的变化就是百度在全球范围内占有率的稳步上升，由3.38%升至18.90%。百度占有率的提升从侧面显示了中国搜索引擎市场的快速发展和扩张潜力。[①]

（二）中国搜索引擎市场发展现状

2014年，中国搜索引擎市场格局基本保持稳定：百度领跑，360搜索及搜狗/搜搜紧随其后并根据考量角度和时间的不同轮坐第二把交椅。百度在市场占有率[②]和品牌渗透率[③]上都占据中国搜索引擎的第一把交椅。从市场占有率看（如图6-3），百度在2014年1月1日的市场占有率为56.03%，2014年9月1日的市场占有率为51.54%（最高值为57.51%），其市场占有率始终保持在50%以上。紧随其后的是360搜索，从2014年1月1日的23.24%升至28.09%（最高值为30.47%），市场占有率在20%～30%之间；搜搜/搜狗搜索从13.67%降至13.29%（最高值为15.98%）。这三家搜索引擎占据了中国搜索引擎市场的98%，而谷歌中文、Bing等在中国搜索市场上的占有率则无法与本土搜索引擎相比。[④] 从品牌渗透率看（如图6-4），在2014年下半年使用过搜索引擎的网民中，使

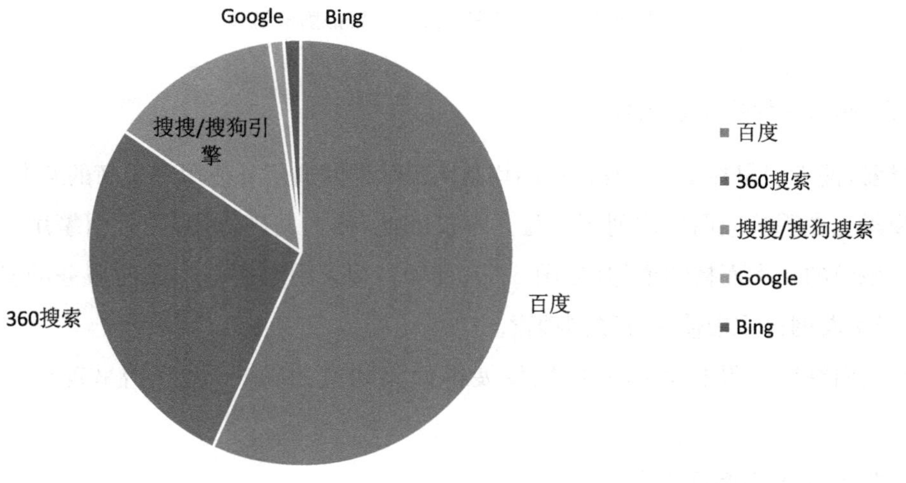

数据来源：《2014中国搜索引擎哪家强？百度360和搜狗本土三强占有率超98%》

图6-3　2014年中国搜索引擎市场占有率

---

① Cnbeta：《2014年搜索引擎市场份额总结》，IDC点评网，2015年1月13日，http://www.cnbeta.com/articles/362169.htm。

② 市场占有率：使用某种搜索引擎的独立访客数在总独立访客数中所占的比例。

③ 品牌渗透率：某款搜索引擎产生的页面浏览量占总页面浏览量的比例。

④ 单宇：《2014中国搜索引擎哪家强？百度360和搜狗本土三强占有率超98%》，搜索优化，2015年1月14日，http://youhua.tui18.com/201501/1482356.shtml。

用过百度搜索的比例为 92.1%；搜搜/搜狗搜索则位列第二，品牌渗透率为 45.8%；360 搜索位列第三，品牌渗透率为 38.6%。专注于移动搜索的神马搜索和宜搜搜索的渗透率较低，分别为 3.5%和 1.9%。在手机端综合搜索引擎市场中，品牌表现也比较一致：百度搜索以 90.3%的渗透率排名第一，其后分别是搜搜/搜狗搜索和 360 搜索，渗透率分别为 29.7%和 21.9%。①

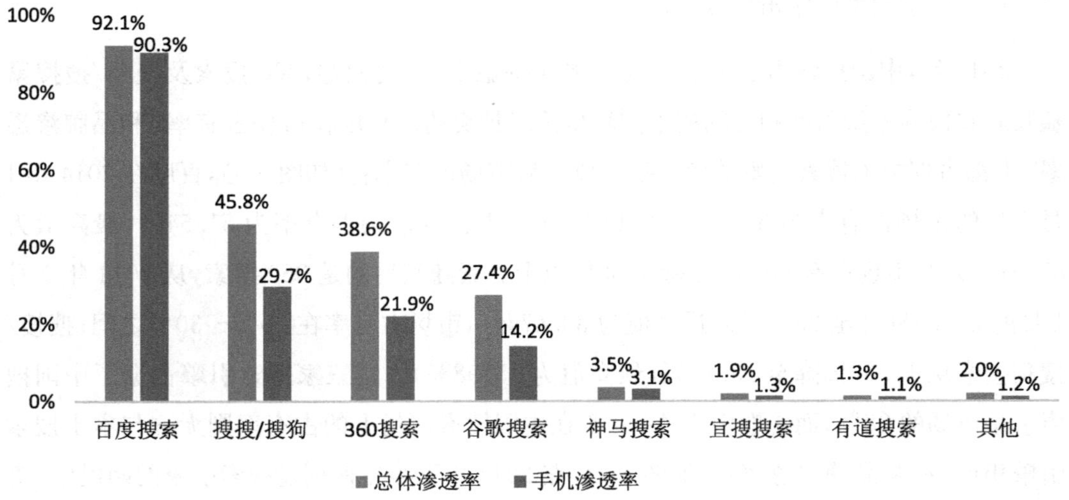

图 6-4　2014 年综合搜索引擎品牌渗透率

（三）搜索引擎行业发展特点

目前，搜索引擎在 PC 端及移动端均是网民除即时通信外使用率最高的互联网应用，手机搜索也在手机应用中位列第二位。不仅如此，作为基础应用，搜索引擎用户规模随着网民规模的扩大而持续增加（如图 6-5）。同时，搜索引擎企业产品与服务的多元化发展，也吸引着网民积极使用互联网搜索。

搜索引擎市场及搜索引擎应用发展得如火如荼的同时，也开始呈现出一些行业特点。

1.服务及产品形式多样化

搜索服务与产品形式更加多样化，线上搜索连接线下消费的趋势凸显。搜索服务已经从单一文字链接的展示方式，转变为文字、表格、图片、应用等多种形式相结合的丰富展现方式，从关键词搜索转向自然语言搜索、图片搜索、实体搜索。另外，通过优化算法，以及结合用户搜索记录、社交活动及地理位置等信息形成的个性化搜索，成为搜索引擎

① 中国互联网络信息中心：《第 35 次中国互联网络发展状况统计报告》，2015 年 2 月 3 日，http://www.cnnic.net.cn/hlwfzyj/。

的主推服务。

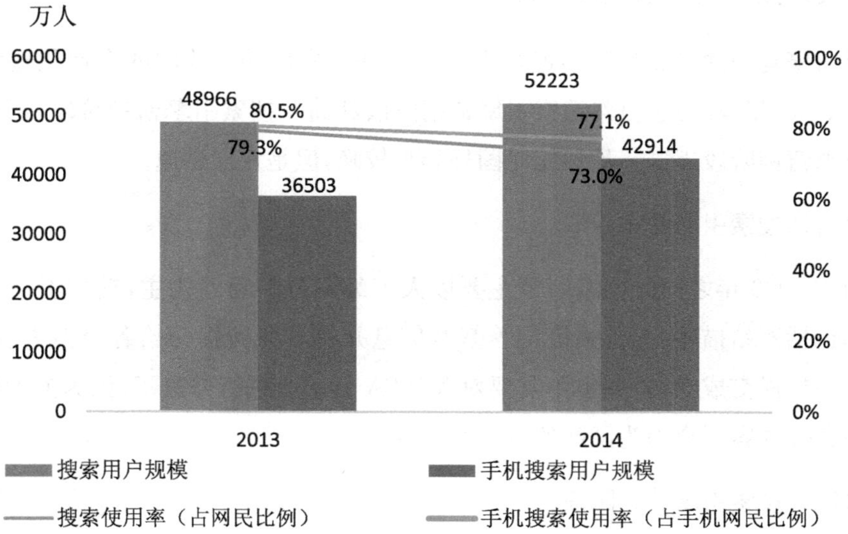

图 6-5　2013—2014 年搜索/手机搜索用户规模及使用率

2. 角色转变，打造 O2O 一站式生活服务平台

随着互联网 O2O 商业模式的发展，搜索引擎的角色也出现了重要转变，正在逐渐摆脱单纯的流量入口角色，通过旧产品升级、新产品开发、其他业务的收购和布局等举措，转型为面向企业的综合服务提供商和面向用户的一站式生活服务平台，除了传统的将用户流量与互联网服务相连接的服务外，更加注重与线下商业的直接对接，打造 O2O 闭环，这也是目前搜索引擎持续提高流量和收入的重要发展路径。①

二、搜索引擎营销受到广告主青睐

在数字媒体背景下，网络和数字技术不断发展，搜索引擎营销近年来也被广泛应用并快速发展，日益成为广告主网络营销中必不可少的一部分，与此同时，搜索引擎营销已逐渐进入发展成熟期：广告主投放趋稳，看重营销收效。根据 2014—2015 年中国传媒大学广告主研究所调研数据显示：从效果营销角度来看，在广告主看好的互联网媒体类型前三位中，搜索引擎仅次于新近崛起的微信，位于第二位，可见其营销效果仍然备受广告主认同，在企业的营销战略中仍然占据着重要的位置。

① 中国互联网络信息中心：《第 35 次中国互联网络发展状况统计报告》，2015 年 2 月 3 日，http://www.cnnic.net.cn/hlwfzyj/。

三、我国搜索引擎营销发展历程[①]

搜索引擎营销的发展是紧随搜索引擎的发展而发展的。我国的专业化搜索引擎营销开始于2004年，经历了自然搜索引擎营销阶段和简单搜索引擎营销阶段，正在向智能化搜索引擎营销阶段迈进。虽然相对国外起步较晚，但是发展迅速。

（一）自然搜索引擎营销阶段

我国在2000年之前的搜索引擎主要以人工编辑分类目录为主，搜索引擎营销需要做的工作包括网站描述、准备关键词等基本信息并将其免费提交给各个搜索引擎，并保持跟踪。一旦提交成功，就基本不需要对META标签等进行修改了，因为搜索引擎收录的网站信息等内容不会因为网站的修改而改变。

（二）简单搜索引擎营销阶段

我国在2001年之前，搜索引擎营销是以免费分类目录登录为主要方式的。2001—2003年期间，由于出现了按点击量付费（pay-per-click）的搜索引擎关键词广告，带来了收费问题，加上网络经济环境因素，搜索引擎营销市场进入调整期，传统网络分类目录的推广作用日益减弱，甚至有人预言其将消失。

从2003年后期开始，以谷歌为代表的第二代搜索引擎逐渐成为主流。由于网站建成后无需人工提交，所以，基于自然检索结果的搜索引擎优化开始得到重视。同时，搜索引擎广告进入了快速增长时期，出现了以谷歌Ad Sense为代表的基于定位内容的搜索引擎广告。

（三）专业化搜索引擎营销阶段

从2004年开始，新的搜索引擎不断出现，如百度、搜狗、搜搜等。搜索引擎营销效果逐渐被企业机构认可，最成功者当数百度。搜索引擎广告进入快速成长时期，搜索引擎全面引领着互联网经济，企业机构开始普遍认可搜索引擎营销的价值。

随着网站数量的快速增长，优质的搜索引擎推广资源成为企业机构争夺的对象。同时，国内外多家搜索引擎都看准中国搜索引擎营销服务市场。人们对搜索引擎认识的逐步加深使搜索引擎营销逐渐发展成专业化的知识体系。

（四）一站式服务搜索引擎营销阶段

从我国搜索引擎服务的发展历程可以看出，除了与全球范围相似的趋势，还逐渐形

---

① 陈小欢：《未来搜索引擎营销将何去何从?》，飞象博客，2012年4月25日，http://blog.cctime.com/?uid—183120—action—viewspace—itemid—131157。

成了有中国特色的发展趋势。目前，搜索引擎用户所需要的各种信息，包括工作生活等服务都在一个搜索平台上实现，人们希望靠一站式服务来满足多方面搜索需求。因此，融合了门户、社区等优势元素，我国搜索引擎服务逐渐向产品多元化转型。未来，我国的搜索引擎运营商会根据用户搜索内容的转变不断优化产品线，力图使搜索引擎营销的一站式服务满足用户多方面的信息需求和内容需求。[①]

第三节　搜索引擎营销趋势

(一)交易转化的提升

伴随着搜索引擎用户量的逐级增长，整个搜索引擎市场正在不断扩大。企业对搜索引擎营销的关注也将进一步提升，随着用户点击率向交易转化的进一步实现，搜索引擎平台将向交易平台转化，其营销价值将进一步提升。

尽管现有模式下搜索引擎平台是按用户点击率收取相关费用，但实际上每一次的用户点击为广告主带来的收益仍然无法有效衡量。作为流量入口，只有当搜索引擎为广告主带来切实交易时，用户点击才能算有效点击。因此，未来搜索引擎营销目标及重点将突破现有的初级阶段，主要体现在两个方面：其一，逐渐由“提升排名、促成点击”向“将用户转化为顾客”过渡；其二，由“一味追求访问量”向“延长用户停留时间”过渡。因此，当企业网站访问量达到一定数量后，企业的营销重点也会逐渐向如何延长用户停留时间倾斜，以提高潜在目标客户群的发展率，实现交易转化。

(二)整合搜索引擎营销策略

目前，搜索引擎优化是搜索引擎营销活动的热点，但是由于各个搜索引擎平台自身要求和算法有所差异，企业网站的优化往往只能自行调整，并不能适用于所有的搜索引擎平台。目前，关于搜索引擎优化的技术和研究多针对特定搜索引擎的网站优化，这种优化由于普适性较低而收效不大。另外，对搜索引擎算法修改、反馈、更新不及时，将直接影响搜索引擎营销的效果，因此，未来搜索引擎营销的发展趋势将是策略的整合、统一和完善。

(三)搜索引擎营销与其他数字媒体营销多元融合

未来，搜索引擎营销将通过与其他数字媒体营销相结合，多元合作，共同实现营销目标。例如，通过与社会化媒体营销、移动营销的全方面结合，互为入口，相互引流，促进消

---

① 于常瑶：《搜索引擎营销发展研究》，《科技广场》2008年第11期。

费者完成交易。在实际运营过程中，企业应在各种营销手段间合理分配营销资源，发挥各种手段的优势。根据搜索引擎营销和其他数字媒体营销手段所针对的受众差异性，综合利用这些营销手段，结合其优势和特点，运用线上线下多种形式，打造营销矩阵，精准锁定消费者。

(四)关注用户需求

搜索引擎营销的主要参与实体包括搜索引擎平台供应商、广告主和用户。然而，由于广告主是营销活动的主体，搜索引擎平台是营销活动的桥梁，因此，目前搜索引擎营销的优化与发展基本依附于前两者，营销关注点也聚焦在广告主和搜索引擎平台，比如营销收效的计算及搜索引擎优化等。这就意味着当下的营销活动具有一定局限性，缺少有关用户在浏览时对广告关注度及态度的深入探索。归根结底，搜索引擎营销作为一种营销手段，用户体验及反馈是检验其效果的直接标准。但目前，广告主对于用户在查找搜索结果时的心理和阅读习惯的认识和重视程度不够，仍处于浅层认知阶段，关于用户搜索行为的原因和习惯特点也缺少认知。未来，广告主应改变这种粗放式投放，关注消费者搜索习惯的深层次原因及需求，向精细化营销过渡。

本章思考题

1. 阐释搜索引擎营销的定义。
2. 阐释搜索引擎营销的特点。
3. 阐释搜索引擎营销的主要模式。
4. 阐释搜索引擎营销现状及发展历程。
5. 阐释搜索引擎营销发展趋势。

第七章　广告主移动营销传播

本章导言

伴随着移动终端的迅速普及与发展，广告主纷纷试水移动营销。移动终端所特有的伴随性以及私密性，使得移动营销传播更加精准、更具互动性。同时，伴随着智能手机的大规模普及，通过移动端新媒体进行的移动营销传播开始进入广告主的视野，而移动媒体相较于传统媒体表现出的诸多独特优势，使营销传播的新兴模式在极短的时间内获得高速发展，成为近年来营销传播领域的一大热点。

本章要点

1. 移动营销传播的定义
2. 移动营销传播的特征
3. 移动营销传播在终端、形式、内容层面的新兴变化
4. 移动营销传播的主要形式
5. 移动营销传播的困惑与挑战
6. 移动营销传播运作现状
7. 移动营销传播运作原则
8. 移动营销传播所面临的困难与挑战

第一节　移动营销传播

一、移动营销传播的定义

由于移动营销传播刚刚兴起，因此规范并有指导性的定义还屈指可数，下面选择几

个相对具有代表性的定义进行讨论：

(1)美国移动营销协会(MMA)认为：移动营销传播是利用无线通讯媒介作为传播内容进行沟通的活动。

(2)美国市场营销协会(AMA)将移动营销传播定义为：对介于品牌和终端用户之间作为通讯和娱乐渠道的移动媒体的使用。

(3)无线广告组织(WAA)定义移动营销传播是通过无线网路向移动设施，如手机、PDA 发送广告信息。

通过以上三个定义比较，我们不难发现出现在其中的最关键的两大要素：移动终端及移动网络环境。所有的移动营销传播必须是在移动网络环境下经由移动终端设备进行的营销传播活动，这里的移动网络环境主要包括 2G、3G、4G、Wi-Fi，移动终端设备则包括手机、平板电脑、智能手表等多种多样的数码产品。因此，本书对移动营销传播作出如下定义：

移动营销传播是以移动终端媒体(手机、平板电脑、可携带智能设备)为渠道，在移动网络环境(2G/3G/4G/Wi-Fi)下直接向受众目标定向和精确地传递个性化即时信息，通过与消费者的信息互动达到市场沟通目标的营销传播行为。

二、移动营销传播的特征

支撑移动营销传播不断向前发展的重要动力来自于这一营销传播模式所具有的诸多独特特征，这是由于这些特征使得无论是广告主还是消费者都看到了移动营销传播的巨大潜力和魅力。当下，移动营销传播最重要的四大特征为：

(一)受众规模庞大且快速增长

如果希望获得广告主的青睐，任何一个传播平台都需要证明自身在网聚受众方面所具有的实力。移动媒体中的智能手机就是这样一个平台，它通过自身功能的不断强化开始吸引越来越多的受众愿意在这一平台上停留较长时间，并乐于使用各种功能。

2015 年 1 月，Talking Data 发布了《2014 移动互联网数据报告》，报告显示，2014 年，我国移动产业发展迅猛，移动智能终端设备数已达 10.6 亿，较 2013 年增长 231.7%(如图 7-1)。从用户性别层面来看，女性用户持续增长，占比 42.2%，渐成主流；从用户年龄层面来看，八〇后用户占比为 38.3%，成为“移动一族”中的主导力量。虽然全国各地的移动网民有着不同的生活习惯，但他们的手机里平均都安装着 34 款 App。[①]

---

① Talking Data：《2014 移动互联网数据报告》，互联网的一些事，2015 年 1 月 29 日，http://www.yixieshi.com/it/20293.html。

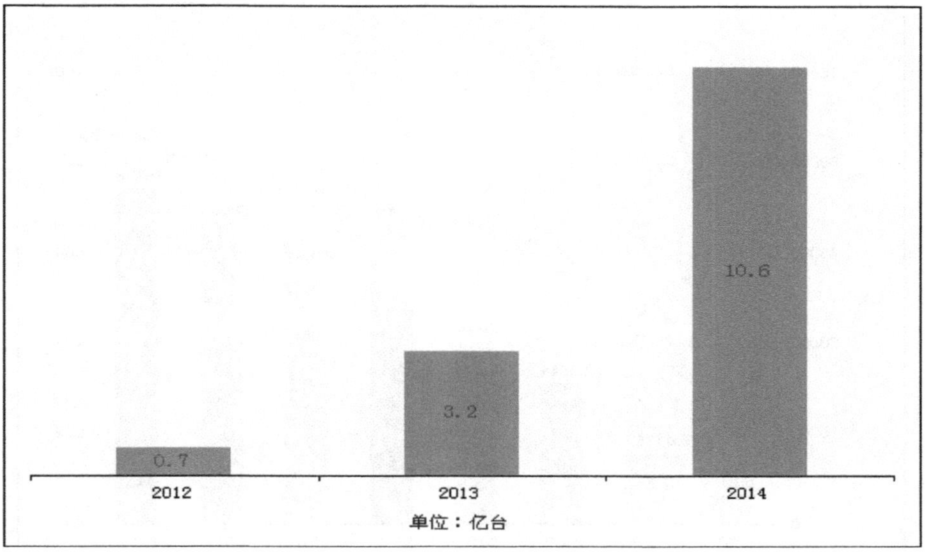

数据来源：Talking Data 数据中心

图 7-1　2012—2014 年中国移动智能终端用户规模

通过这样一个事实我们不难发现，移动端网民不仅规模十分庞大，而且对移动端的使用频次非常高，这对于希望在移动端平台上开展营销传播活动的广告主具有极大的吸引力。

当然，我们在判断一个平台是否将会成为未来营销传播主力军的时候，除了考察受众的基数是否庞大以外，还需要将平台的成长性纳入思考的范围，即受众规模能否持续且较快地增长。处于成长期的手机媒体在未来若干年无须担心成长性的问题，来自于中国互联网络信息中心的数据给出了答案，中国手机网民规模自 2007 年以来就进入了快速成长的上升通道，近年来的年增长率稳定在 15%以上，表现出了良好的发展势头(如图 7-2)。① 另外，我国手机网民的年龄构成也十分年轻，八〇后中青年用户(26—35 岁)是移动网民的主力军，而九〇后青少年(25 岁以下)已逐渐成为移动互联网的新生力量(如图 7-3)，这部分受众在未来手机媒体的发展过程中仍然会成为构成受众群体的重要部分，年轻的受众群体源源不断地涌入，实现移动端媒体受众规模的持续快速增长绝非难事。②

① 中国互联网络信息中心：《第 35 次中国互联网络发展状况统计报告》，2015 年 2 月 3 日，http://www.cnnic.net.cn/hlwfzyj/。

② Talking Data：《2014 移动互联网数据报告》，互联网的一些事，2015 年 1 月 29 日，http://www.yixieshi.com/it/20293.html。

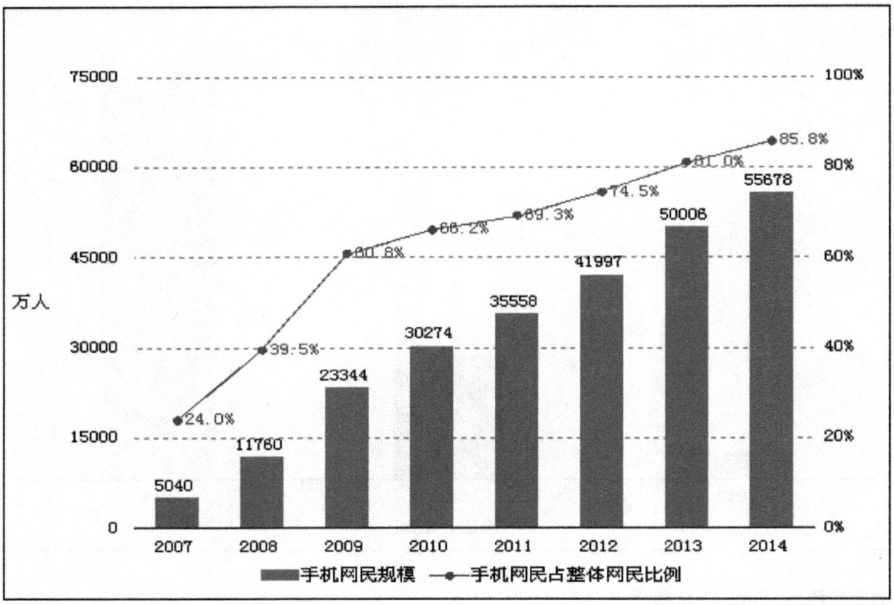

数据来源:中国互联网络信息中心历年《中国互联网络发展状况统计报告》

图 7-2 中国手机网民规模及其占网民比例

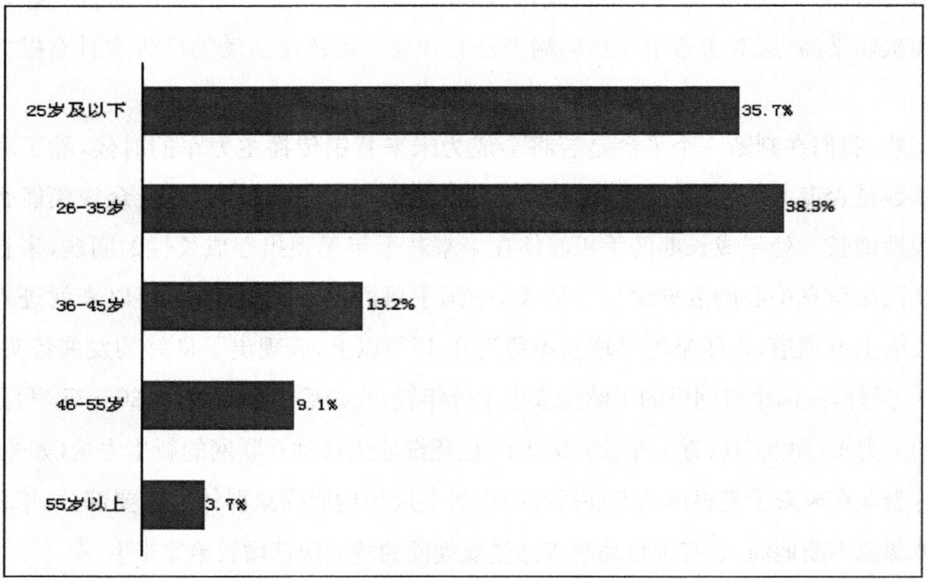

数据来源:Talking Data 数据中心

图 7-3 移动智能终端用户年龄分布

(二)整合"碎片化"受众,更具时间及空间延展性

受众层面在新时期有一个变化趋势被人们反复提及,这就是"碎片化"。"碎片化"现象可以从两个方面进行探讨:就宏观的层面而言,"碎片化"主要是指受众人群分众化趋

势的进一步强化，它主要是针对受众群体而言的；在微观的层面，“碎片化”是指人们的媒体接触行为开始逐渐呈现出接触频率较高但单次接触时长缩短的趋势，它主要是针对受众个体而言。前者产生的根本原因是传播的供求关系从“供不应求”走向了“供过于求”，导致规模相对固定的受众这一大蛋糕被迅速崛起的新媒体分食；另一方面，受众自由选择的空间扩大，开始寻找自身感兴趣的媒体进行接触，因此群体层面的“碎片化”出现。而后者产生的原因则来自于经济快速发展引发的生活节奏加快，人们已经无法像以往那样拥有大把的时间进行媒体接触，因而更多地使用“碎片化”的时间，出现了个体层面的“碎片化”。

但是，无论是群体层面的“碎片化”还是个体层面的“碎片化”，移动端媒体都能够对其进行整合、填补，换而言之，移动端媒体都能够适应这一新的变化趋势，这成为其获得广告主青睐的重要原因，也是其区别于其他传统媒体的又一重要特征。

1. 聚合“碎片化”受众

受众群体的“碎片化”使多、杂、散、匿的受众变得更加分散，将拥有相同兴趣但却分散在各处的处于不同阶层的受众重新整合是传统媒体几乎无法解决的难题，但是对于移动端媒体来说，解决这一问题轻而易举。对移动媒体来说，其传送信息到达受众无需印刷、物流等线下繁冗的环节，主要依靠线上推送和分发完成传输，因此只需要通过覆盖最大范围内的受众以及提供强大的信息流，使基数庞大的受众能够自主地在移动端平台上选择感兴趣的内容进行阅读，即可完成对“碎片化”受众的重新聚合。快速发展的网易手机新闻客户端提供了一个很好的范例。

案例：网易新闻客户端的个性化信息接收模式

网易在 PC 端一直屈居门户第四，但是却在手机客户端一跃成为其中的佼佼者，除了其本身内容迎合当前网民阅读习惯之外，更为重要的是通过自身创建的独特阅读模式，吸引了一大批来自不同背景、有着不同阅读习惯和思维的受众。

网易新闻客户端一推出便主打根据兴趣自由定制信息板块这一功能，这一功能的实现依赖两个步骤：首先，网易将所有信息归纳到类目繁多、侧重点不同的数十个细分类目，包含政治、财经、娱乐、体育等常规板块以及每日轻松一刻、真话等评论板块，构成了强大的信息流；然后，每一个网易新闻客户端的使用者根据自己的喜好自由定制感兴趣的板块，这样就保证了每一位读者能够接收到自身最感兴趣的信息内容。通过前端信息生产的大批量、标准化以及后端信息的“自助式”接收，使得新闻推送符合受众个性化需求，从而将“碎片化”的受众在这一平台重新聚合（如图 7-4）。

图 7-4 网易新闻客户端在北京地铁投放的广告

2. 聚合受众的“碎片化”时间

移动媒体还可以整合受众“碎片化”的时间。随着生活节奏的加快，人们在繁忙的工作中没有大把的时间持续接触媒体，媒体消费时间呈现出严重的“碎片化”趋势。手机媒体是适应这一趋势的优先选择，它易于随身携带的特性使其成为人们随时阅读、碎片化观看最适合的终端媒体。

当碎片化时间出现的时候，人们能够方便且迅速地从移动媒体中获得资讯（如图 7-5）。虽然时间短暂且分散，但是通过移动媒体将每天碎片化的时间整合到一起的总量仍然相当可观。整合受众的碎片时间，将传统的垃圾时间变废为宝，移动媒体正是凭借这一独特优势，成为近年来被业界广泛讨论的“明日之星”。

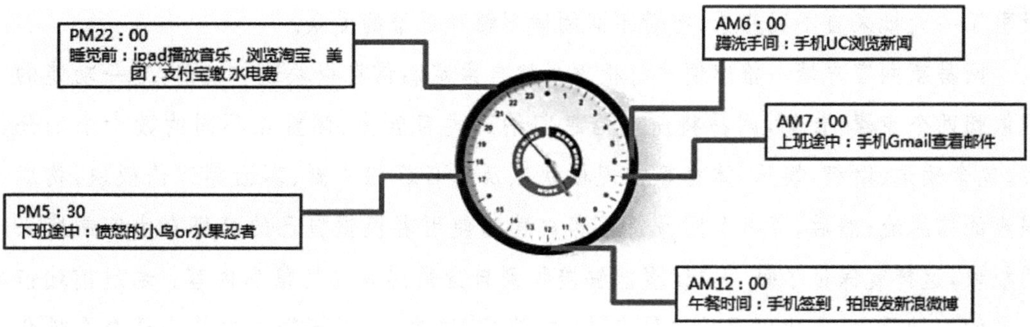

图 7-5 IT 白领赵菲菲的移动互联时间

3. 更具时间、空间延展性

移动营销传播更具有时间和空间的延展性。由于移动媒体所负载的社交关系及基于社交关系所进行的社交活动对于现代人愈发重要，以手机为主的移动媒体已经成为人们必须随身携带的工具之一，手机这种“7×24”的属性及其对碎片化时间整合的能力使移动终端上所开展的营销活动拥有了时间上的延展性。另外，手机的便携性又令其拥有了空间上的延展性，移动营销的出现使得营销人员不必担心信息由于用户的位置移动导致推送失败，只要能够瞄准如手机一般的移动终端，就不用担心无法定位目标用户。因此不管从时间层面还是空间层面上看，移动营销都使得企业的营销变得全天候、全方位。

(三)贴身属性助力精准营销

相较于其他媒体，移动媒体最为显著的特征就是其贴身属性，我们可以从两个方面对这一属性进行讨论。

首先，移动媒体不同于其他媒体，人们往往在移动媒体(比如手机、平板电脑)上建立自己的社交网络并且保存更为私密的个人信息。因此，在一般情况下，人和人之间不会分享使用权，换而言之，移动媒体和人之间一般构筑的是“一对一”关系。这种关系使得营销者通过追踪受众浏览历史及浏览行为而获取的相关数据拥有更高的参考价值，可以真正地用于对受众个体的分析，并根据分析结果向受众精准地推送营销信息。这是包括电脑在内的众多媒体都无法匹敌的，因为这些媒体都无法与受众建立起真正意义上的“一对一”关系，所以相较于其他媒体来说，移动媒体能够更有力地实现精准营销。

其次，移动媒体的便携性以及在其上建立的社交网络令其得以长时间地与受众相伴。在传统媒体上投放营销信息往往需要找到合适的媒体，对应合适的受众，然而通过移动媒体推送的营销信息往往并不需要经过这一步骤。移动媒体的位置就是受众的位置，比如，向手机推送讯息就等于向受众推送讯息，营销者无须担心找不到受众的问题，这也成为移动媒体不可复制的优势。另外，如 LBS 等技术的不断推进，进一步拓展了基于位置开展营销的空间，通过对移动终端位置的定位，营销者能够有针对性地就近推送讯息，同时大大增强了精准性。根据 XAD 提供的数据，基于位置服务的搜索广告所产生的点击率和二次行为率均高于单纯展示广告，前者分别是后者的 11.7 倍及 7.4 倍，这些数据充分证明了手机媒体的贴身属性在营销传播领域能够发挥巨大的能量(见表 7-1)。[①]

---

① XAD:《美国移动搜索广告效果优于展示广告》，中华广告网，2012 年 3 月 12 日，http://www.a.com.cn/info/world/2012/0312/51728.html。

表 7-1 基于位置服务的搜索广告及展示广告效果比较

	基于位置服务的搜索广告	展示广告
点击率	7%	0.6%
二次行为率	37%	5%

数据来源:XAD 平台

案例:WTSO 软件实现精准推送

Wines' Til Sold Out(WTSO)软件会发送一个如轻敲玻璃瓶发出的叮叮声告知用户当天所售的酒。如果用户及时下单,就可以好好地喝一杯。WTSO 每天卖出 105 000 瓶酒。像这样的限时抢购活动就是根据用户在某个时刻有消费需求而进行的信息推送。耐克会通过 App 推送告知用户鞋子磨损已达到一定程度;Walgreens 药店会利用可穿戴设备提醒用户需再次配药;丝芙兰会显示在最近的门店用户可以享受何种优惠,甚至可以提醒用户不必采取任何行动——随时通过移动媒体告知用户包裹已到达或保险索赔已入账。①

(四)形式多样、互动性强

不同形式的信息共同构成了承载在移动媒体上的庞大信息流。文字、图片、视频,以往存在于传统媒体及电脑上的信息形式在移动媒体上得以延续;而陀螺仪、GPS、以二维码为代表的图像识别、以手势为代表的触控识别以及声音识别等新的信息形式也在移动平台上发光发热。技术的不断推进使得通过移动媒体进行营销推广拥有了更为多样化的选择,LBS 服务、App 植入广告、在线抽奖、拍照上传等不同形式的营销推广方式,使得广告主能够在较大的范围内选择更适合自身的移动营销推广方式。

除了形式多样,互动性强也是移动营销传播活动的重要特征,这一特征在日益强调双向沟通的社会中显得尤为重要。相较于电脑,移动媒体的交互性显得更强。在智能移动终端大规模普及之前,占据人们客厅的主要媒体是电视,而当其大规模普及之后,除了电视之外,移动媒体也开始占据我们的客厅。因此,产生了这样一种新的媒体接触行为:人们眼睛看着电视里正在播放的《快乐男声》,手里握着手机不断地在微博上发表自己的看法;广告时间打开湖南卫视移动客户端"呼啦"参与话题讨论,而在广告播出之后主持人在台上念着刚刚参加话题讨论的人数。由于电脑不具有便携性,因此完成这种交互颇有难度,更遑论传统媒体。从这样一个颇为普遍的现象我们就能够发现移动媒体所具有的强大交互功能。

多样化的形式,再加上超强的互动性,在移动媒体上开展营销传播活动的优势使得

① Josh Bernoff:《微时刻,移动营销的下一站》,《成功营销》2015 年第 1 期。

众多广告主蠢蠢欲动。

案例：星巴克——移动营销传播领军者

星巴克是全球最大的咖啡连锁店，总部设在美国华盛顿州西雅图市。伴随数字媒体时代的到来，星巴克在移动营销传播方面迸发了前所未有的激情，通过众多风格各异、形式活泼的营销传播活动，在竞争激烈的当下占尽先机。

第一，推出 App：Early Bird。Early Bird(《星巴克闹钟》)是星巴克推出的一款 App，消费者先在该 App 中设定闹钟，并在第二天闹钟铃响后的 60 分钟内赶往星巴克门店，即可在购买手工调制饮品之后，享受"本周精选早餐"的半价优惠(如图 7-6)。

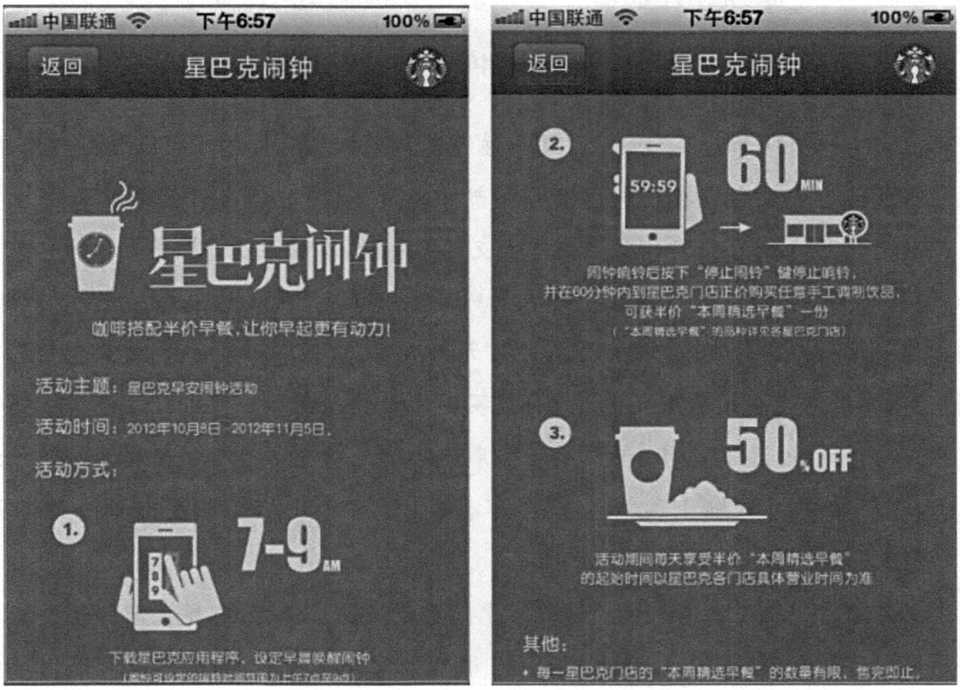

图 7-6　星巴克推出的《星巴克闹钟》App

这一有趣且实用的手机 App 吸引了众多都市白领争相下载。更为重要的是，通过手机媒体的宣传推广，星巴克在中国成功拓展了自己的早餐业务，收益颇丰。

第二，推出 LBS：Mobile Pour。2011 年第二季度，星巴克在美国 7 个最大的城市推出了基于云计算的 LBS 服务——Mobile Pour。在该项服务中，用户可以随时下单订购咖啡并允许企业定位自己的位置，通过复杂的云计算，星巴克的工作人员得以在最短的时间内，以最优路径将咖啡送至正在行进的消费者手里。正如所看到的那样，这项 LBS 服务被众多消费者所推崇，究其原因，不仅仅是因为方便，更重要的是星巴克通过手机媒体让消费者感受到了前所未有的消费体验。

图 7-7 星巴克推出的 Mobile Pour 服务

第三，移动支付（如图 7-7）。除了推出炫酷的第三方应用软件及相应服务之外，星巴克也积极地通过手机实实在在地改善各环节的消费体验，移动支付就是其中的重点环节。星巴克与 Square 公司合作实现了线上支付的功能，通过向人们提供更多的付款方式选择，使得购买的方便性大大增加。一位名叫 Steven Levy 的星巴克移动支付体验者这样描述他的体验："当时你正走在街上，并且天气很热，这时移动应用收到来自星巴克的促销信息，告诉你现在只用花一美元就可以买到超大杯冰拿铁。你可以在手机上接受购买建议并支付，当然还可以通过后面的标签顺便添加几块杏仁饼干。接着你只需要走进星巴克，在店员对比电脑上的照片确认是本人后，就可以拿着早就准备好的东西离开了。"

正是看准了手机媒体信息形式的多样化以及较强的互动性，略显保守的星巴克才在这一领域一反常态，出手阔绰，而事实证明，星巴克选择了一条正确的路，并获得了经济和品牌效益的双丰收。

第二节 移动营销传播现状

一、移动营销传播的新兴变化

移动营销传播的真正发展是伴随着智能手机的大规模普及而产生的。而在其短短几年的发展过程中，移动营销传播在终端、形式以及内容三个层面都发生了巨大的新兴变化。

（一）终端层面

移动营销传播的终端为移动媒体，包括手机、平板电脑、智能可穿戴设备等便携性终端。作为当今发展最迅速、更新换代最频繁的数码产品，这类智能终端已成为现代消费者的宠儿。目前，人手一台智能手机在我国部分地区已经成为现实。技术引领下的智能手机正在收获越来越多的消费者，而基数不断扩大的消费者反过来又促使智能手机技术不断革新，从而产生了一个又一个令人瞩目的新兴变化。

首先，移动终端的外观发生了看得见的巨大变化。颜色开始告别以往单调的黑、白、灰色，更加强调色彩的个性化以及多样化。例如 iPhone 5S 推出了金色、银色以及深度灰三种颜色，iPhone 5C 更是一口气推出了白色、黄色、蓝色、绿色以及粉色五款，消费者可以根据自己的偏好自由选择合适的颜色进行购买。除了颜色的多样化之外，在智能化高速发展的今天，消费者越来越重视移动媒体的便携性，因此这一特征也成为各大移动端媒体及手机生产厂商竞争的焦点。除此之外，作为消费者重要视觉接触点的“屏”也已经成为消费者作出购买决策的关键因素。正是由于消费者有这方面的需求，手机告别了传统的黑白小屏时代，转而进入彩色大触摸屏时代。即使有了巨大突破，移动终端的屏幕变革也并没有放缓，根据业内人士预估，使用弯曲屏幕等前沿技术的手机实现大规模量产已经指日可待（如图 7-8）。

图 7-8　手机外观的变化

其次，移动媒体的功能也发生了巨大变化，这也是当下这类媒体拥有无法匹敌的竞争力的重要原因。作为技术引领型的行业，消费者之所以选择移动智能媒体是因为其具有强大的功能，因此功能的变化十分引人注目。例如，手机由过去功能的单一选择发展到如今的多形式多选择，经历了快速的进化过程。在智能手机出现之前，传统手机往往只具备通话、短信、闹铃、播放音乐等基本功能，并且，这些功能的实现倚赖于手机生产厂商在售卖手机时搭载的自有软件，整个生态环境是封闭的。从使用体验角度来看，消费者无法自主增删选择，功能的匮乏且同质化问题亦十分严重。智能终端的出现使得封闭的环境得以打开，倚赖于众多第三方应用软件生产商开发的 App，手机、平板电脑的功能（社交、导航、购物等）得到进一步拓展，而应用软件商店又使得消费者能够更方便地下载具有不同功能的 App。例如，开放的生态环境令手机已不再只是人们发送短信、拨打电话的工具，而是成为集社交、办公、导航、资讯、读书、影音等功能于一身的“私人秘书”，消费者自主选择的空间不断增大。作为智能手机两大霸主系统的苹果与安卓系统，则在推出各自的智能手机产品后紧接着推出应用交易平台，以满足广大用户的不同功能需求。

案例：App Store、谷歌 Play Store 的成立打开智能手机功能新纪元

2008 年 3 月 6 日，苹果对外发布了 iPhone 的应用开发包 SDK 供免费下载，方便第三方应用开发人员开发应用软件。同年 7 月 11 日，苹果 App Store 正式上线。App store 的全称是 Application store，是 iTunes Store 中的一部分，是为 iPhone、iPod Touch、iPad 以及 Mac 创建的服务，允许用户从 iTunes Store 或 Mac App Store 浏览和下载一些为 iPhone SDK 或 Mac 开发的应用程序。用户可以购买收费项目和免费项目，让该应用程序直接下载到 iPhone 或 iPod touch、iPad、Mac 上。App Store 是由苹果公司为自己的产品而创建的服务，其中包含日历、图库、游戏、翻译以及许多实用的软件。App store 作为“iPhone 的软件应用商店”，一方面极大地丰富了手机用户的个性化功能选择，另一方面也为第三方软件的开发者提供了一个方便而又高效的软件销售平台。2013 年 1 月 8 日苹果宣布，官方应用商店 App Store 的应用下载量已经突破 400 亿次，其中半数是 2012 年完成的；总活跃账户数也达 5 亿。[①]

据统计，安卓作为目前全球排名居首的智能手机操作系统，用于三星、HTC、联想、华为、中兴、酷派等公司生产的智能手机。针对目前全球第一位的智能手机操作系统，谷歌为安卓设备开发的在线应用程序商店——谷歌 Play Store（前称为 Android Market）应运而生。一个名为“Play Store”的应用程序会预载在允许使用谷歌 Play 的手机上，可以让用户浏览、下载及购买谷歌 Play 上的第三方应用程序。谷歌 Play 站点既负责提供应用程序的详细数据，尤其是那些标有“最新软件”“最高评价付费软件”和“最高评价免费软件”的应用程序的详细资料（非直接提供 apk 文件，而是推送到绑定谷歌账号的安卓手机上）。

最后，移动媒体的变化还体现在用户使用方面。中国是目前世界上手机以及智能手机拥有量最多的国家，人均手机持有量的提高以及一人多机等现象的出现都在一定程度

---

① 工业和信息化部运行监测协调局：《苹果 App Store 应用下载量突破 400 亿》，泰尔数据，2013 年 1 月 14 日，http://www.cttl.cn/tjfx/zzstj/201301/t20130114_904949.html。

上反映出移动媒体用户量的蓬勃发展。除此之外，用户在选购移动媒体的过程中也开始体现出品牌细分化的倾向，不同价位的移动媒体终端品牌开始对应有着不同消费需求及特征的目标消费者，例如黑莓对应的是商务人士、苹果对应的是中高端消费人群、三星对应的是韩流追随者等。这种就不同品牌实现的受众细分现象，也是移动媒体发生的新兴变化之一。

（二）形式层面

技术引领不仅体现在终端层面，也体现在移动营销传播的形式层面。伴随着移动互联网技术的发展，营销传播开始由初期的手机短信“独霸天下”发展到短信、彩信“龙争虎斗”再到 WAP、App“百家争鸣”，移动营销传播的形式开始呈现出多样化的发展趋势，并且愈发体现出互动性和个性化。

追溯移动营销传播的历史，短信自始至终都占据着重要的地位，它是广告主在移动媒体上进行营销传播的原始形式，时至今日也占据着移动营销传播的最大份额。在相当长的一段时间内，短信是移动媒体开展营销传播的唯一方式，这一状态直至 2003 年中国移动与中国联通分别推出自己的“彩信”以及“彩 E”业务才得到改善，彩信成为通信公司开拓多媒体短信市场的试金石。随着 2004 年 5 月运营商彩信网络的升级，彩信业务逐渐进入了高速发展阶段，它依靠本身特有的优势一步步进入更多用户的话费清单，并依赖足够庞大的受众基础成为广告主利用移动平台进行营销推广的又一方式。

自 2005 年开始，移动营销传播形式开始逐步摆脱 MMS（短信/彩信）这一较为单一的模式，真正进入了“百家争鸣”的时代。根据统计数据显示，短信在 2005 年出现了十分明显的下滑趋势，从占据移动增值服务市场 80%的份额锐减到 40%[①]，取而代之的是 WAP、无线游戏、手机流媒体等新业务。传统形式的式微与新兴形式的跃升形成了十分明显的对比。时间往后推进到智能手机及平板电脑等移动设备极为普及的当下，App 的发展势头开始变得尤为迅猛，除了传统的娱乐、游戏等移动应用外，SNS（移动社交网络）、多媒体视频应用、LBS（基于位置的个性化搜索和信息服务应用）以及移动电子商务应用的市场份额也正在迅速增长。目前，移动营销的形式已达到多元化程度。以手机为例，据中国传媒大学广告主研究所调研数据显示，2011 年广告主投放的手机广告囊括了短信 Push 广告、WAP 广告、App 程序植入广告等在内的 12 种广告类型，虽仍然以短信广告为最主要的投放类型，但已出现了对 App 程序植入广告等新兴模式的分流尝试投放，可以预见的是，在未来的手机媒体营销传播模式发展中，将有更多基于新技术、新理

---

① 滕跃：《掌讯总裁张润兰：移动互联网历史回顾及未来发展机遇展望》，艾瑞网，2009 年 11 月 3 日，http://wireless.iresearch.cn/value-added/20091103/104263.shtml。

念的创新模式不断涌现(如图 7-9)。

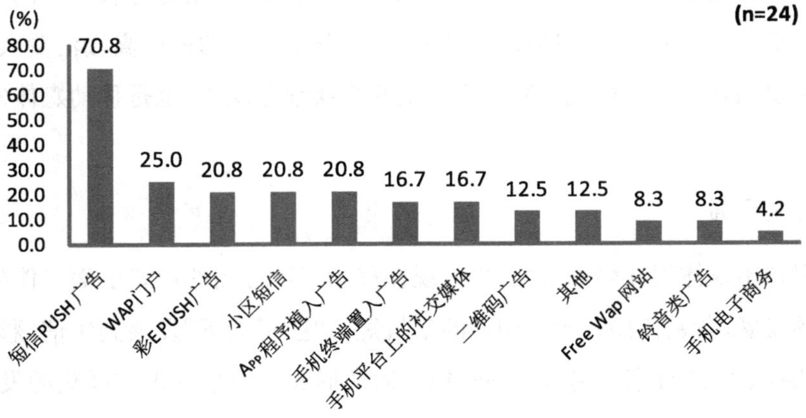

数据来源:中国传媒大学广告主研究所

图 7-9 2011 年被访广告主所选择的手机媒体广告形式分布情况

从历史的角度对存在于移动平台上的各种营销传播形式进行梳理可以发现,移动营销传播正在朝着更为多样化的方向前行。可以预估这种变化并非存在一时,它必将成为广告主无法忽视的重要趋势。

(三)内容层面

终端的个性化以及形式的多样化归根结底都是为内容的高效传输服务的,而为了顺应终端和形式方面发生的变化,移动营销传播在内容层面也正在相应地发生变化。营销内容开始更加注重从用户角度出发,围绕内容表现、内容传送以及用户内容接收进行革新,迎合受众需求成为移动营销传播在内容层面表现最为突出的特征。

就内容表现形式而言,在 1G 及 2G 时代,移动平台上搭载的主要内容形式是以手机通信为主的语音及短信,因此在该平台上开展营销传播活动会面临信息量小以及传播对象不易确定等问题。当步入 3G 时代之后,这一状况有了很大的改善,移动媒体平台开始能够承载包括文字、图片、视频、游戏、动画、二维码等在内的多种形式的内容。更为重要的是,移动平台拥有融合以上不同形式、内容的能力,由此带来的信息量的提升以及超强的表现力使得移动营销传播更加丰富多彩。

就内容传送形式而言,传统移动营销传播主要依赖"撒大网"的操作模式,通过大规模、粗放式地群拨电话以及群发短信进行信息推送,效果大打折扣,甚至有可能产生负面影响。而现如今,广告主开始有意识地依靠大数据,通过精准以及定向地投放,向不同的用户发送不同的广告信息,或者向位于特定地点或经过特定地点的用户发送与该地点相关的广告信息。这种"精耕细作"式的操作模式使得营销效果大大提升。

就内容接收形式而言，以往广告主的移动营销传播本质上还在使用着传统大众媒介的传播思维，即大规模、单向式、带有强制性的信息传输，效果不彰理所当然。而在目前移动智能媒体及社交媒体大规模普及的情况下，广告主与消费者直接进行双向沟通的平台已经搭建起来了。通过微博、微信等社交媒介与消费者进行互动的模式开始受到广告主的青睐，越来越多的广告主正在使用这些媒介吸引消费者的关注，并获得了不错的效果（如图 7-10）。

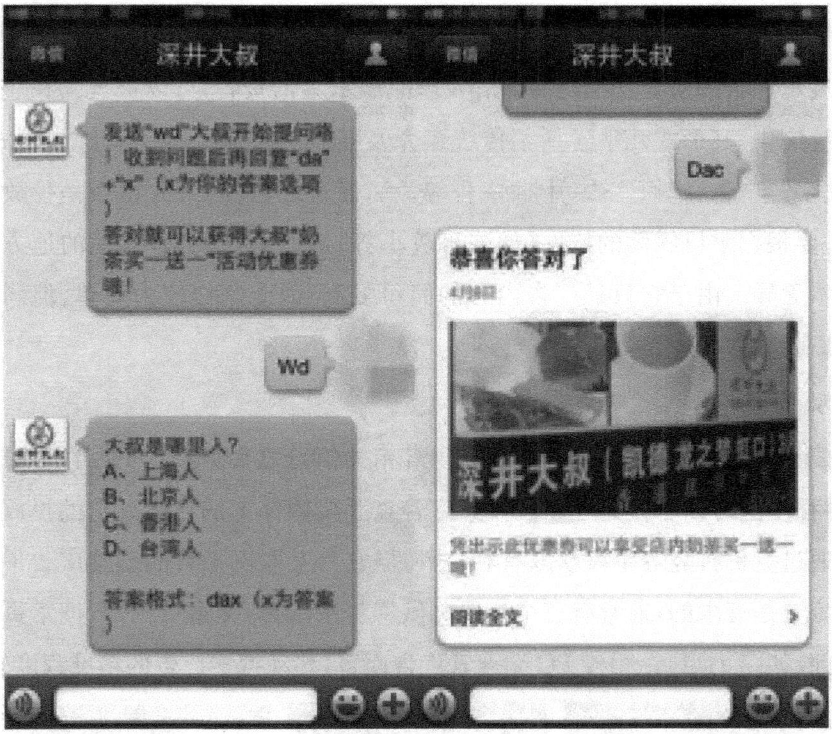

图 7-10　企业通过微信与消费者互动

二、移动营销传播的主要形式

移动营销传播的形式十分多样，而目前较常使用的形式主要有：移动广告、促销及基于位置的营销、网站及微型网站、移动应用。

(一)移动广告

移动广告是指通过移动媒体访问应用或网页时显示的广告，是目前使用移动媒体进行营销传播最常用的形式。根据研究公司 eMarketer 的数据显示，由于移动广告和电视广告的增长势头强劲，美国 2014 年的广告总支出将同比增长 5.3%，达到 1 801.2 亿美元。移动广告是推动美国媒体广告支出增长的主要动力。2014 年，美国广告主用于平板电脑和智能手机平台的广告支出将同比增长 83.0%。至 2014 年底，移动广告约占美国媒体广告支出的 10%，超过报纸、杂志和广播广告，成为第三大广告载体，仅次于电视和桌面电脑/笔记本广告。移动广告强劲而稳定的增长将使数字广告支出占 2014 年美国广告总支出的 30%。广告主在数字渠道的广告投入将首次超过 500 亿美元，较 2013 年增长 17.7%。在所有数字广告支出中，有超过 1/3 将来自移动平台。而到 2018 年，移动平台所占比例预计将超过 70%。①

1. *移动展示广告*

移动展示广告的主要功能是将品牌及产品展示给消费者，可以被视为在手机平台上投放的传统广告，其形式几乎囊括了传统媒介及互联网媒体上的所有广告形式，包括图片广告、文字链广告、旗帜广告、中插广告等。简而言之，它的最大特点是投放平台为手机媒体，需要根据手机媒体的特性(如屏幕较小等)进行适当调整，其他的地方与传统广告形式基本无异。由于它只是广告内容的简单复制，因此制作较为简单，但同时收效也较为一般。

2. *移动搜索广告*

移动搜索广告的主要功能是在用户搜索相关信息之后，有针对性地向用户推送信息，在某种程度上可以看作是互联网搜索广告在手机媒体上的移植。它的投放模式主要是广告主通过竞价排名等手段获取有利位置，但它与互联网平台的搜索广告最大的不同在于它的位置是有限的，通常有三个位置可供广告主选择：搜索页顶部、搜索页底部以及内容页底部(如图 7-11)。相较 PC 端搜索广告而言，移动搜索广告的精准程度较高，因为

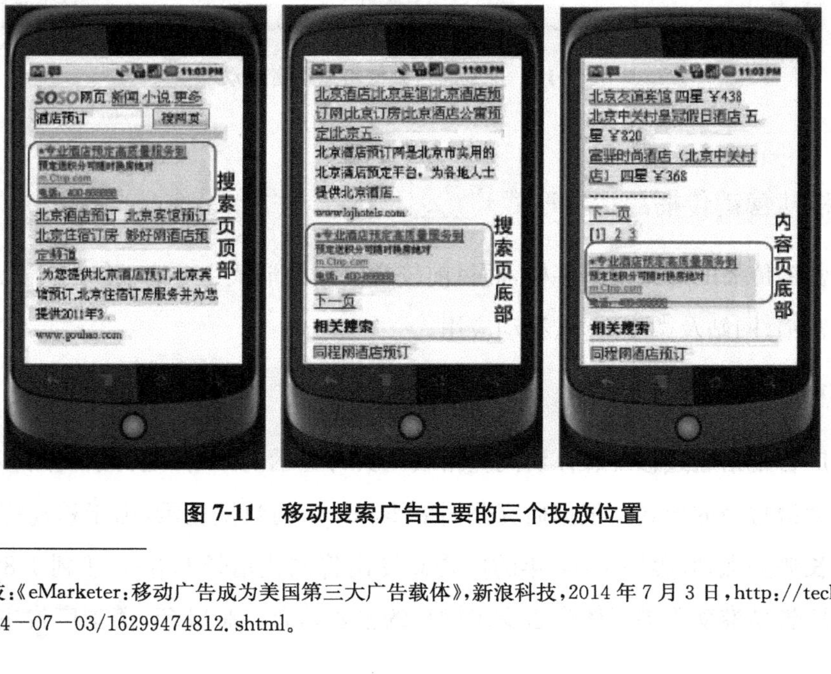

图 7-11　移动搜索广告主要的三个投放位置

① 新浪科技：《eMarketer：移动广告成为美国第三大广告载体》，新浪科技，2014 年 7 月 3 日，http://tech.sina.com.cn/i/2014－07－03/16299474812.shtml。

受众在使用手机的过程中注意力更为集中。

3. 移动信息广告

移动信息表现形式呈现多样态，如报头组合（图片＋文字信息＋交互形式）、全屏硬广（图片＋文字信息＋交互形式）、资讯露出、配合广告主题（多帧全屏幕文字信息＋图片＋交互形式）等。其实质内容仍以静止图像＋文字信息＋交互的形式展现。其中，交互形式可选择直拨电话、短彩信和链接网页互动。由于开发周期较长，短彩信营销领域的技术相对成熟，用户规模较大，使用最普遍。但其展现形式较为单一，基本为静态图片和文字，打开率和阅读率也面临一定的挑战。① 这一形式的优点是成本较低，易于大规模复制且覆盖范围较广。

但它的缺点同样显而易见，作为移动媒体上为数不多的单向信息传送模式，这一形式的广告较易引起受众的反感，被新闻媒体广泛报道的短彩信骚扰等负面消息大多来源于此。在舆论环境及受众观感如此不利的情况下，移动信息广告的效果自然大打折扣，被认为是移动广告三大形式中最为初级的形式。

（二）基于位置的促销及营销

基于位置的促销及营销是移动营销传播中较为独特的一种方式，也是与移动媒体中手机随身属性较为契合的方式。它主要是指通过识别手机用户的位置，并通过这些信息为用户提供营销信息。由于手机具有很强的贴身属性，手机的位置几乎就等于使用者的位置，因此基于位置的促销及营销成为移动营销传播的一种特有形式。目前在该方式下广泛采用的形式主要有两种：

1. 签到

签到是发端于美国的一种基于用户地理位置信息而衍生出来的形式，它鼓励用户在消费地点消费的时候进行签到，并在签到完成后给予受众一定的折扣优惠。另外，它还与社交网站联合，用户可以随时关注好友的动态，并通过设置一定的规则使得消费者愿意在某消费地点重复消费，刺激消费者需求。例如国外最著名的签到网站 Foursquare，为消费者设置了多个等级（从“冒险家”到“市长”），并依据消费者在某一地点的消费次数，给予相应等级，通过这种方式刺激消费者重复消费，取得了不错的效果。

2. 周边生活搜索

周边生活搜索同样也是基于位置的促销及营销的一种重要方式。它主要是指当用户需要基本生活信息的时候，提供信息搜索服务。目前国内有众多网站或者第三方应用

---

① kouyu：《移动营销的一些必须知道的问题》，新浪网，2013 年 3 月 4 日，http://blog.sina.com.cn/s/blog_5d4bd6a80101a2g7.html。

软件提供类似功能，如大众点评网、美餐网等。当用户进入这些网站，输入相关信息后，将会出现众多符合受众需求的商铺，有些商铺还会根据情况实行折扣优惠，而受众通过相应搜索信息找到商铺进行消费。该方式直接瞄准受众需求，精准度的提高带来了成功率的大幅增加。

案例：结合位置与“增强现实”技术的捕捉游戏 iButterfly

iButterfly 是由日本电通集团开发的移动端捉蝴蝶应用，它使用 AR（增强现实）技术，运用运动传感器和 GPS 功能让用户可使用 iPhone 捕捉虚拟蝴蝶。基于移动设备定位的不同，使用者可以在不同地域抓到不同品种的虚拟蝴蝶。其在捕捉蝴蝶的同时还能获得折扣优惠券，还同时获得了多种多样的商业信息及内容。电通集团开发的这款手机应用通过蝴蝶这个载体来传递信息，信息承载形式多样，可以是文字、图片、语音、视频等。蝴蝶的形状多种多样，通过蝴蝶的飞舞来传递信息，同时抓捕蝴蝶的消费者还可以互相交换蝴蝶，如果这两个蝴蝶正好是两张消费券的话，就可以找到相应的目标消费者。这种灵活多变的营销方式受到消费者，尤其是年轻消费者的欢迎。

iButterfly 在国外很多地方被用于商业应用中，其促销活动是最常见且最有趣的。在 iButterfly 的蝴蝶家族里，不仅有代表不同地区和文化的蝴蝶，也可以按广告主的品牌和宣传主题设计不同的花色和形态。在日本，既有东京版、京都版、北海道版这样代表地方文化特色的蝴蝶，又有圣诞版、万圣节版等不同节庆的版本，还有可爱至极的 Hello Kitty 版、桃太郎版，另外，用户也会看到品牌定制版，如阿迪达斯蝴蝶、海飞丝蝴蝶等（如图 7-12）。

图 7-12　iButterfly 中不同形态的蝴蝶及地图

（三）App

App 是英文 Application 的简称，在智能手机普及的情况下，App 特指适配于智能移动媒体的第三方应用程序。作为智能移动媒体的重要功能载体之一，App 成为与移动媒体受众接触最为密切的接触点，因此它也自然而然地成为在移动媒体上开展营销传播活动的主要渠道之一。

目前 App 营销主要分为两种模式：自主开发与 App 植入。自主开发是指企业自主推出与自身诉求及定位相关的第三方应用软件，以拉近与消费者之间的距离。App 广告表现形式较为多样，包括全屏幕、半屏幕、悬挂和延伸扩展等多种形式，少数 App 广告可以形成深度植入，比如手游类 App。但在现阶段，主要形式还是横幅。相对于前两种形式，App 的营销互动能力更强，形式更丰富。但在推广上，目前优质 App 仍较少，且推广难度较大。[①] 其中杜蕾斯推出的 Durex Baby 比较具有代表性。

案例：杜蕾斯 Durex Baby

Durex Baby 是杜蕾斯推出的一款模拟养小孩的 App，用户可以通过扫描杜蕾斯包装盒上的二维码下载该程序。用户只需要将两部手机相互摩擦，手机里就会诞生一个“小孩”，而这个“小孩”就像真实的孩子一样会整天烦你，还需要喂奶、哄睡觉、晒太阳等（如图 7-13）。除此之外，社交网站上还会更新“我当爹啦”的状态，随之而来的将会是大量与婴儿相关的活动邀请，让用户烦不胜烦。杜蕾斯通过这样一款 App 让用户实际体验意外怀孕带来的困扰，从而成功达到推销自己商品的目的。

图 7-13　杜蕾斯推出的 Durex Baby App

App 植入是指企业不自主开发，而是选择在已经较为成熟的 App 上植入自己的广告从而达到推广目的。这种风险较低的方式较受广告主的青睐。例如最近较为流行的“疯狂猜图”就很好地将品牌植入到 App 中，这款 App 将耐克、宜家等品牌作为关键词，让消费者在通过游戏获得乐趣的同时也加深了对于品牌的印象。又如在人人网开发的人人

---

① kouyu：《移动营销的一些必须知道的问题》，新浪网，2013 年 3 月 4 日，http://blog.sina.com.cn/s/blog_5d4bd6a80101a2g7.html。

餐厅这款 App 中，伊利舒化奶作为道具的一种被很好地植入到了游戏中，提升了品牌知名度，并突出了广告诉求(如图 7-14)。

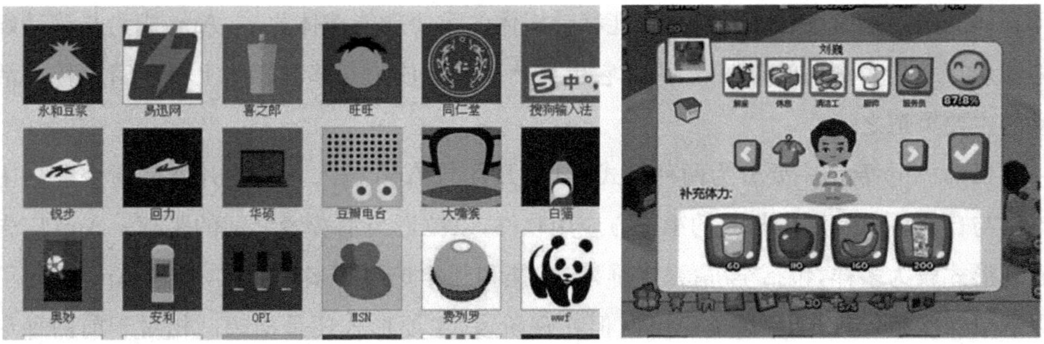

图 7-14　多种多样的 App 植入

第三节　移动营销传播运作

一、移动营销传播运作现状

根据《2014 年全球互联网趋势报告》显示，中国移动互联网用户数目前已达到了中国互联网用户数的 80%。工信部公布的相关数据可证，截至 2014 年 7 月，中国的移动互联网用户数已远超预测数字 7.1 亿，跃升为 8.72 亿，即将迈向 9 亿大关，其中，手机网民高达 5.27 亿，占比高于 60%，涨势迅猛。[1] 随着科技的不断更新换代以及社会经济水平的进一步提高，拥有各类移动终端的用户越来越多。依托于移动终端的移动营销成为营销领域的新天地，越来越多的广告主试水移动终端营销。

(一)广告主移动营销投放金额持续增长

根据广告主研究所数据显示，被访广告主媒体广告投放费用在不同媒体类别间的分配比例中，2015 年移动互联网投放比例为 11.1%，比 2014 年增加了 3.5 个百分点，在不同媒体类别中排在第三位，增幅最高。移动营销已经日益成为广告主看重的营销方式，在数字媒体营销中增势强劲，直逼互联网媒体。不仅如此，广告主开展营销创新活动时，也开始将移动营销视为首要选择。对“移动互联网的营销价值显现，将成为营销创新的利器”这一观点的态度，2014 年广告主同意的比例达到了 82.2%，相比 2013 年上升了 5.7 个百分点；与此同时，不同意的比例进一步降低(如图 7-15)。

---

① Mary Meeker:《2014 年全球互联网趋势报告》，KPCB(凯鹏华盈)，2014 年 5 月 9 日，http://www.199it.com/archives/232794.html。

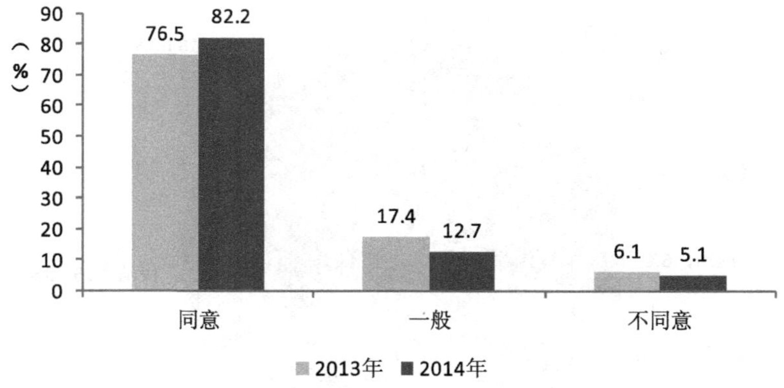

数据来源：中国传媒大学广告主研究所

图 7-15　2013—2014 年被访广告主对“移动互联网的营销价值显现，将成为营销创新的利器”这一观点的态度(13 年 n=115，14 年 n=118)

（二）移动营销应用的广告主行业分布

根据艾媒咨询(iiMedia Research)发布的《2013—2014 年中国移动广告平台行业观察报告》来看，2013 年中国移动广告广告主行业分布相对分散(如图 7-16)，行业品类多达十余种，以快消类为主，达到 28.5%，其次是汽车、日化和娱乐行业。其中，行业分布比例最高的快消行业在移动广告平台的费用投入上排第二位，位居第一的是汽车行业，费用投入占比达到 18.6%。另外投入费用较高的广告主行业还有日化和娱乐行业，它们进一步推动了移动营销的迅速发展(如图 7-17)。

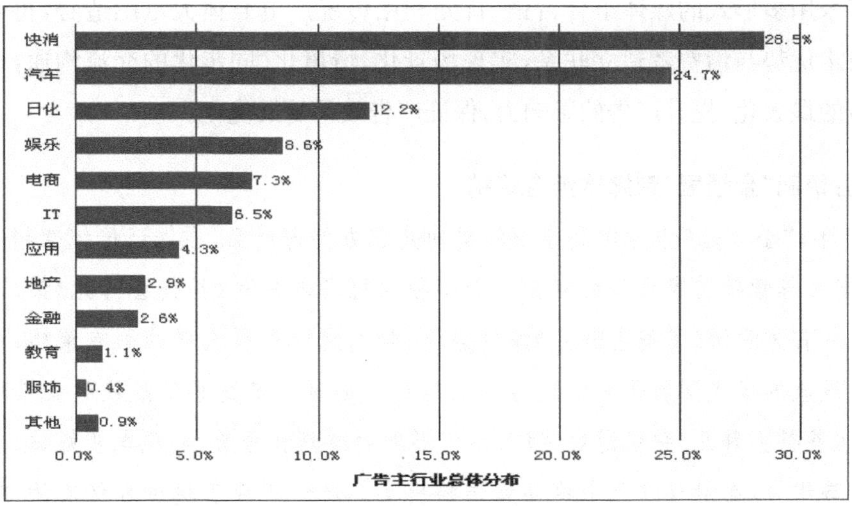

数据来源：艾媒咨询①

图 7-16　2013 年中国移动广告平台广告主行业总体分布

① 艾媒咨询：《2013—2014 年中国移动广告平台行业观察报告》，2014 年 1 月 26 日，http://www.moobuu.com/information/6939.jhtml。

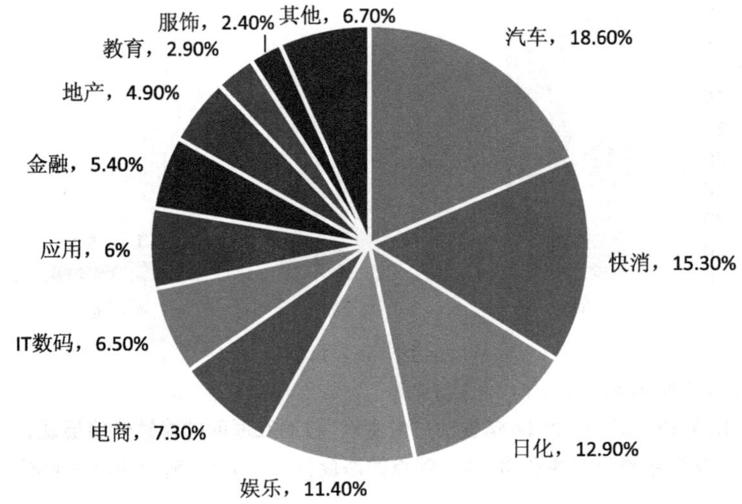

图片来源：艾媒咨询①

图 7-17　2013 年中国移动广告不同行业平台广告主费用投入占比

(三)广告主媒体组合选择：移动媒体与各媒体整合运用

互联网时代，受众媒体接触逐渐碎片化，企图仅仅依靠传统媒体或者单一媒体进行硬广推送以达到预期效果的时代已经终结。广告主想要打动消费者进而巩固消费者忠诚度，需要在产品和品牌理念相结合的基础上，采用多种营销方式、多种媒体有效组合的方法，将品牌信息植入消费者内心，以提升美誉度，从而进一步实现销售转化。因此，广告主大多采用多形式的媒体组合营销，首先利用传统广电媒体大范围造势，再利用移动端媒体技术优势与消费者建立联系，实现场景化、情境化、同步化的交流沟通，以期实现广告覆盖的最大化，提升广告的影响力，保证广告效果的最优化。

案例：伊利"金领冠"跨媒体组合营销

2014 年，"金领冠"作为伊利旗下的婴幼儿配方奶粉产品，在保证传统营销这块绿地的同时，把品牌营销转战到移动营销。除了独家冠名电视版《爸爸去哪儿》第二季之外，选择与唯一官方手游《爸爸去哪儿》深度合作，告别定向母婴人群的固有策略，打破了这一类产品投放的模式同质化和沟通生硬的桎梏。通过冠名适婚年龄段和女性玩家占比都较高的《爸爸去哪儿》手机游戏，植入品牌形象的道具和服装，实现电视媒体、移动手机媒体的强势组合，在潜移默化中将品牌传播出去。最终实现了超过 8 亿次的广告曝光，"金领冠"奶瓶道具使用次数达 5 000 万；服装商城打开次数达 9 000 万。[2]

---

① 艾媒咨询：《2013—2014 年中国移动广告平台行业观察报告》，2014 年 1 月 26 日，http://www.moobuu.com/information/6939.jhtml。

② 《2014 移动营销十大经典案例奖》，《互联网周刊》2015 年第 1 期。

二、移动营销传播运作策略

拥有庞大的受众规模以及更为多样的表现形式是移动营销传播不可多得的优势。但由于移动媒体上承载的信息相应增多，如何从巨大的信息流中脱颖而出，使受众能够第一时间关注广告主的营销推广信息成为关键。换而言之，如何获取消费者的注意力成为移动营销传播需要首先解决的问题。

（一）重视社交

社交是移动营销传播需要尤为重视并合理使用的要素，因为这与移动媒体本身所附有的社会属性是契合的，也与当代人们对于社交关系的重视有关。积极地利用社交元素，有助于扩大移动营销传播的影响力，并且拉近品牌与消费者之间的距离。因此用好社交对于移动营销传播意义重大。

案例：Mini Cooper 日本营销

Mini Cooper 曾经在日本开展了一次有趣并且颇有效果的手机媒体营销活动。消费者首先需要下载该 App，然后会有一张地图出现在消费者的手机屏幕上。如果消费者有幸捕捉到屏幕中出现的红色标志，即虚拟 Mini Cooper，那么消费者就需要保护好它，因为其他人会想方设法通过地图的指引接近该消费者，从而捕捉其手上的 Mini Cooper。

在该 App 中，产品作为猎物被深度植入在游戏中。人们追逐的是虚拟 Mini Cooper，因此作为目标物的品牌将会使所有参与这一活动的人们记忆加深。又由于该活动能够通过社交网络进行分享，因此越来越多的人知晓并参与了这项活动。除此之外，该活动的另一特殊之处在于引入了“线下社交”的概念，线下互不相识的人们通过这一活动取得联系，甚至玩在了一起。这种将线上和线下的社交元素都引入移动营销传播活动中的形式，自然而然取得不错的效果。

（二）重视体验

在产品同质化的情况下，品牌是差异化的要素。当众多品牌纷纷出现时，品牌所承载的差异化功能逐渐淡化，体验逐渐成为差异化的要点。因此，那些在移动媒体上开展营销传播的广告主，对受众体验尤为关注。将体验元素融入到营销传播活动中，这会在某种程度上直接决定最终的传播和转化效果。

案例：宜家“IKEA now”App

宜家在 2012 年 9 月份推出了一款名为 IKEA now 的官方应用，在该应用中，消费者可以将宜家卖场中的家具添加到虚拟的客厅、卧室或者厨房里，并对这些家具进行自由摆放和随意组合。通过3D技术的渲染，消费者能够清楚地查看家具摆放的效果，从而决定是否购买。当消费者中意某件商品时，即可通过链接直接跳转到电商网站进行购买。事实证明，这种将线上体验与购买贯通的做法给宜家带来了丰厚的效益（如图7-18）。

这款App之所以能够成功，其核心就在于体验。由于宜家销售的家具价格不菲，对于一个家庭而言意义重大，因此是高卷入度商品，即受众在进行购买的过程中决策趋于谨慎，需要获得大量的信息才能作出最终决定。而这款App直达消费者的核心需求，即家具在房间中摆放的效果可以直接得到。这种连线下环节都无法满足的体验感在线上环节成功实现，使得宜家的这款应用大获成功。

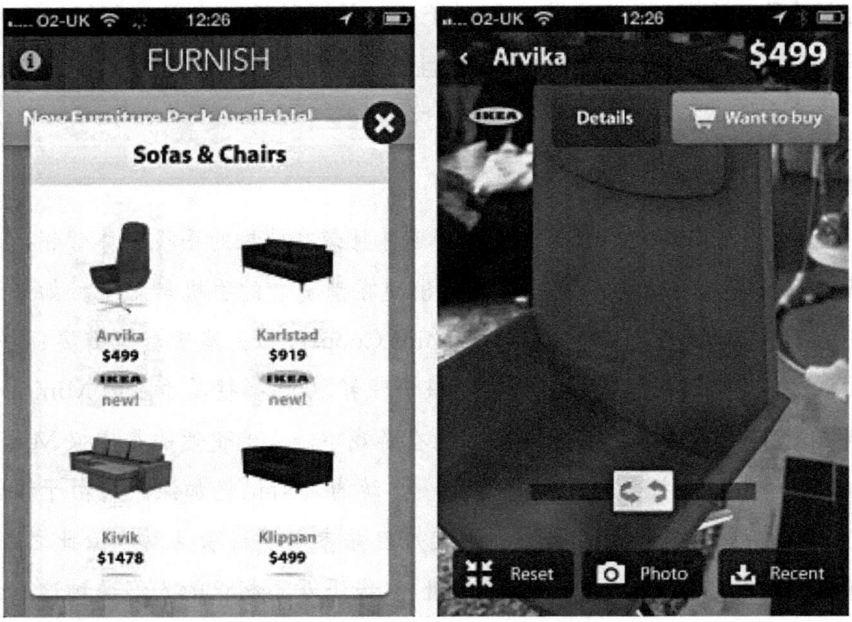

图7-18　宜家开发的IKEA now App

（三）重视线上线下整合

移动营销传播做得再好，如果无法成功地将消费者由线上导入线下，那么其所取得的效果也会大打折扣。如何使线上、线下贯通，进而创造出真正的销售业绩、取得实际的销售效果，是广告主需要认真思考的问题。因此，重视线上线下资源的整合实际上是指广告主利用移动媒体进行线上营销传播的时候，不能忽视线下所起到的重要作用。针对这一问题，“无限1号店”的案例或许能给我们以参考。

案例：无限1号店

“无限1号店”是网上超市1号店在地铁中推出的营销传播活动。它首先在地铁屏蔽门及过道墙壁上张贴带有商品图片及对应二维码的海报，消费者则通过打开1号店的手机客户端“掌上1号店”，选取“扫描条形码和二维码”功能，对准商品图片下面的二维码进行扫描，即可完成物品的采购。这一新兴形式，使得消费者仿佛置身于大型超市之中，轻松完成购物的整个过程。

这一过程的成功，可以归功于“无限1号店”顺利地将线上线下的资源整合到了一起，实现了线上信息推送、线下扫描、线上支付及线下物流的全线贯通，营造了一种前所未有的购物体验。这种对资源的整合运用，使得移动营销传播不再只是“叫好不叫座”的“空中楼阁”，而成为实实在在的企业赢利手段。

(四)定制个性化平台

用户接触手机等移动终端频率的增加，对广告主来说，意味着营销推广和品牌曝光机会的增加。如今的移动营销平台，包含短信、彩信、App推送、二维码互动等多种广告形式。对用户来说，希望获得的是多元且个性化的应用或服务，但并不意味着广告主要将许多冗繁、混乱的信息推送到用户跟前。相反，广告主应基于对用户的分析，聚焦用户的需求，定制随身的、可能会被用户需要的服务。

案例：南航定制个性化移动平台

中国南方航空公司早在2013年1月30日就发布了第一版微信，并且同步推出了微信公众号，在国内首创微信值机服务。现在，其微信公众平台已与电脑端网站、手机应用程序(App)、手机短信业务、呼叫终端交互组成中国南航五大客户服务渠道。伴随着不断发展完善的服务功能，用户可以通过与中国南航微信公众号进行互动操作完成机票预订、办理登机牌、航班动态查询、里程查询和兑换、旅游指南、落地城市天气查询、机票验证等一系列综合性服务。南航将服务功能整合到微信平台，不仅给用户带来全新的感受，而且根据用户实际需求进行推送和互动，为每个用户提供具有针对性的定制化信息，自然受到认可和欢迎。①

但需要关注的是，手机、iPad、可穿戴式智能设备等作为随身携带的私密媒体，其私密性犹如双刃剑，对广告主而言既存在机遇，同时也面临挑战。一方面，私密性让移动媒体广告更显其贴身、关注的价值，更易于与消费者形成互动。但另一方面，在手机上投放广告相比其他媒体更可能会让消费者感觉到“被侵犯”，这种被迫接受的形式，难以令消费者形成品牌好感或认同品牌。如何趋其利而避其害，是当下广告主移动营销仍需思考的课题，其中，广告投放的互动性、创意个性化、实现用户主动参与就显得尤为重要。

---

① 张民：《移动营销的运作技巧》，《经理人》2014年第11期。

(五)跨屏锁定消费者

根据 Millward Brown 调研数据显示,中国用户在上网期间屏幕使用的最大特点在于跨屏同时使用。用户不仅可以关注双屏幕,甚至可以在三个屏幕进行多任务操作。例如,中国用户在使用平板电脑时,同时在看电视的用户为 44%,使用智能手机娱乐或社交的用户为 31%,使用电脑的用户为 13%,上述三个百分比和其他项目百分比数据总和超过 100%。[①] 借助于技术手段的不断更新,智能手机、平板电脑、电脑、智能电视以及移动可穿戴设备等多个屏幕的叠合出现,令受众不自觉地进入多屏世界。为了迎合多屏趋势,广告主应通过对大数据等新技术的普及利用,有针对性地设计并开展营销活动,将消费者在同一时刻里"围追堵截"在多个屏幕里,实行跨屏策略。

跨屏时代使沟通与用户维护变得更便捷,电子邮件、社交媒体都可以帮助广告主强化与客户的联系,完成沟通,提供服务,提高客户的品牌认知度和忠诚度。但是,多屏分化也为广告主对受众的精细化定位带来了一定的挑战。由于用户复杂、多屏的上网习惯,广告主很难判断昨天在 iPad 上查看产品信息的用户与今天在手机上购买产品的用户是否是同一个人。所以,为了适应用户跨屏使用的习惯,广告主在设计、实践营销活动时,也必须完成从一屏到多屏、从多屏到跨屏的认知转变,以提高广告投放的 ROI(投资回报率)。

对广告主来说,在投放电视广告时可以配合移动媒体(社交网站)来实现深度传播价值,或者让电视屏与手机屏互动起来。

案例:可口可乐跨屏锁定消费者

对广告主来说,所投放的电视广告时间可以配合移动媒体(社交网站)形成病毒式深度传播,或者实现电视屏幕与手机屏幕的交互。例如,可口可乐公司推出名为"CHOCK"的手机应用,用户通过下载这个应用程序到移动媒体参与互动,比如,当电视开始播出指定的"可口可乐"沙滩广告时,画面中出现"可口可乐"瓶盖,在手机震动的同时,挥动手机去抓取出现的瓶盖并参与奖品领取,每次最多可抓取 3 个瓶盖,当广告结束时,用户就可以根据瓶盖个数在应用程序中知晓中奖结果。[②]

三、移动营销传播的困惑及挑战

移动营销传播虽然有着传统营销方式不可比拟的优势,但由于处于发展阶段,在诸

---

① iClick(爱点击):《四大现象昭示中国进入跨屏互联时代》,2014 年 5 月 6 日,http://tele.ctiforum.com/jishu/tongxin/tx_news/407260_2.html。

② 崔文花、孙珺:《多屏互动 2014 精细化》,《成功营销》2014 年第 2 期。

多环节上仍然存在着不完善等问题。这些问题既是该领域从业人员必然遭遇的困惑，也是移动营销传播在高速发展过程中需要面对的挑战。

（一）效果监测问题

效果监测问题是目前困扰移动营销传播的最大问题。事实上，移动广告营销效果的“可见、可追踪、可量化”是日益强调投资回报率的广告主最关心的问题，移动营销传播在广告效果第三方监测方面的滞后问题导致了广告主的徘徊、观望。

发展相对成熟的媒介往往也有着相对成熟的效果监测体系及第三方机构。例如电视广告的核心定价依据是收视率，CSM、AC尼尔森是权威的第三方机构；报纸广告的核心定价依据是发行量，CTR是权威的第三方机构；互联网广告的核心定价依据是点击率，而第三方监测的角色则由交互、好耶、DOUBLECLICK等机构担当。反观移动媒体，核心定价依据在业内还没有形成共识，也没有公认的第三方监测机构能够担此重任。产生这一现象的原因当然是多方面的：首先，在行业内部，传统第三方机构有公信力但缺乏独立的监测网络，运营商有数据但不具备客观中立的立场，而且由于自身利益并不愿意让监测权旁落他家；其次，在行业外部，广告主监管部门缺乏直管手段，相应的法律、规章制度尚不健全。以上种种形成的合力使得形成有公信力的第三方效果监测机构进展缓慢。

一方面，效果监测体系的完善与否是目前广告主选择营销平台的重要决策因素；另一方面，复杂的利益关系及外部监管的缺陷阻碍了效果监测体系的建设进程。一方对效果监测有需求，另一方又满足不了这一需求的尴尬状况，相信在很长的一段时间内将继续成为移动营销传播的最大困扰。

（二）受众信任问题

如果说效果监测解决的是要让广告主看到效果的问题，那么解决受众信任问题的关键则在于切实提高营销传播的质量。

由于移动媒体，尤其是手机，属于私密性程度较高的媒体，因此用户对在移动媒体上投放广告的业务形式、展示方式和内容的接受度仍然有待考证。一般来讲，用户对额外信息的介入持排斥心态。另外，在移动广告发展之初，广告主过于偏向结果导向，忽视长期效益，因此造成了垃圾短信和骚扰电话泛滥成灾的情况。这种时至今日仍然普遍存在的现象，让用户对后期发展起来的新兴移动广告也产生了很强的反感心理。在舆论环境不佳的背景下，如果广告主还是沿袭传统方式，一味地倚重短信推送这类不顾及受众感受的信息传递模式，那么，只要稍有操作不当，就难以达到广告主预期的营销传播目的，还会破坏广告主好不容易树立起来的良好品牌形象，使消费者对品牌产生厌恶情绪，得不偿失。因此，要真正解决这一问题，还需要广告主精心策划相应的业务模式和信息内容，并进行精确匹配，优化用户体验。

除了传统的移动营销传播在信息推送环节遭遇到受众信任问题之外，近年来开始流行的基于大数据的精准营销同样也触碰到了受众隐私这一暗礁。基于大数据进行的精准营销主要是通过追踪用户浏览行为及其在实际生活中的定位信息进行资料收集和分析的。因此，隐私信息往往是在消费者不知情的情况下被广告机构截取。当越来越多的受众开始重视并保护移动互联网上的隐私信息时，如何赢得受众信任并获得收集相关信息的授权，也将成为移动营销传播的一大难题。

(三)数据共享及计费机制建立问题

缺乏完善的机制是移动营销传播在制度保障层面的“绊脚石”，这一问题主要体现在后台数据共享机制以及计费机制两个方面。

首先是后台数据共享机制的问题。由于移动媒体在互联网上建立了极为庞大的信息流，因此如何将内容和展现形式差异化较大的营销信息推送给合适的对象，成了精准营销需主要解决的问题。要想解决这一问题，就需要后台系统对不同内容进行自动分拣和目标用户群匹配。而匹配的精确程度则与所掌握的用户数据量密切相关，数据量越大，对于消费者轮廓的描述也就更为清晰，推送也就更为精确。但是目前用户数据比较封闭，信息在不同运营商之间几乎无法流动，这就使得很多移动广告的投放精准度不高，影响了广告的投放效果。因此，缺乏完备的后台数据共享机制，导致用户资源的开发大打折扣。

其次是计费机制的问题。广告计费对于广告主来说是非常敏感的因素，尤其是在广告主越发重视投资回报率的今天。但是针对移动媒体的广告计费系统和计费模式还在探索中，各种不同的计费模式需要网络平台的支持，这些业务都是根据传统电信业务开发出来的，很难开放出来提供给移动广告计费平台，计费机制的问题由此产生。机制建立的问题就是如何进行利益分配的问题，它的解决需要行业内各种利益主体将目光放得更长远些，通过着眼未来实现相互妥协，以扫清机制缺位对于行业整体发展的阻碍。

本章思考题

1. 阐释移动营销传播的定义和特征。
2. 阐释移动营销传播现状、新兴变化及主要形式。
3. 阐释移动营销传播遇到的困难和挑战。
4. 阐释移动营销传播运作现状及策略。
5. 结合现状，谈谈移动营销传播在终端、形式及内容上的新近变化。
6. 结合最新案例，总结移动营销传播的形式。

第八章　广告主社会化媒体营销传播

本章导言

作为新兴数字媒体的一种，社会化媒体日益成为国内外重要的营销阵地，并且受到业内各界的普遍关注。伴随着社会化媒体平台建设的不断发展与完善，其在品牌塑造、建立和维护客户关系、深度沟通、促进销售及交易转化等方面的营销价值也逐渐得到广告主的认可。通过对本章的学习，可以全面了解社会化媒体营销传播的理论基础（包括定义、特征和主要形式）、我国社会化媒体营销现状、社会化媒体在营销传播中的运作策略，以及社会化媒体营销发展趋势。

本章要点

1. 社会化媒体营销传播的定义
2. 社会化媒体营销传播的特征
3. 社会化媒体营销传播的主要类别
4. 社会化媒体营销传播的目的
5. 广告主对社会化媒体营销的态度
6. 社会化媒体营销传播手段
7. 社会化媒体营销策略：内容策略
8. 社会化媒体营销策略：渠道策略
9. 了解社会化媒体营销传播中的大数据技术战略
10. 了解社会化媒体营销在 Social、Local、Mobile 三方面的应用突破

第一节　社会化媒体营销传播理论基础

一、社会化媒体营销传播的定义

(一)社会化媒体的定义

"'社会化媒体'来源于英文'social media'一词，2007 年最早出现在电子书 *What is Social Media* 中，作者 Antony Mayfield 给出了间接性的定义：社会化媒体是一种给予用户极大参与空间的新型在线媒体，该定义强调社会化媒体的用户参与性，指出了社会化媒体的核心。"[①]"社会化媒体"是对"social media"的中文翻译。"由于社会化媒体没有精确、权威的概念，对于'social media'的中文释义也不同，国内学者有'社交媒体''社会化媒体''社会性媒体''社交网络媒体''大众媒体'等不同的叫法。"[②]在这里，我们将其统一译为"社会化媒体"。

美国戴维·米尔曼·斯科特(David Meerman Scott)将社会化媒体定义为"人们彼此分享见解、信息、思想并建立关系的在线平台。"其认为，"社会媒体与所谓的'主流媒体'的区别在于，每个人都可以创建、评论和添加社会媒体内容。社会媒体可以以多种形式呈现，包括文本、音频、视频、图片和社区。"[③]美国公共关系协会在其 2008 年的年会出版物《关于社会化媒体要点的讨论》中从趋势和技术两个方面对社会化媒体进行了界定：从趋势的角度来看，社会化媒体是人们通过使用中心化的、以人为基础的网络来获得他们所需要的东西，而非传统的商业或者媒体体制。从技术的角度来看，社会化媒体是指支撑那些网络的工具和服务。一般来说，使用社会化媒体是免费的或者费用很低，作为平台它们可以为每个用户进行定制。[④]

我国对社会化媒体的研究是从实践开始的。胡泳(2007)在将其与传统媒体进行比较并对新媒体特征进行归纳的基础上提出，共有媒体就是各种基于数字技术，集制作者、销售者、消费者于一体，消解了传统的信息中介的媒体系统，并提出超文本、多媒体、互动性三个显著特征，与传统媒体、新媒体的概念进行区分。[⑤] 王晓光(2009)从技术和内容两个方向对社会化媒体进行诠释。从技术的角度看，社会化媒体是一种完全基于互联网的

---

① 游恒振：《社会化媒体的演进研究》，北京邮电大学，2012 年硕士论文，第 15 页。

② 刘文博：《基于社会网络理论的社会化媒体营销模式研究》，山东大学，2012 年硕士论文，第 25 页。

③ 〔美〕David Meerman Scott：《新规则：用社会化媒体做营销和公关》，赵俐、谢俊、张婧妍等译，机械工业出版社 2011 年版，第 37 页。

④ PRSA：*The Point of Connection Social Media Discussion*，International Conference，2008。

⑤ 胡泳：《共有媒体初探》，《现代传播》2008 年第 5 期。

数字媒体，它依赖于各种社会性软件而存在，社会化媒体内存在两类群体，一类是平台运营商，提供各种数字信息的生产、发布、存储、传播和交流平台，这些软件平台和网站可以方便登录和使用；另一类群体是普通大众，他们既是社会化媒体内容的生产者、传播者，也是最终的消费者。从内容特征看，社会化媒体内流动的内容主要为个人意见、专业见解、工作经验等感性认知，这与传统媒体以硬性新闻和事实报道为主的风格有较大差异。随着互联网技术的发展与完善，社会化媒体在社会传播中的地位日益提高，对传统的上流媒体的消费者形成了一定的分流。[①] 魏武挥(2011)认为，对于 Twitter、新浪微博这些可以供各路记者收集、整理信息使用的网络，它首先是个媒体，其次才是个社交网络。[②]

结合国内外学者对社会化媒体的介绍和定义，我们对社会化媒体做出如下定义：社会化媒体以 Web2.0 和移动应用技术为基础，是人们彼此之间用来分享信息、态度、观点的工具和平台，这个平台具有高度的交互性和扩展性以及用户参与性(鼓励用户生产内容)。社会化媒体和一般的社会大众媒体最显著的不同是将选择权交给用户，用户根据自身选择自行集结成某种阅听社群。

(二)社会化媒体营销的定义

著名调研机构 Marketing Sherpa 在其调研报告中总结：社会化媒体营销是一种基于社会化媒体平台，在企业、影响者、信息搜寻者和消费者之间能够彼此简化对话形式并且实现内容分享的实践。这种实践基于不同的网络在线平台以及其他一些相关的 Web2.0 技术。[③] 在网络营销的背景中，社会化媒体指的是拥有网络内容所有权的一些集合小组，这些网络内容主要由用户主动发布而不是直接来自于网站的雇员。品牌或企业希望能够利用社会化媒体的环境，使其使用者和推崇者在多向化的社会化媒体网络平台上自主地对该品牌或公司进行推荐，而社会化媒体营销正是实现这一方式的商业实践。[④]

在国内，马雪颖、钟娱将社会化媒体营销视为网络营销 2.0。他们认为，Web2.0 的出现导致了消费者信息接收模式的改变，因此，网络营销也产生了新的模式，即网络营销 2.0。它利用技术及通路带来的可能性，以邀请代替灌输，以透明代替隐瞒，以互动代替单向交流，创造了消费者与品牌间的价值交流，并运用这种交流带来的新平等关系与消费者交心，进而达到营销的目的。[⑤] 另外，以陈林为代表的实践派则认为，社会化媒体的

---

① 王晓光、郭淑娟：《社会性媒体初论》，2008 年 12 月 17 日，http://news.163.com/08/1217/14/4TCEO1DH000131UN.html。

② 魏武挥：《社交网络 vs 社会化媒体》，《第一财经日报》2011 年 6 月 30 日。

③ Marketing Sherpa：2009 *Social Media Marketing&PR Benchmark Guide* ，2009.

④ Dave Evens：*Social Media Marketing*：*An Hour A Day*，Wiley，2008，p. 100.

⑤ 马雪颖、钟娱：《网络营销 2.0 相关问题探析》，《商场现代化》2009 年第 4 期。

核心在于聚合。社会化媒体本身拥有不可比拟的“群体影响力”，消费者在互联网上不再是单一的个体，通过沟通和互动，企业可以聚合消费者，影响消费者，并最终实现品牌传播。从这一角度来看，社会化媒体营销是利用“群体影响力”实现口碑营销的营销方式。[①]

通过整合并梳理国内外学者的观点，我们将社会化媒体营销定义为：企业以较低成本或零成本通过社会化媒体平台展示企业产品及品牌文化，与消费者进行交流、沟通与互动，以期影响消费者认知、态度、决策及行动，实现品牌传播，最终促进销售转化的新型营销方式。

二、社会化媒体营销传播的特征

(一)参与性强

从平台角度看，首先，社会化媒体平台鼓励并激发用户主动生产、交流、反馈信息，模糊了媒体和受众之间的界限，用户可以更主动地参与整个营销传播过程。其次，社会化媒体平台的门槛很低，企业和消费者可以免费加入，相当于为企业提供了免费的内容和营销渠道。用户与企业之间的对话是平等的，企业鼓励消费者将产品的体验和建议反馈给他们。最后，传统媒体营销只是企业单方面向消费者推广信息，属于单向传播，而社会化媒体凭借其覆盖面广、成本低、传播力强、门槛低等特点，有助于企业快速进入双向营销传播活动。

(二)受众集群化

从受众角度看，在社会化媒体中，消费者或用户较易在短时间内形成集群或社区，以共同感兴趣的内容为话题组成各种微团体或小社区，以进行充分的交流。在社会化群体内部，拥有相同兴趣、需求的用户以几乎为零的低成本通过社会化媒体平台展示、搜寻、聚拢志同道合的群体。这类群体的不断聚合往往会形成稳定的、以社会化关系为基石的群体组织。例如网络上出现的很多类似美食联盟、炫食族、驴友论坛这类通过社会化聚集起来的群体组织。尽管组织内部成员之间的日常联系呈现无序性，但一旦召开群体性的社会活动，其跨地域、跨层级的活动能力就会很强。对社会化群体来说，广告主具有针对性的内容发布往往会引发具有倾向性的群体分享效应。因此，某些品牌的忠诚顾客会因为对所选品牌的喜爱而主动聚集或加入品牌的消费者代表组织，作为品牌拥趸，也会习惯性地分享、维护自己的品牌及品牌组织。

---

① 陈林：《社会化媒体的营销力》，《广告大观(综合版)》2009 年第 10 期。

一方面,企业可以利用社会化媒体多对多传播、多方参与交流等特点,针对这类聚集的群体和社区,锁定目标消费群体,采取精准营销,并利用这种集群、社区关系的延展性,促进线下交易的实现。另一方面,广告主在将其消费者设定为潜在目标的同时,更应通过社会化媒体将忠诚消费者发展成为自己的品牌组织成员(比如会员制度),提升消费者的品牌认同感,巩固消费者的品牌忠诚度,并逐渐将普通消费者过渡为忠诚消费者,进而将忠诚消费者转化为平民品牌形象代言人,使其既能以主人翁的身份主动发声、分享品牌、维护品牌,又能为品牌消解危机、澄清谣言、削弱负面影响。

(三)更具说服性

首先,从营销角度看,相比于传统的社区、论坛等互联网平台,社会化媒体所提供的产品信息或营销活动更具有说服力。随着一些平台自身的不断发展与规范(实名制、设置举报功能等),越来越多的虚假信息和谣言将受到清理和扼制,社会化媒体的公信力也将进一步提高。其次,社会化媒体具有将现实关系转移到网络关系的功能。用户基于熟人之间的相互信任,自发地转载营销信息和评论。这对于其他消费者来说,营销信息更真实,更具有可考证性,更具有持久性。最后,社会化媒体营销通过用户真实的体验与反馈,鼓励消费者发出最真实的声音。消费者发自内心的好评会得到朋友圈的认可和信赖,成为企业品牌最好的代言人。

三、社会化媒体营销传播的主要类别

2012 年尼尔森在线研究发布了中国社会化媒体全景图(如图 8-1),研究了中国 100 余家社会化媒体网站,将其划分为二十大类型。尼尔森将中国的社会化媒体分为微博类、问答类网站、电子商务类、相亲类网站、即时通信类、社交游戏、商务社交类网站、音乐分享、图片分享、签到、博客、社交类网站、团购类网站、社会化书签、RSS 订阅类、百科类网站、消费点评类、轻博客、视频分享类、论坛共二十个不同类型,反映出目前中国社会化媒体多样化的状态。[①]

参考现有的对于社会化媒体的分类,我们将社会化媒体分为以下类型:

---

① 《中国社会化媒体全景图:百余家网站二十大类型》,《硅谷》2012 年第 7 期。

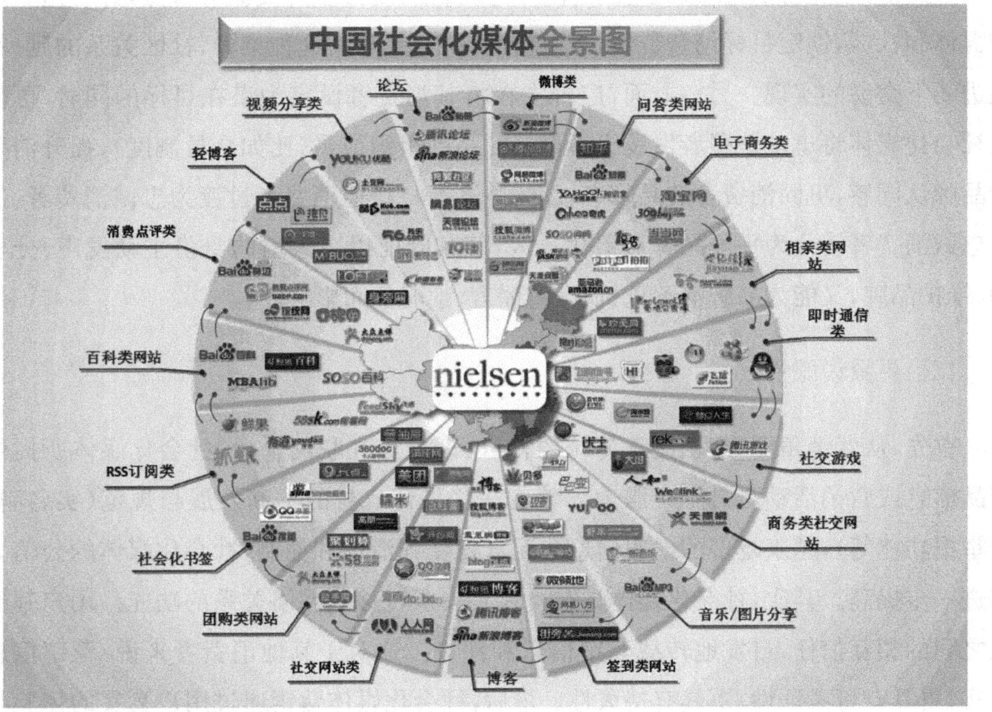

数据来源：《中国社会化媒体全景图：百余家网站二十大类型》①

图 8-1　中国社会化媒体全景图

(一)内容生产类

1. 博客——可能是社会化媒体最广为人知的一种形式。

2. 微博——微博是一种基于 Web2.0 的新型博客，用户可以通过登录网站、手机软件和外部 API 接口等多种途径及时更新并公开发布微博。每条微博文章的长度有一定的字符限制(如上限为 140 个字符)，如新浪微博。

3. 公共数据库——人们可以在上面添加内容，或对现有的内容进行修订和增补，如百度百科。

4. 播客——可以通过 Apple iTunes 等软件来订阅的视频和音频内容。

5. 论坛——用来进行在线讨论的平台，通常围绕着特定的话题。论坛是最早出现的社会化媒体，同时也是最强大、最流行的在线社区平台，如百度贴吧。

6. 社交网络(SNS)——人们可以在这类站点上建立个人的主页，在朋友之间分享内容并进行交流，如人人网。

7. 内容社区——组织和共享某个特定主题内容的社区。最流行的社区一般集中于

---

① 《中国社会化媒体全景图：百余家网站二十大类型》，《硅谷》2012 年第 7 期。

照片(Instagram)、书签(豆瓣)、视频(优酷)等相关内容。

(二)满足需求类

1. 即时通信软件——基于互联网的即时交流软件,满足实时沟通与交流需求,如QQ、微信。

2. 职业社交网站——其针对的用户群体主要为职业人士,满足用户商业和职业方面的需求,帮助用户更有效地建立、管理、拓展人际关系网,如天际网。

3. 社交游戏类软件——运行在SNS社区内,通过趣味性游戏方式增强人与人之间社交游戏交流的互动网络软件。

4. 生活服务类平台——为人们提供餐饮、娱乐、租房、买房、工作、旅游、教育、亲子、婚嫁、培训等与生活相关的"衣食住行用"的服务信息,如赶集网、大众点评。

5. 团购类——互不认识的消费者,借助互联网"聚焦的力量"来聚集资金,加大与商家谈判的能力,以求得最优的价格,如美团网。

广告主可以针对自身产品和品牌特点选择契合的社会化媒体类型进行营销。

第二节 社会化媒体营销传播现状

一、社会化媒体营销传播的目的

当前,社会化媒体平台尚处于发展阶段,具有覆盖面广、成本低、传播力强、门槛低等特点,有助于企业快速进入并开展相关营销传播活动。因此,利用社会化媒体进行营销的主要目的之一就是能够让品牌信息在具有某种关系(熟人、同行业、共同爱好等)的网民之间快速传播,从而提高企业品牌知名度。社会化媒体的转发与分享、评论与私信、点赞等功能使得企业可以与粉丝直接互动,获取宝贵的第一手数据,以便对用户进行精准定位,实现精准营销,进而促成销售。

案例:小米手机创造社会化媒体营销神话

在利用社会化媒体促进品牌传播效果向销售转化的企业中,小米手机可谓创造了社会化媒体营销的神话。小米最初的信息来源是国内几个知名手机论坛上的手机发烧友。小米手机通过搜集、整理这些发烧友的需求,有针对性地开发相关的手机功能和应用,在论坛上和这些网友分享、讨论,并邀请网友试用,搜集回馈,进而投入生产。其销售也通过社会化媒体营销平台进行。两年间,小米在打造了社区500万粉丝的同时,手机销售额也达到了100亿。①

但需要关注的是，在社会化媒体平台上，不仅积极、精彩的品牌信息能够形成病毒传播，负面的品牌信息甚至更易形成话题从而被疯狂转发。因此，在社会化媒体平台上爆发公关危机的可能性也很高。这就要求企业对媒体平台进行管理和舆情监测，及时收集和分析各大社会化媒体平台与其相关的文字、图片、视频等信息，实现即时的公关管理和危机处理。

二、广告主对社会化媒体营销传播的态度

国内企业在经历了初期勇于尝试的阶段后，逐步将营销重点向平台管理与用户互动沟通倾斜。前期建设对社会化媒体营销的投入较多，而进入正常运作和日常维护的费用相对趋稳。根据中国传媒大学广告主研究所调研数据显示，2014年被访广告主在互联网广告的投放费用上，微信居于第二位，比重达63.1%。2014年微博关注度回升，处于第四位，为50.8%(如图8-2)。

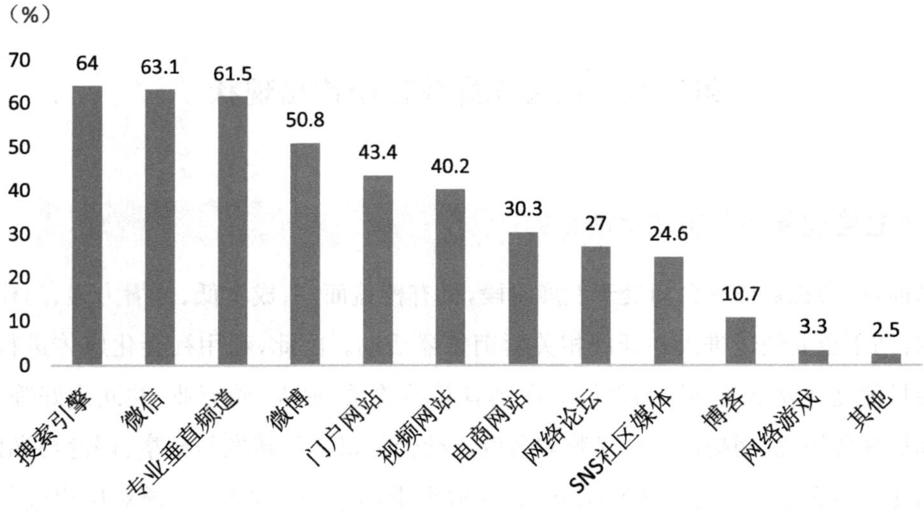

数据来源：中国传媒大学广告主研究所

图8-2 2014年社会化媒体营销预算投入比例(n=122)

2014年，多数广告主仍然看好社会化媒体营销(如图8-3)。在被访广告主看好的互联网媒体类型中，社会化媒体的先锋者——微信，所占比例高达63.7%，微博比例为16.7%，SNS社区媒体、网络论坛比例分别为15.7%、6.9%。在社会化媒体平台的选择上，企业使用最广泛的TOP5社交平台分别是新浪微博、腾讯微博、博客、论坛与团购类，

① 朱昊：《如何用社会化媒体营销》，《中国广告》2013年第8期。

微博营销已跃升为主流的社会化媒体营销方式。[①]

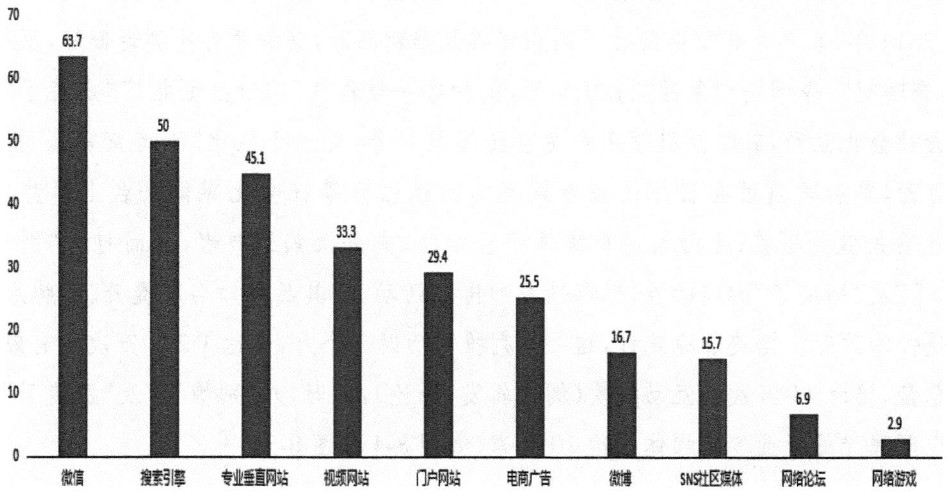

数据来源：中国传媒大学广告主研究所

图 8-3　2014 被访广告主看好的互联网广告类型情况

三、社会化媒体营销传播手段

在社会化媒体营销发展初期，企业主要采用的营销手段是发布产品或服务信息，比例高达 82.5%；其次是投放广告，比例为 40%。[②] 伴随着社会化媒体营销的不断发展，制造热点话题、口碑传播、有奖转发活动等运作手段的应用比重开始增大，单一直接的硬广推送逐渐减少。

（一）制造热点话题

随着社会化媒体用户对话题关注度的提升，企业开始寻求借势、打造、扩散相关热点话题，同时联手社会化媒体平台，不断催化相关产品或品牌的营销信息发酵氛围，进而形成几何式扩散。如平民护肤品牌美加净，其在国际大牌环伺的日化领域竞争中，凭借制造热点话题，联手社交媒体，一举成为舆论浪潮的中心。

---

① 李卓群、刘彭媛：《浅析新浪微博中公共领域与私人和公共权力领域的互动关系》，人民网研究院，2014 年 4 月 2 日，http://media.people.com.cn/n/2014/0402/c150616－24802330.html。

② 阿里巴巴创业资讯：《2011－2012 社会化媒体营销发展报告调查部分》，http://info.1688.com/detail/1077822561.html。

案例:美加净突围防晒营销战

2013 年,美加净打响“热点营销战”第一枪,推出“别惊讶”口号及创意海报,剑指国际大牌;2014 年,当各个化妆品牌忙于厮杀竞推夏季新品时,美加净再次剑走偏锋,反推“别躲了,来晒吧”,令网民印象深刻;2015 年,美加净一鼓作气,通过全面推广“别装了”海报及铺设社会化互动,鼓励及引领用户主动传播其口号,发表个性化“不装宣言”。在传播渠道方面,美加净通过在目标消费者聚集的新浪微博等社会化媒体平台上造势,配合 SNS 平台的宣传覆盖,全面锁定自媒体平台矩阵,充分聚焦消费者,进而打造“别惊讶”“别躲了”及“别装了”的连续性、话题性系列传播活动,令其品牌知名度提升、品牌形象出现颠覆性的改变。据美加净统计,这一系列推广历时三个月,高达 1 200 万次的有效信息阅读总量,接近 11 万次的互动数次(例如转发、评论),同时,对“别惊讶”及“别装了”事件进行正面曝光的行业权威媒体多达 10 余家(如图 8-4 和图 8-5)。①

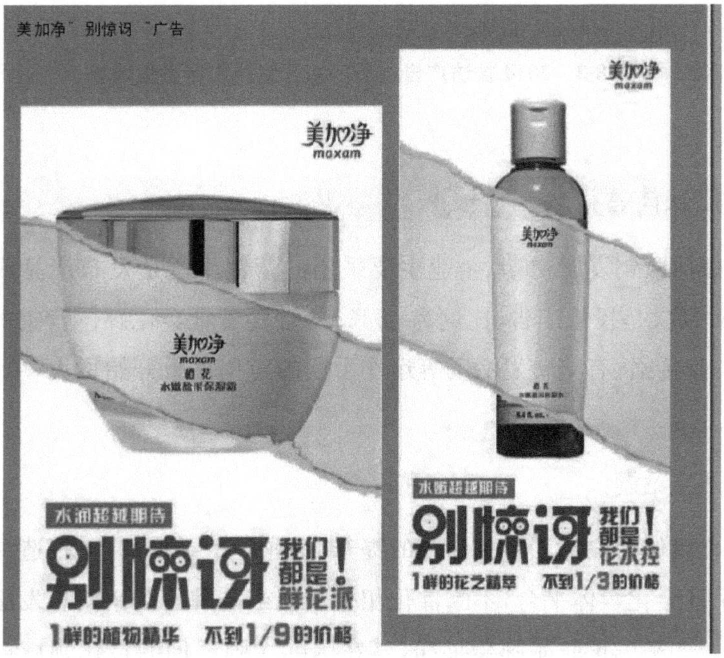

图片来源:《美加净:民族品牌的“PK 战”》②

图 8-4 美加净“别惊讶”广告系列

(二)口碑传播

随着互联网技术的发展,人们的生活方式和交流方式都产生了巨大变化。互联网作为信息交换的手段和平台,尤其是 B2B/B2C 等商业平台的出现,使传统的简单的口口相

①② 朱珊:《美加净:民族品牌的“PK 战”》,《成功营销》2015 年第 2 期。

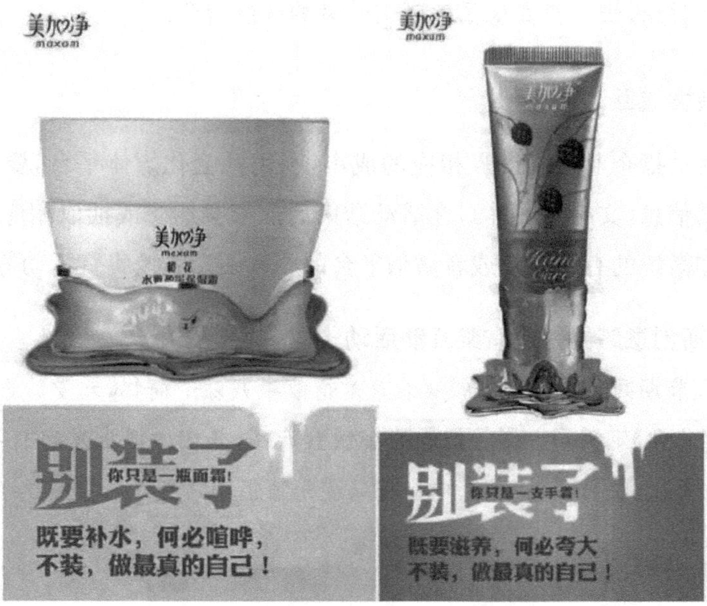

图 8-5　美加净“别装了”广告系列

传逐步演变成了依托虚拟网络的在线形式。在以微博、微信为代表的社会化媒体上，与产品、服务甚至是企业相关的信息传播日益活跃，越来越多的消费者主动将自己对于产品的认知、态度、评价与他人进行分享，同时形成了复杂的、各不相同的又紧密联系的社会化网络社区。广告主通过借力于社会化媒体，进行口碑传播的营销趋势日益明显。

案例：戴尔联动人人网推灵越 14R 笔记本

2013 年，戴尔推出了全新 Inspiron 灵越 14R 触控笔记本，配合启动投放创意广告“Annie 飞起来”。为了进一步打开中国的年轻消费群市场，戴尔希望通过这支广告独具匠心的想象力推动年轻人认识并接受灵越 14R 笔记本。同时，为了维护相关话题，戴尔在人人网上线广告的同款互动游戏，用户可以根据游戏完成情况来获取金币，兑换购物优惠券，充分激发其参与兴趣。另外，用户只要参与互动游戏（PC 端 + 移动端），就会自动同步至新鲜事，吸引线下好友加入。据统计，截止到活动结束，人人网用户参与人数多达 60 多万，超过 63% 的用户参与了手机互动。在为期 30 天的推广期内，人人网用户实现在线兑换指定产品优惠券 3 500 张，购买 14R 笔记本 800 台。14R 笔记本于戴尔全国零售店周销量平均提升了 32%。[①] 戴尔将产品独特之处转化为创意，并将广告“改装”成互动游戏，投放至目标消费者聚焦的社会化媒体，形成良好口碑，掀起了对产品和品牌的

① 吴鸣：《跨屏互动引发口碑和销售——戴尔 Inspiron 灵越 14R 人人网视频推广案例》，《广告大观（综合版）》，2013 年第 8 期。

集中关注和热烈讨论，进一步实现了营销向销量的最终转化。

（三）有奖转发或互动

奖品刺激活动指企业通过投入相应的成本，利用社会化媒体平台，要求用户发布其规定格式的营销信息（文字及图片），在活动结束后商家会给予或抽取相应的物质奖励以回馈用户。比如微博的有奖转发或者微信平台的朋友圈发布及集赞活动等都属于此类。

案例：杜蕾斯创意跨界打造有奖互动活动

2014年情人节期间，杜蕾斯与电影《北京爱情故事》（以下简称《北爱》）进行了一次跨界合作，杜蕾斯为《北爱》定制了电影特别版的小铁盒产品，并在微博上发起有奖互动活动，为电影做宣传，《北爱》上映当天，在部分电影院只要是情侣购票都可以获赠这个小铁盒。

（四）信息流广告

信息流广告（Feed广告），即夹杂在用户想要阅读内容中的广告，通过对内容的原生加工，让用户容易忽略其广告属性，在第一道心理防线上放下警惕，是能够有效吸引用户注意力的广告模式，一般应用于社交平台。信息流广告之所以成为一种趋势，不仅因为整个互联网环境催生的社交信息爆炸，更是因为它在实际的运作模式中，完全能融入到每个用户的社交生活，目前发展较为迅猛，国外的Facebook、Twitter等社交工具，国内的QQ空间、微博等都会推送用户未关注的账号或品牌商的相关信息。

案例：宝马、Vivo、可口可乐率先攻破朋友圈

2015年1月25日，微信朋友圈首批信息流广告上线，宝马中国、Vivo智能手机和可口可乐的广告出现在每个人的朋友圈信息流里。但是每人只能收到一个相对应的广告，微信的朋友圈广告采用了在Feed信息流中内嵌的方式，与正常的单条朋友圈完全一样，由文字和图片构成，点击之后进入广告的完整H5界面。用户可以点赞或者评论，还能看到自己好友的点赞和评论。这种针对性投放迅速引爆了朋友圈，引起网民热议。

第三节　社会化媒体营销传播运作策略

一、社会化媒体营销传播策略：关注内容

具有社会化性质的内容，并非意味着必须依靠社会化媒体平台才能广为流传。真正脍炙人口的内容，由于其本身具有足够引发公众主动关注和参与传播的特质，再借势社

会化媒体进行预热，即可联动线下在短期内实现病毒式传播的效果。社会化内容非常看重内容本身，而优质内容可以多种多样。打造优质社会化内容亦有章可循。

（一）较为积极向上的信息，传递社会正能量

在社会化媒体时代，未来企业的正营收来自正能量。这句话不无道理，很多消费者不仅仅需要更好的产品，他们也希望通过社会化媒体共同创造出一个更好的社会环境。

案例：强生为了改善背奶妈妈[①]的尴尬处境，利用社会化媒体谱写了《为背奶妈妈创造空间》呼吁、申领、分享三部曲。在商务写字楼里播出宣传影片，让大众知道背奶妈妈所面临的困境和改善这种困境的方法，接着在强生官方微博上开放申请免费的《临时哺乳室》告示牌，最后鼓励网友们分享自己所知道的哺乳室地点的资讯，背奶妈妈可以通过手机查找到附近的哺乳室。这是企业借助社会化媒体实现公众参与传播正能量的典型案例，其内容的社会化是推动人们参与的最重要原因。强生对背奶妈妈这一群体的关注、为她们解决难题的举动、恰到好处的号召和呼吁，让公众即使不使用强生的产品也能深刻地感受到其品牌的存在（如图 8-6）。

图片来源：强生背奶妈妈育儿网[②]

图 8-6　强生官方微博上开放的“临时哺乳室”告示牌

---

① 背奶妈妈指的是生育后因工作不能在家做全职妈妈，利用工作空档存储母乳，带回家给宝宝喂食的职业女性。因为一般企业都没有专门为背奶妈妈准备哺乳室，这些妈妈们总是在无人的会议室角落、厕所、储藏室等杂乱的空间里哺乳。

② 强生背奶妈妈育儿网官网：http://act.ci123.com/beinai/。

(二)新奇体验,引起关注

企业还可以借助一些前所未闻的事件引发人们的主动关注。如红牛对 YouTube 史上同时观看人数最多的视频赞助,该视频记录了奥地利男子菲利克斯·鲍姆加特纳的极限展示:他从接近 3.9 万米的太空边缘跳伞,历时 4 分 22 秒平安降落到美国新墨西哥州的预期位置。这创造了载人气球最高飞行、最高自由落体、无助力超音速飞行等多项世界纪录。这项史无前例的极限挑战吸引了大众广泛的关注,YouTube 上数亿人观看了该挑战,令赞助商红牛短期内即收获了极高的品牌知名度(如图 8-7)。①

图片来源:《奥地利男子太空边缘跳伞 最高时速超音速》②

图 8-7 奥地利男子身穿红牛太空服在接近 3.9 万米的太空边缘跳伞

(三)关联真实生活

此外,优质的社会化媒体内容还可以是同消费者关联性较强的、真实的生活。如印度有个糖果品牌太受欢迎以至于经常脱销,落后的物流管理体系让企业无法及时知晓哪一家杂货店断档,于是发动社会化账号的粉丝们拍下身边的空货架并上传到微博上,让企业能够及时看到并及时补货,使消费者能够享受无间断的产品服务。虽然感觉像是铺货渠道的社会化,实质上,这正是与人们密切相关的真实生活。

创造好内容的方法不一而足,社会化媒体改变了营销环境,但并不是要求品牌由人变为神,相反,却是力求通过社会化媒体将品牌尽可能打造为一个具有亲和力的"好人"。

①② 袁静馨:《奥地利男子太空边缘跳伞 最高时速超音速》,新华网,2012 年 10 月 15 日,http://news.xinhuanet.com/tech/2012-10/15/c_123824587.htm。

二、社会化媒体营销传播策略：整合渠道

社会化媒体营销生态圈是以消费者为核心圈层，以社会化媒体平台的信息流（受众选择）为导向，构建从后台服务到前端营销传播链接再到信息反馈后台的循环社会化媒体营销圈层体系。架构这样无缝式、圈层化的社会化媒体营销体系，应从解构社会化媒体平台用户的品牌信息接触与筛选开始。

首先，对消费者来说，其通过社会化媒体平台维护社交关系的同时，也借助这类平台获取、过滤信息。而对广告主来说，无论是维护社交关系还是信息选择的用户行为，都可能创造品牌信息接触的机会，从而进一步发展用户后续行为。比如，广告主的社会化媒体营销信息可能刚好和用户兴趣点相契合或者用户主动搜集相关营销信息，他们就会进行关注、参与互动甚至主动分享。接下来，如果用户对该产品的潜在需求被激发或本就拥有购买需求而需要更详细的信息以辅助行动，就会锁定该品牌或者企业网站以获取更多信息。但是，在用户产生关注——参与互动——主动搜集信息的过程中，用户流会大大缩减。相当一部分消费者会在互动环节前流失，而他们正是广告主需要挖掘的潜在消费者。因此，社会化媒体营销生态圈的构建不仅需要能够抓住用户行为惯性而锁定消费者，还要搭建良性闭环营销生态系统，最大限度地避免用户流失，提高广告主社会化媒体营销的投资回报率。

社会化媒体营销生态圈主要包括三个层级，依次是企业官方网站、自媒体、触点媒体。企业官网是整个生态系统的中心层，这部分用户最易直接转化为品牌消费者，营销价值最高；自媒体主要包括企业自主搭建的与用户直接联系的渠道，如微博公共平台、微信公众号、自有 App 等，位于整个生态系统的间隔层；触点媒体的范围比较宽泛，位于整个生态系统的最外层，包括用户可能接触到的相关企业或品牌信息的全部社会化媒体平台，进一步泛化至全媒体平台（如图 8-8）。

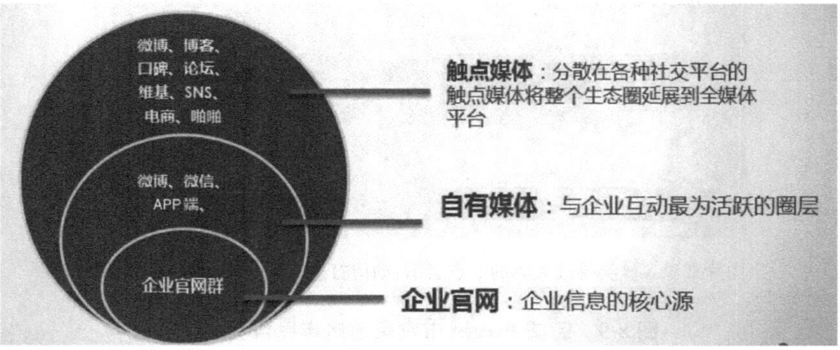

图片来源：《社会化媒体的营销生态圈》①

图 8-8　社会化媒体生态圈

① 宋欢乐：《社会化媒体的营销生态圈》，2014 年 5 月 12 日，http://www.yixieshi.com/pd/17180.html。

(一)官网社会化:互动整合的窗口

企业的官方网站是用户获取企业信息的最权威渠道,是核心资源的供给平台。企业官网的社会化过渡与转型可以帮助企业与用户进行更为深入的沟通与互动。

利用社会化媒体工具如分享按钮、官网与官方微博信息同步、粉丝及会员讨论专区、营销活动介绍以及社会化媒体同步回流奖励等,使官网信息通过这一平台实现即时传播。同时,消费者可通过社会化媒体聚集成用户官网群,与企业进行深度沟通,充分表达诉求并参与创造内容。

案例:如瑞典知名品牌宜家在5月份换新店址,以企业官网为主要发布渠道,以"每个人都需要别人帮忙,IKEA也是"为主题,在社会化媒体平台上同期发布相关活动。宜家在其官方网站上发布"帮我们种下第一棵树,担任演讲人,与市长一起剪彩,扮演小丑"等相关活动的呼吁口号,邀请各界人士参与其主题任务,收效显著,市民不仅踊跃参与,顷刻间将官网上发布的任务认领完毕,很多人还发挥创意,自主创新任务,自愿完成,令整个活动更具意义。宜家新店开业当日,前来参加搬家庆典仪式的本地市民高达20%。(如图8-9)[①]。

图片来源:《微笑挑战火爆的3点启示:如何打造有参与感的社会化营销?》[②]

图8-9 挪威Bergen市宜家邀请市民帮其搬家

①② 小圈梨:《微笑挑战火爆的3点启示:如何打造有参与感的社会化营销?》,艾瑞网,2014年12月1日,http://a.iresearch.cn/onm/20141201/242605.shtml。

(二)自有媒体官网化:互动整合的"朋友圈"

自媒体的官网化是指依托微博、微信这类社会化媒体平台,创建、经营代表企业的官方用户,以拟人态的方式生动展现企业品牌文化、产品及服务信息,即时向用户群推送。例如企业开通微博公共号,可以随时通过私信推送分享企业最新动态、发展理念、产品更新的信息。一方面,实现与用户一对一的交流,加强交流与沟通,增加用户黏性;另一方面,培养用户习惯,用户可以主动获取、分享与企业相关的感兴趣的话题。这类自有媒体不同于传统的企业官网,对于消费者来说,更具有亲和力,更能调动他们的积极性,让消费者产生一种与企业平等并且毫不陌生的感觉,分享品牌的文化理念和人文价值。

(三)触点媒体融合化:互动整合的全面渗透

触点媒体融合化意味着贯通、融汇受众能够触达品牌信息的社会化媒体,并对其进行细分及定期维护,将各类触点媒体平台同步整合为企业营销信息传播的利器,进而成为销售渠道,帮助企业完成交易转化。巴西电商 Magazine Luiza 不仅在本土颇受追捧的社交媒体平台 Orkut 上推广其个人商品,还将全球知名社交网站 Facebook 整合成为其个人销售平台。Magazine Luiza 通过开放旗下网络商品链接至用户,使消费者可以直接购买产品,也可以将感兴趣的商品收藏、同步至个人社交媒体(Facebook)的销售页面,还可以将这类商品以口碑传递的形式推送至相关好友。如果其相关好友完成消费行为,源头用户会获得一定的佣金。另外,Magazine Luiza 还利用社交媒体(如 Orkut)的朋友圈推送功能,即时发送营销信息,利用不断扩散的口碑网络推广产品。①

第四节 社会化媒体营销传播趋势

一、社会化媒体营销趋势一:利用大数据提高投资回报率

从广告主的投资反馈来看,很多企业表示在社会化媒体上的投入与现实销售的持续下滑形成反差,企业需要更为精准的数据指导企业的社会化媒体营销实践。大数据像任何其他战略一样,在其部署过程中,会以一种或几种方式对企业产生影响,曾有企业做过调查,起码有 57%的营销预算在过去并没有获得营销投资回报。一些大数据企业已经开发出有效的算法,可以正确使用开放源代码工具,但是在缺少可用的投资回报率模型的

① 宋欢乐:《社会化媒体的营销生态圈》,2014 年 5 月 12 日,http://www.yixieshi.com/pd/17180.html。

情况下，其应用前景仍然有待挖掘。①

案例：趣多多利用大数据锁定消费群体

愚人节期间，趣多多利用社交大数据对18～30岁的年轻人进行精准锁定，并针对大数据分析得出的该人群关注热点，在目标人群习惯使用的社交和网络平台集中投放品牌相关热点话题。结合分析结果，趣多多联合目标消费人群感兴趣的热门节目《今晚八〇后脱口秀》，将趣多多以“有趣”为主题的品牌定位进一步加以强化。该活动短期内就创造了6亿多次页面浏览并影响到近1 500万独立用户，品牌被提及的次数增长了270%。这次营销活动结合目标消费人群的相关大数据分析，配合广泛的媒体发声，令趣多多的用户关注度得到了很大程度的提升，诙谐幽默的品牌基因令消费者印象深刻。②

二、社会化媒体营销趋势二：结合大数据与企业CRM管理

企业在各个社会化媒体平台上的数据，需要进行关联分析，并且与企业的CRM管理结合起来。不同社交平台上的用户信息具有一定的互补性，基于媒体强弱关系的不同，可以产生丰富的用户数据。以微博和微信为例，微博平台具有更强的媒体属性，基于强弱关系的交织关系产生强大的扩散力，从而产生更大的影响力。此外，微博还具有相对丰富的用户基础数据，包括个人基础信息、勾连的关系信息、交互的标签信息等，都有助于广告主为消费者的需求“画图”，了解其真正的需求。但优势与劣势总是相对的，在点对点的沟通方面微信就有了明显优势。无论是每日一条的定向推送还是即时的人机对话都可以让企业在一来一往中了解消费者更多的业务需求与消费特征。这样，社会化媒体上用户信息的互补性就出现了，企业可以充分利用微博来进行用户特征数据的获取，再利用微信进一步洞察用户对品牌的心理期待或潜在需求，关联、整合两者数据，就可以锁定某位社会化媒体用户，并对其需求有初步了解。

如某化妆品品牌通过多个平台的数据得出宋小姐毕业于名校，目前有一份稳定的工作，收入也不错，刚刚结婚，喜欢艺术，喜欢养多肉植物，喜欢吃零食。那么这些个人特征与她购买化妆品之间有多少逻辑关系呢？它怎么为企业的CRM管理提供长期的价值呢？未来就需要一个更加完整的数据处理方案，作为一个中间产品，一方面对接营销数据，另一方面对接企业的CRM系统。这个模型既可以获取社会化媒体中的新数据，加工

---

① litao984lt编译：《大数据是否意味着巨大的投资回报率》，机房360网，2013年1月31日，http://www.jifang360.com/news/2013131/n977344893.html。

② 艾达：《2个在大数据时代下营销成功的应用案例》，机房360，2014年4月6日，http://www.jifang360.com/news/201446/n335957740.html。

后输出给 CRM，也可以接受 CRM 系统发出的任务指令，进行用户沟通。[①]

三、社会化媒体营销趋势三：整合 So、Lo、Mo 三方应用

伴随着大数据的进步，社会化媒体营销在这三方面均有所突破，这三方面是：So——跨社交平台，Lo——精确瞄准，Mo——移动化。而且，这三方面的整合应用能为品牌创造更多的机会。

So(Social)：企业跨平台进行社会化媒体的整合并不新鲜，只是在大数据的辅助下，未来的整合不再是盲目的随意整合，不再围绕着平台，而是围绕着自己的观众，有自己观众的平台才是好平台。

案例：腾讯联动微博、微视策划社会化营销活动

2014 年初，腾讯要帮助统一奶茶摆脱品类同质化价格竞争，策划了"大好心情处处绽放"的社会化营销，通过"好心情事件"的执行与炒作，联动微博、微视两大社会化媒体，表达了统一奶茶"好心情"的品牌诉求。首先，统一奶茶采用活动网站、微博的互动形式，迅速传递好心情、传递正能量，使消费者能切实感受到品牌的调性与主张。紧接着，迎合中国新年，利用微视平台的超高热度，策划了"新年大运传递"活动，借势中国新年的节日档期，利用用户喜欢给好朋友送祝福的传统习惯，为每个消费者打造"逢考必过"等个性标签，传递产品新包装、新形象。以完美的互动体验强化人们对统一奶茶的向日葵符号记忆。同时，启动首个微视商业化项目，通过在微视视频中加贴"新年大运传递"的标签及大运牌的水印，实现品牌形象自然露出，打响了社会化营销跨平台整合的新年第一枪。[②]

Lo(local)：近年来，LBS、二维码与内容创新、关键词搜索推送的关联度进一步提升。在国外，也有很多这方面的应用。比如定址广告(在线广告定位)，这一创意最大的机会就是将电视广告转变为定址广告[③]，利用个人数据将合适的广告精准推送到目标人群面前。例如，美国最大的卫星电视运营商 Direc TV 以及 Dish Network 这两家卫星运营商以及网络视频网站 Hulu 已经在做在线的定址电视广告。Hulu 的目标是将原本只在电视上播放的内容及广告转为线上播放，帮助用户在任意时刻、任意地点用任意方式查找并欣赏专业的媒体内容(包括电影、电视)及具有针对性的广告推送。[④]

Mo(Mobile)：伴随着科学技术的不断发展，社会化媒体也随之丰富、成长，总之，移

---

① 中文互联网数据研究咨询中心：《社会化商业的新数据时代》，微尚网，2015 年 2 月 23 日，http://www.v3123.com/article—show—id—120838.html。

② 《声屏世界·广告人》编辑部：《"双微组合"好心情社会化营销绽放》，《声屏世界·广告人》2014 年第 8 期。

③ 定址广告：是指在线广告定位，这是一种针对某个特定区域、特定人群甚至单个用户的特定目标广告。

④ 严三九：《新媒体概论》，化学工业出版社 2011 年版，第 28 页。

动和社会化媒体日益成为人们生活中不可缺少的一部分。在未来,社会化媒体将搭载移动终端进一步蚕食人们的时间、爱好,渗透到人类生活的各个方面,把人们的生活状态变为“移动生活”。例如,备受关注的 Apple Watch 最近召开了记者招待会,这款全新产品已于 2015 年 4 月首先在美国和中国等 9 个国家和地区上市。据悉,Apple Watch 集健康跟踪、短信、支付、计时功能于一身,还兼容各类应用,包括收发短信和电子邮件、接打电话、播放音乐、显示通知、连接社会化媒体微信、监测用户生理数据、支持苹果移动支付等,将移动与社会化媒体再一次整合,更新了用户体验,令其可以随时随地接收广告主推送的信息。①

本章思考题

1. 简述社会化媒体营销传播的定义和特征。
2. 从广告主营销传播目的、所持态度、选取的营销传播手段三个方面阐释社会化媒体营销传播现状。
3. 简述社会化媒体营销传播运作策略的关键。
4. 简述社会化媒体营销发展趋势。
5. 谈谈你日常生活中经常使用的社会化媒体。
6. 讨论你所熟悉的广告主社会化媒体营销方式。

---

① 吴家明:《苹果 Apple Watch 传递产业信号:移动支付和医疗》,《证券时报》,2015 年 3 月 11 日,http://tech.sina.com.cn/it/2015—03—11/doc—iawzuney0641476.shtml

第九章　广告主网络视频媒体营销传播

本章导言

目前，网络视频已经成为仅次于即时通信、搜索引擎、新闻、音乐和博客之后的第五大网络应用。每一次媒介形态的变化必然引起营销手段的改变，网络视频这种基于互联网发展起来的集视听于一体的网络应用，也逐渐发展成为广告主营销创新的天然利器。本章将带你全面梳理网络营销视频相关理论，剖析当前广告主网络视频营销发展现状：网络视频植入广告仍是主要选择，平台定制内容、微电影、微纪录片等多元形式将助力网络视频营销。同时，了解网络视频营销传播策略与挑战，并尝试预判网络视频营销传播发展趋势。

本章要点

1. 网络视频媒体营销传播的定义
2. 网络视频媒体营销传播的特征
3. 广告主网络视频媒体营销传播发展概况
4. 网络视频媒体营销传播形式
5. 广告主网络视频媒体营销传播运作策略
6. 网络视频媒体营销传播存在的问题
7. 内容反向输送传统媒体平台
8. 实现广告内容化、内容社会化
9. 移动视频为发展热点

第一节　网络视频媒体营销传播相关概念

一、网络视频营销传播的相关概念

（一）网络视频的定义

对于网络视频的定义，学界和业界的看法不同。虞卓从网络技术的角度来定义："网络视频是指内容格式以WMV、RM、RMVB、FLV以及MOV等类型为主，可以在线通过Realplayer、Windows Media、Flash、QuickTime及DIVX等主流播放器播放的文件内容。"[①]这里将网络视频与技术做联结，将其具体为文件内容。王润认为"网络视频就是在网上传播的视频资源，狭义的是指网络电影、电视剧、新闻、综艺节目、广告等视频节目，广义的还包括自拍DV短片、视频聊天、视频游戏等行为。"王润将其定义为一种节目和行为。[②] 维基百科中，视频被释义为"Video，又称影片、影音、视讯、视像、录影、动态影像，泛指将一系列的静态图像以电信号方式加以捕捉、记录、处理、存储、传送与重现的各种技术"[③]，更偏重于技术层面的概括。

根据梳理不同的定义，我们将网络视频定义为：依托互联网技术，凭借其覆盖面广、互动性强、传输速度快等特点，变革性地将电影、电视剧、新闻、综艺节目、广告等内容信息以流媒体形式展示的一种方式。这里，我们主要将其视作广告主营销可以凭借和依托的一种方式和手段。

（二）网络视频营销的定义

网络视频营销是伴随网络视频的兴起而出现的新型营销传播策略。目前，学界仍没有统一的定义，武汉大学新闻与传播学院的徐芳琳认为"'网络视频营销'指的是企业将各种视频短片以各种形式放到互联网上，达到一定宣传目的的营销手段"。[④] 长沙学院邓榕认为"网络视频营销是指企业或者组织机构利用各种网络视频，比如科学视频、教育视频、企业视频等网络视频发布企业的信息、展示企业的产品，推广企业的各种营销活动"[⑤]。吉林师范学院工商管理学院何迪在此基础上将其定义为："所谓网络视频营销是指企业或者组织机构利用各种网络视频，比如科学视频、教育视频、企业视频等网络视频

---

① 虞卓：《消费主义背景下的青年价值观建设——以美国消费主义时期为例》，《理论界》2006年第10期。
② 王润：《论媒介文化视野下"不差钱"搞笑视频热背后的传播现象》，《科技促进发展》2009年第9期。
③ http://zh.wikipedia.org/wiki/视频。
④ 徐芳琳：《浅谈网络视频营销》，《法治与社会》2009年第8期。
⑤ 邓榕：《试论网络视频营销》，《湖南师范大学社会科学学报》2010年3月。

发布企业的信息、企业产品的展示、企业的各种营销活动，以及各种组织机构利用网络视频把最需要传达给最终目标客户的信息通过各种网络媒体发布出去，宣传企业产品和服务，在消费者心中树立良好的品牌形象，从而最终达到企业的营销目的。”①

在学界和业界观点的基础上，我们将网络视频营销定义为：传者（企业、广告主、组织、政府、个人）依托互联网技术，借助网络视频介质向目标受众发布相关信息（硬广推送、产品信息、品牌植入与推广、公关宣传等），以期达到营销效果和目的的一种营销传播手段。

二、网络视频营销传播的特征

（一）性价比相对较高

相对于传统的影视剧投入，网络视频凭借多样化的营销形式、丰富的内容信息，可以以较低的成本获得更好的营销收效。另外，随着近年来网络视频平台的蓬勃发展，形成了百花齐放的繁荣景象，众多定位、偏重不同的网络视频网站令广告主选择的弹性更大，故而可以根据营销成本选择性价比更高的平台。

一直以来，电视广告都以其超高覆盖率及影响力在各类广告媒体投放中雄踞价格榜首。但随着互联网普及和视频技术的发展，网络视频广告的制作呈现成本日益下降、整体水平日益精良的趋势。一支电视广告，投入几十万甚至上千万都是很正常的事情，而一支网络视频短片或微电影，可能几万块甚至几千块钱就可以完成，营销传播效果却往往并不逊色，并且其多采用千人曝光成本（CPM）计费形式，可更为有效地监测和评估效果。②

另外，只要有好的创意，几个人就可以做出优质短片，利用网络视频平台的共享性，搭载社会化媒体，免费放到网站上进行传播。据相关研究结果表明，56.3%的在线视频观众可以记起视频里的广告内容。③ 一支流传甚广的视频可以让公司以极小的成本获得极大的曝光。

（二）传播速度快、范围广

由于互联网具有广泛、任意、即时联结的特点，网络视频营销可借助互联网的超链接技术实现信息传播迅速蔓延。“视频不受时间和空间的限制，可以自由进行传播，并且传输速度是传统媒体无法比拟的。”④另外，相较于传统媒体，其网络生成、发布视频信息内容速度更快，由于受众在各平台瞬时的大量关注、分享及转发，网络视频的传播速度亦得

---

① 何迪：《网络视频营销创新模式新探》，《通化师范学院学报》2012 年第 7 期。
② 年华：《视频营销五大优势》，《成功营销》2008 年第 5 期。
③ 徐芳琳：《浅谈网络视频营销》，《法治与社会》2009 年第 8 期。
④ 邓榕：《试论网络视频营销》，《湖南师范大学社会科学学报》2010 年第 3 期。

到提升,能够在短时间内取得更为有效的营销效果。比如北大宣传片微电影《女生日记》,在网络上公开播放后,在很短的时间内视频点击量突破 50 万,微博转发率极高,使得这一宣传短片在网络上走红。①

另外,由于网络辐射范围广,其信息覆盖面、传播范围远远大于传统视频。在地球的任何地方,都能够获得企业视频信息。网络“地球村”的形成,让视频营销的辐射面不再局限于国内,还可以扩大至海外。这对于一些全球品牌的广告主进行全球性营销是极为有利的,能够在短时间内收效显著。

(三)传播内容弹性大、传播周期灵活

对广告主来说,在使用网络视频进行营销传播时,不仅选择的营销形式要契合主题,营销内容展现也不容忽视。由于网络视频具有用户自主生成、选择及分享的特点,这不仅意味着网络视频的制作方和营销人员在内容筛选方面拥有更大的弹性和可能,也意味着他们将面临着更大的困难。通常用户通过自主选择观看一个视频,那么也可能选择放弃观看这个视频。就如某个卫视在播放电视,观众不喜欢这个节目就会马上调台一样。网络视频同样会面临这种考验。因此,契合产品或品牌的优质内容是网络视频成功取得预期效果的关键。②

另外,传统媒体在资源获取及使用方面存在一定制约:比如传统电视媒体的资源获取有限且存在较为严格的审查制度。因此,传统媒体只能在固定的时段展示内容,受到展示频率、播放时段等因素的影响,导致真正到达目标受众的有效信息受限,同时在广播、电视及平面媒体上投放的信息也不可能无限期地展示及提醒,营销效果通常只能在广告或宣传活动结束后维持很短暂的一段时间。相比之下,网络视频营销不但能够在活动推广期实现跨媒体的立体式传播,在活动结束后相关的视频资料、评价系统仍继续存在,可以使话题持续得到关注,受众可以根据自己的需要随时点播并参与互动,传播周期更加灵活,解决了信息发布时间与受众需求时间之间不同步的矛盾,一定程度上实现了用户需求与企业销售意图的精准对接。

(四)快速获取精准流量、较易锁定目标受众

对视频网站和门户网站来说,浏览量是其竞争的立足之本,某些视频网站的高浏览量可以达到每日上亿。营销活动中,当相关营销视频被企业主动或被动分享后,部分受众可能产生兴趣,进而转化为浏览或者转发行为,这些浏览量是可测量考证的,一定程度上有助于广告主锁定目标消费者。同时,网络视频用户的受众特征非常鲜明,从年龄结

①② 姜丽:《网络视频营销的模式、类型和策略研究》,华中科技大学,2013 年硕士论文。

构、职业分布、收入水平以及受教育程度等因素综合考察，可以认定属于接受新事物能力强、购买力中等偏上的优质受众。早在 2011 年公布的中国网民网络视频应用研究报告的数据即显示，19 岁以下、20～29 岁、30～39 岁的用户分别占比 30.1%、32.3% 和 22.5%，共占全部网络视频用户的 84.9%，属于购买欲望和消费水平最高的群体；而从群体构成角度看，网络视频用户中学生占 31.1%，是比重最大的人群，其次是企业员工，占总用户数量的 20.5%，这两大群体已覆盖了一半以上的网络视频用户，也是最易受到网络视频内容影响、最易被引导消费的人群。①

（五）互动性强、受众关注度高

与传统电视的直播不同，对广告主来说，网络视频的互动渠道更为便利，反馈更为及时。目前，几乎所有的网络视频网站都开通了弹幕、评论功能，不仅可以在观看网络视频之后及时发布自己的感想和反馈，甚至可以在节目播出时实现同步评论。而互联网又可以传输多种媒体信息，如文字、声音、图片、影像等，通过“多媒体”信息的交换，网络视频营销的互动性更强。因为有了这种双向沟通，广告主可以在第一时间回收反馈，根据受众的反应对营销情况进行评估，及时调整下一步的营销决策，在一定程度上可以有效提升营销效率，实现影响力效果最佳。另外，由于在网络视频中用户拥有极大的主动权和自主性，更需要被引导和挖掘，而不是硬性推广，这与传统电视广告的灌输思维是完全不同的。国外视频网站在这方面的一些创新给予了我们启示，例如，Hulu 为用户提供了一种功能，用户可以自行选择观看的广告。这种互动给予了用户充分的选择权利，用户在感受到尊重的同时对广告的认可度也提高了。② 对广告主而言，通过这种几乎零成本的互动就完成了目标受众细分；而对于网站，其收集到的关于用户的基本行为及数据本身也具有很高的挖掘价值。

在网络社会中，有一种“关注限制法”（the law of the limits to attention），指的是“随着所有网民大体上都可以在网络中与其他人联系和交流，当接收者的阅读、收听和观看的时间都用尽时就出现了关注的限制。在网上发布内容的人越多，通常成为它们的受众的人就越少。”③由于受众关注的限制性，由于网络提供了海量信息，个体受众在网上浏览内容时就很难固定或长时间地停留在单一内容上，广告主想要最大限度地吸引受众关注，网络营销活动的独特性和针对性就显得很重要。网络视频营销以视频作为载体，以多元内容流媒体为展现形式，一旦吸引了某个具体受众的注意就可能获得相关受众群体的关注，从而锁定潜在用户群，这就是网络视频营销的优势：让消费者、受众对产品信息、

---

① 何迪：《网络视频营销创新模式新探》，《通化师范学院学报》2012 年第 7 期。

② 孟玮：《网络视频营销的价值》，《广告人》2009 年第 5 期。

③ Van Dijk J：*The Network Society*，Sage Publications Ltd. 2012.

营销视频内容的关注较为集中。

第二节 网络视频媒体营销传播现状

一、广告主网络视频媒体营销传播发展概况

伴随着互联网及信息技术的不断普及与发展，网民及网络视频的受众不断增加。截至2014年12月，我国网民规模达6.49亿，互联网普及率为47.9%，较2013年底提升了2.1个百分点。中国网络视频用户规模达4.33亿，较2013年底增加了478万人，网络视频用户使用率为66.7%，比2013年底略降，网络视频对新增网民的拉动作用减弱。网络视频用户整体规模仍在增长，但使用率略有下降，手机视频的用户规模和使用率仍然保持增长态势，但增速已明显放缓，网络视频行业步入平稳发展期。[①] 一方面，碍于政府政策法规的限制，比如"限娱令""限广令"，传统广电营销发展空间受到进一步压缩，网络视频对传统电视的互补性日趋明显；另一方面，由于受众规模的稳定增加以及移动互联网视频发展的不断完善，网络视频营销价值正被越来越多的广告主认可。

(一)国内视频网站发展现状

网络视频行业虽然诞生的时间不是很长，发展却非常迅速。除去专业的视频网站(优酷、土豆、56网、乐视、PPlive等)，一些门户网站(搜狐、新浪、网易等)也进入该领域并依托原有用户优势抢占视频市场。

在战略层面上，视频行业经历版权争夺战、上市热潮、收购并购之后，整个行业不断加速合并与洗牌，竞争非常激烈。2014年视频网站的竞争格局基本稳定：集合了专业影视节目、自制节目和UGC内容的综合视频平台——优酷网牢牢占据头把交椅，在整体品牌渗透率、忠实用户比例和付费用户比例上均遥遥领先于其他视频网站。奇艺/爱奇艺、腾讯视频依托各自搜索、门户网站的庞大用户群，迅速聚拢了大量用户，加之他们在热门综艺节目、自制剧方面的大量投入，在各指标上的排名均处在视频网站的第二位、第三位。百度视频在PC端虽不直接提供视频服务，但是其强大的导流能力和品牌效应，铸就了其较强的品牌影响力，整体品牌渗透率、手机端品牌渗透率均排在第四位。推崇用户UGC内容的土豆网忠实用户比例相对较高，达16.1%，排在第四位。搜狐视频在手机端

---

① 中国互联网络信息中心：《第35次中国互联网络发展状况统计报告》，2015年2月3日，http://cnnic.cn/gywm/xwzx/rdxw/2015/201502/t20150203_51631.htm。

的品牌渗透率表现相对较好，付费用户比例为 4.7%，排在第四位。[①]

内容、体验、终端是推动视频网站发展的关键，也是各个视频网站寻求差异化的重要战略落脚点。

在内容资源方面，国内视频网站主要通过用户自创分享、购买正规版权内容以及自制原创内容三种方式供给。一方面，视频网站通过购买热播剧来吸引用户，偏重不同剧种或类型来形成自己的特色。比如，有的网站偏向美剧、韩剧，有的侧重购买海外节目，有的侧重购买国产剧，以吸引不同的用户群。另外，各个网站还加强了自制剧以及自制节目的创作，如爱奇艺视频出品的《不可思议的夏天》、搜狐视频出品的《大鹏嘚吧嘚》等，都有很好的反响。此外，还有一些视频网站通过直播体育赛事和大型比赛的方式来吸引用户。

在用户体验方面，各大视频网站除了优化升级视频画质的清晰度、流畅度等硬性条件外，在网站操作、辅助功能、视觉美观等方面也着手进行人性化设计，力求全方位改善用户观看体验。

在终端方面，视频网站正在加速移动终端市场的战略布局，包括对客厅时间跨屏的终端占领，尽可能多地抓住用户的碎片时间。如 PPTV 以视频直播和专业制作为特色，基于互联网视频云平台 PP CLOUD，包括 PC 网页端和客户端、手机和 Pad 移动终端，以及与牌照方合作的互联网电视和机顶盒等多终端，向用户提供网络电视媒体服务。

（二）网络视频广告规模发展良好

根据《2014 年在线视频广告市场报告》显示（如图 9-1），2014 年中国在线视频广告市场规模为 152 亿元，同比增长 55.1%，高于 2013 年的 47.2%，主要得益于巴西世界杯及热门综艺（《我是歌手》第 2 季、《爸爸去哪儿》第 2 季、《中国好声音》第 3 季等受关注资源所贡献的广告收入。2018 年，我国在线视频广告市场规模有望超 500 亿元。随着在线视频平台自制内容业务的不断成熟、移动端视频的进一步发展，未来这两块业务所贡献的广告收入也将成为在线视频广告市场发展的重要推动力。[②]

伴随着整个网络视频广告市场的规模化增长，以及先行广告主对网络视频广告价值的逐渐认可，越来越多的传统广告主更加重视网络视频广告，广告预算开始从传统媒体以及互联网等新媒体向网络视频转移，未来几年内网络视频平台广告将保持稳定增长。

---

① 中国互联网络信息中心：《第 35 次中国互联网络发展状况统计报告》，2015 年 2 月 3 日，http://cnnic.cn/gywm/xwzx/rdxw/2015/201502/t20150203_51631.htm。

② 艾瑞咨询：《239.7 亿！2014 年在线视频广告市场报告发布》，2015 年 1 月 30 日，中国广告网，http://news.cnad.com/html/Article/2015/0130/20150130094535420.shtml。

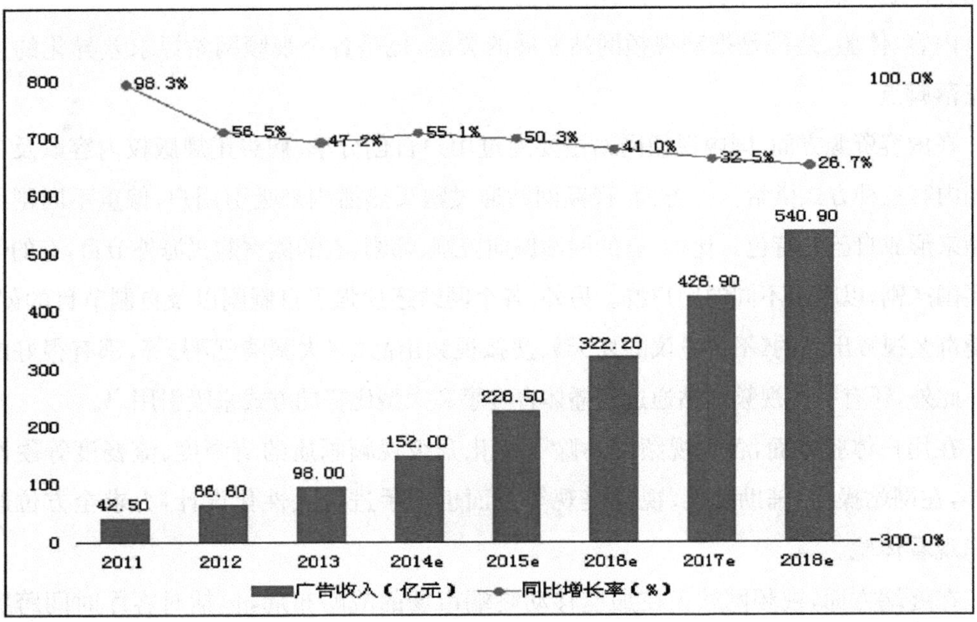

数据来源:《2014年在线视频广告市场报告》①

图9-1 2011—2018年中国在线视频行业广告市场规模

(三)网络视频营销价值日益凸显

对广告主而言,网络视频营销的主要价值在于两个方面。首先,网络视频涵盖微电影、综艺节目、新闻资讯及评论、广告片等多种营销形式。比如微视频可以与中长视频和影视剧视频在终端、内容、时段上形成互补,满足受众的多样化需求,覆盖更多消费群体,有效提升到达率。其次,广告主可以选择契合产品和品牌的形式及创意内容,更有针对性地设计投放。再次,相比传统电视广告而言,广告主可借助Cookie等大数据技术分析用户所在地域、年龄、性别、兴趣、职业等,并且根据观看视频的偏好,针对目标消费者进行视频内容的定向播放和精准营销,从而令投放更加有的放矢。最后,对网络定制内容(自制剧、自制节目)等量身定做的新型广告形式,品牌诉求更加清晰。

此外,网络视频的传播渠道多且推广成本相对较低,营销性价比较高。视频内容不仅可以通过PC终端视频平台、手机移动终端、iPad等移动数字媒体终端播放,还能在社交网站引起网民的主动传播。而且,相对于传统TVC广告,网络视频依托数字技术传播的优势可在短时间内形成病毒式传播,以较低的制作成本实现爆发式的营销传播效果,性价比较高。最后,相对于传统电视,视频媒体的终端使用率逐渐增多、频道数量无限、

① 艾瑞咨询:《239.7亿!2014年在线视频广告市场报告发布》,2015年1月30日,中国广告网,http://news.cnad.com/html/Article/2015/0130/20150130094535420.shtml。

节目区域无局限、千人成本低，因此网络视频营销被形容为一种“性价比”较为突出的营销模式(见表 9-1)。

表 9-1　传统电视属性与视频属性比较

比较内容	传统电视	视频媒体
终端普及	非常高	高
传播方式	单向传播	双向互动
终端使用率	逐渐减少	逐渐增多
终端拥有性质	多人共用	个人私用
频道数量	有限	无限
节目区域性	局限性大	无局限性
内容点播	部分可以	可以
画面质量	高	高
流畅度	高	高
广告成本	高	目前较低

表格来源:《网络视频与传统电视的比较》①

更重要的是，网络视频的营销效果相对容易量化，反馈较为迅速。点击、转载、评论等种种数字令广告主相对清楚所投放的“每一笔费用都花在了哪里”。同时，根据网络即时互动反馈，也便于企业在第一时间总结这次视频广告的得失，大大提高效果监测率。比如，广告主可以通过监测网友即时(弹幕)或者延时(评论)交流，根据其对内容的看法，间接得出其对产品或品牌的态度，从而调整下一步计划。另外，点击量也较为直观地体现了到达率，广告主可以通过随时监测剧情的播放次数，及时跟进和调整。

二、网络视频营销形式多元

网络视频广告的基本形式包括贴片广告、插播广告与弹窗广告。其中，贴片广告是指视频内容播放前出现的品牌广告。插播广告是指在视频播放过程中，中断节目的播出，转向播放商业或公益类型的广告内容。而弹窗广告则指打开网站后自动弹出的广告，无论用户是否点击都会出现在用户面前。

这类视频广告本质同传统的硬广类似，只是播放平台由传统媒体转移到了网络视频新媒体。营销操作手法相对较为简单直接，属于新媒体中的“硬广告”。一般而言，一部高点击量的视频都会保证品牌广告的到达率。

除了这类传统的网络视频广告营销形式，广告主也在不断地追求创新，将网络视频

① 余京津:《网络视频与传统电视的比较》,《中国广播》2009 年第 4 期。

营销的广告内容以及形式做更多元化的呈现。伴随营销需求的升级，更多的网络视频营销方式突破了传统的硬广模式，在更为“软性”的品牌诉求传达上下了不少功夫，并获得了不错的效果。

(一)网络视频植入

视频植入是指将产品或品牌信息嵌入内容产品(包括综艺节目或影视剧等)中，配合节目或剧情发展，在视频播放过程中释放“软效应”，以影响消费者的认知、态度和行为。将广告主品牌或者产品信息搭载内容通过网络视频、移动视频配合电视剧集等多种渠道展现出来，与以往传统广告直白的诉求方式不同，通过润物细无声的形式将视频和品牌、产品嫁接起来，潜移默化地影响消费者。除此之外，配合新技术的发展，广告主还寻求多种新型植入的方式，比如定制型植入和实现播放平台＋电商平台无缝对接等方式促进营销向销售的直接转化等。

2014 年，国产喜剧《爱情公寓 4》(以下简称《爱 4》)开播后便不断打破国产电视剧网络播放纪录——首日播放破 2 亿次。上线不久，《爱 4》在爱奇艺、PPS 双平台的全网播放量突破 25 亿次，春节期间播放量突破 8 亿次，以日均近 1 亿次的播放量成为“史上第一神剧”。伴随着《爱 4》的热播，京东采用了“定制剧集＋剧情植入”双管齐下的营销方式。同时，京东宣布成为《爱 4》独家电子商务合作平台及《爱情公寓》衍生品官方授权旗舰店。快递单、快递哥等带有品牌形象的产品或人物在剧情里大量曝光，形成深度植入。而在《男人帮》《北京青年》等热门剧中，京东均采用类似的手段进行品牌宣传，低价、物流、正品、售后、客服频频出现。植入方式有京东独有的蓝色包装袋背景、发票、客服体验过程等。不难看出，京东挑选的都是娱乐性强、轻松活泼，针对年轻受众的节目或剧集。由于这类内容的受众群与其目标消费群体基本重合，能够带来广泛的受众基础，所以京东在选择网络视频作为播放渠道的同时，搭载 PC 端、手机端，全面围堵消费者，令此次植入一定程度上成功地提升了品牌在年轻消费群体中的认知度和美誉度。①

(二)平台定制内容

1. 定制剧

在网络定制剧中，企业与制作方共同打造剧本，直接参与剧集创作，把品牌的精神、定位、广告语、广告创意等融入整个故事，成为伴随主人公生活、推动情节发展的重要部分。品牌自制剧主要为品牌量身定制，由于其播放周期较长，渗透力更为持久，能令受众更深层次地了解品牌所传达的内涵和宣扬的生活方式。自制剧形式类似于电视剧集，但

---

① 罗超:《〈爱情公寓 4〉京东玩定制营销》，速途网，2014 年 1 月 24 日，http://www.sootoo.com/content/477177.shtml。

将播放平台转移到互联网上，视频＋网络令这种新的营销形式既具备了视频的内容优势，包括视频叙事性强、创意丰富、形式多样化等，又具备了网络营销交互性强、传播速率高、成本控制低廉、收效快等营销传播的优势。

2. 定制栏目

定制网络栏目是广告主为了达到营销传播的目的，利用网络平台自制的与品牌相关的各种栏目，包括综艺节目、娱乐节目、美食与体育等各种内容。通过改变传统生硬的广告植入，将节目内容与客户的传播诉求紧密融合，让品牌与内容互相加分。

案例：索尼携手优酷土豆推出《音乐带你去旅行》

迎合自制趋势，优酷土豆推出了“带你去旅行”系列节目。在《音乐带你去旅行》中，作为整个系列的第一期，优酷土豆经过考量，为了凸显节目的音乐理念，最终选择以音乐为品牌诉求的索尼作为合作品牌。为了实现节目内容与品牌的契合，索尼巧妙地将旗下产品 SonyZ2 嵌入节目内容，作为一系列故事的记录者，成为线索之一，贯穿并牵引整个旅程。在节目中，音乐才女曲婉婷、姜昕赶赴两大音乐圣地纽约和芝加哥，全程携带 SonyZ2，一路记录了迈克尔・杰克逊妈妈记忆中的故事，华尔街白领的街头摇滚等动人的声音。节目上线首日，SonyZ2 的百度搜索量也一路攀至峰值。自《SonyZ2 音乐带你去旅行》美国站赢得好评后，优酷土豆陆续推出《必胜客韩流带你去旅行》《Vivo 音乐带你去旅行》英国站，其中《必胜客韩流带你去旅行》五集节目已经突破千万流量，微博话题阅读量达到 1.1 亿人次。该系列节目先后赢得数十位娱乐圈、旅游界的网络红人纷纷转载分享并推荐，至今每天仍有大量网友评论和转发。[①] 索尼通过与该栏目的合作成功体现了品牌诉求，实现了营销目的，完成了销售转化。

3. 微电影

微电影不仅仅是为品牌讲一个故事，它与网络定制剧最大的区别是主题更加注重延展品牌的理念，短时间内就能够引起观众的思考甚至共鸣，为品牌博得认可和口碑，利于品牌形象的塑造和品牌美誉的维持。

2014 年，微电影实现规模化增长，并逐渐向精良画质、优质内容发展。根据《2014 年度新媒体行业发展报告》显示，截至 2014 年 12 月，全网微电影作品（不包括网友原创内容）达到 8 000 余部，相比 2013 年总量增加了 2 000 余部，其中包含网络大电影 400 余部（如图 9-2）。从播放效果来看，根据 2014 年全网微电影播放统计，44％的微电影都在百万次级别，千万次级别以上的影片占到了 24％（如图 9-3），这一分布基本呈现了微电影整

① 韩溢、孙珺、方树、姜川：《2015 当内容派遇上技术流 视频营销五大前瞻》，《成功营销》2015 年第 1 期。

体的播放水准。2014 年微电影广告收入可能达 450 亿元,较 2010 年增长 9—10 倍。[①] 可见,广告主对其营销效果比较满意,微电影市场前景良好,随着整个产业链条的不断发展和完善,微电影营销价值将日益凸显。

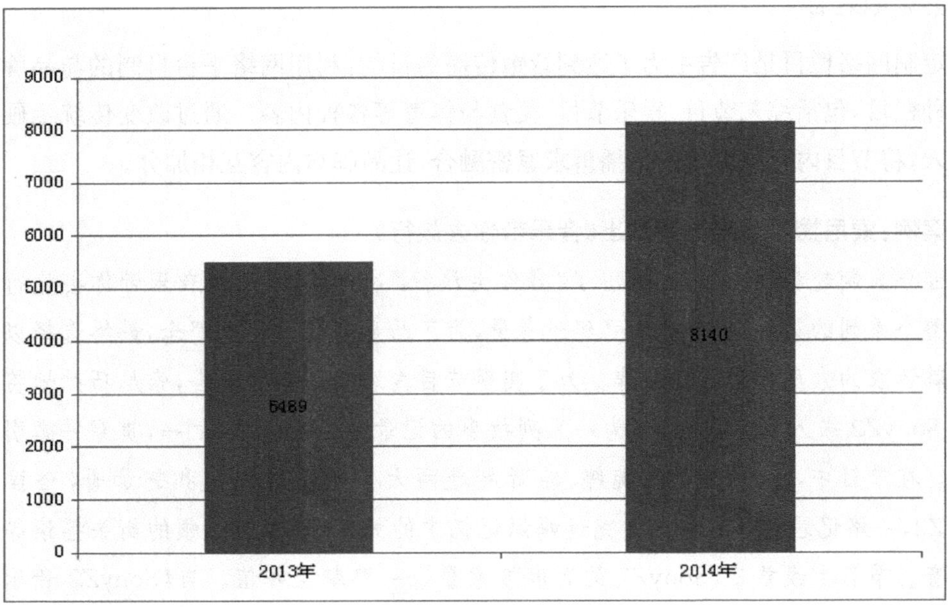

数据来源:《2014 年度新媒体行业发展报告》②

图 9-2 2013—2014 微电影(含网络大电影)作品数量

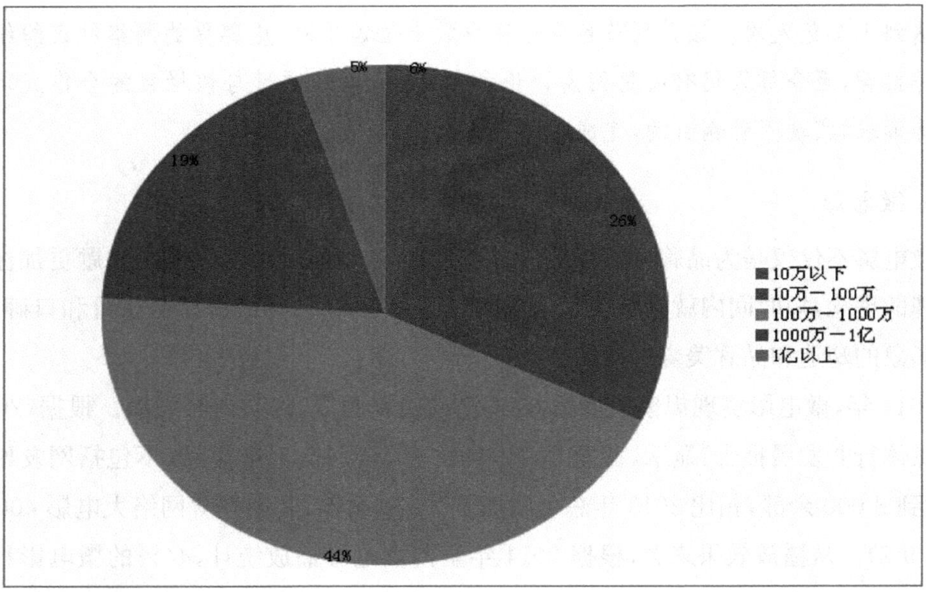

数据来源:《2014 年度新媒体行业发展报告》③

图 9-3 2014 微电影(含网络大电影)播放效果

---

①②③ 芭乐互动(北京)文化传媒有限公司、中国传媒大学新媒体研究院:《2014 年度新媒体行业发展报告》,芭乐数据,2015 年 1 月,http://media.bale.cn/special/observe/18/。

4.微纪录片

与传统纪录片不同的是，网络营销纪录片更偏重于传递最有价值的信息，也更擅长在有限的时间内借助多样态输出终端进行全面渗透覆盖传播，以满足当前用户需求碎片化的特性。在表达方式上，网络营销纪录片延续了传统纪录片的真实性、权威性，通过艺术的表现手法，助力广告主树立品牌精神，渗透品牌内涵。

案例：MINI 中国定制拍摄纪录片《进藏》

2013 年 12 月，MINI 中国和土豆共同策划拍摄、联合出品纪录片非凡之旅《进藏》。该纪录片由《MINI PACEMAN 城市微旅行》原班制作团队历时 1 个月实地拍摄，不仅真实记录了藏区的自然环境、民俗和宗教，并以最真诚的态度去呈现最纯粹、最原始的西藏。片中还揭秘了扎根这片神秘土地上形形色色的人以及他们不为人知的生活方式。此部纪录片真正地做到了以真诚的态度来呈现藏区的独特文化，另外，巧妙地将 MINI 的品牌精神融入内容当中，牢牢地将品牌与目标消费群体的精神需求连接在一起，不仅提升了品牌的美誉度，还和品牌成为 PGC 的合作伙伴，这样的合作模式也受到诺基亚与红牛的关注与支持，他们先后加入了此次的进藏活动。①

第三节　网络视频媒体营销传播策略

一、广告主网络视频媒体营销传播策略

（一）网络视频媒体营销传播模式

营销的根本就是把握消费者的心理，网络视频营销也不例外。广告主在开展网络视频营销的时候应当明确传播目的，充分挖掘企业目标消费者的偏好，选取合适的题材进行创意设计，还要根据自身行业、品牌和产品的特性选择不同的网络视频形式以及传播平台。

首先，要明确传播目的，充分挖掘细分市场。广告主进行网络视频营销的前期市场调研是非常关键的，评估受众喜好，紧跟目标群体需求点，挖掘亚文化。如联合利华家乐品牌赞助播出的网络美食节目《美食美课》，根据百度菜谱热门搜索，制作了方便年轻人学习烹饪技术的网络视频。一方面美食类的节目素材恰好符合家乐品牌的目标受众；另

① 肖扬：《〈进藏〉：做一部真正了解西藏的纪录片》，中国民族宗教网，2014 年 3 月 31 日，http://www.mzb.com.cn/html/report/140316568－1.htm。

一方面，网络美食节目与年轻人现代化的信息接收状态相符，更容易让年轻人了解家乐品牌。

其次，不同行业选择网络视频的类型具有一定的偏向性。快消品、汽车、电器、网游、金融可以选择微电影。这些品牌的感性诉求较高，短小精悍、情节丰富的微电影适合品牌讲故事，受众也乐于接受。快消品，例如日化类品牌可以选择网络定制剧，较易配合剧情发展进行植入；具有悠久历史和文化底蕴的品牌可以选择纪录片，让受众认识它的历史渊源；时尚类、美食类、旅游类等具有题材性的品牌可以选择网络栏目，通过剧集的呈现为受众展示品牌丰富多彩的内涵。

最后，不同时长的网络视频可以满足广告主的不同需求。短视频可以实现如周年庆、促销、活动、新品上市、化解危机等短期、即时见效的目的，而长视频则注重品牌内涵的诉求、品牌历史文化的呈现、品牌精神的贯穿等。

(二)网络视频媒体营销传播内容

1. 社会热点、热词，话题性内容

社会热点是具有时效性的，热点是指广受关注的社会现象或问题等信息，热词则是流行于网络或者生活中的习惯用语。热点、热词本身有强大的吸引力。深挖热点热词，制造话题性事件，搭载社会化媒体，将其融入定制视频中进行二次传播，促使受众在触达热点信息的同时也能将品牌的特色内容一并吸收。

案例：三星 Galaxy S5 借势“冰桶挑战”推广视频点名对手

2014 年 8 月，患有 ALS(肌萎缩侧索硬化症)的波士顿学院著名棒球运动员 Pete Frates 希望更多人能够关注到 ALS，于是发起冰桶挑战。8 月 23 日，正当“冰桶挑战”风靡全球之际，三星英国分公司的 YouTube 频道发布了一段最新的推广视频，在视频中，Galaxy S5 手机接受了“冰桶挑战”，并点名苹果 iPhone 5s、HTC One M8 和诺基亚 Lumia 930 参加挑战。因为 Galaxy S5 拥有 IP67 级防水性能，所以可以在 1 米深的水下坚持 30 分钟不进水。HTC One M8 和诺基亚 Lumia930 虽然也都号称拥有防水功能，但性能相对不及三星。但最重要的在于，Galaxy S5 的主要竞争对象 iPhone 5s 完全不具备防水功能。由此看来，三星正是希望借助这段视频突出两者之间的功能差异。在 Galaxy S5 刚刚上市时，防水功能的确成为该产品突出特点之一，也是其差异化卖点之一。随后三星表示，旗下公司发布这段视频的目的是支持这项慈善活动，并呼吁人们为患有 ALS 疾病的“渐冻人”捐款。这次借势营销不仅推广了产品的竞争优势，同时还宣传了品牌的公益主张，一定程度上提升了产品好感度和品牌美誉度。

2. 品牌故事化，引发情感共鸣

有内涵、有感情的品牌往往能够获得消费者的好感，而定制内容恰好为企业讲述品牌故事，为多元展现企业文化创造了可能。二者的统一不仅使广告主达到传播品牌文化的目的，还能避免引起受众的反感。以多元的情感认同（亲情、励志、爱情等）为目的，将品牌声音巧妙地融进故事里的沟通模式，能够最大限度地触达消费者，引起消费者情感共鸣并留下良好印象。前文提到的网络定制剧、定制节目、微电影、微纪录片等都是采用的这种营销策略，这也是目前广告主比较乐于采用的视频营销方式。

案例：蒙牛配合微电影《最好吃的饭》推出新品焕轻系列

2014 年 8 月，蒙牛焕轻通过上线微电影《最好吃的饭》，推出了面向中老年人群的高端乳品焕轻系列，这是一款非常典型的“使用者不是购买者”的产品。对此，蒙牛将营销重点放在吸引“子女”人群的关注上，希望以微电影的方式唤起子女对父母的关心并最终实现交易转化，完成消费行为。《最好吃的饭》讲述了年迈的母亲走出大山，历尽艰辛，只为到城市给生病的女儿做一顿饭，最后女儿发现原来母亲早已失明的感人故事。视频仅仅上线几天就掀起了网络热议，微博搜索结果迅速达到 400 多万条，获得包括《人民日报》在内的各种主流媒体转发、关注，全网迅速掀起自发式病毒性传播。而“焕轻”等关键词在百度的点击量及曝光量呈明显上升趋势，微电影的话题效应带动消费者对焕轻品牌的认知及关注大幅提升。上线全网总播放量超过 3 亿次，充分实现了营销价值最大化，延伸了品牌理念，促进了销售。蒙牛通过发起“父母价值不退休”等系列活动的号召和征集，进一步强化焕轻品牌观点与理念，同时借助网络平台与目标人群深入互动，引起消费者情感共鸣，开启更立体化的品牌记忆。①

3. 创意：另类、大胆、别出心裁

另类、大胆、有新意的创意内容本身就有强大的自我传播力量，符合病毒式传播的内容要求。如果能和品牌理念、内涵、价值观结合巧妙，就能为品牌带来疯狂转发，自发产生口碑效应，强化、提高品牌的美誉度。

案例：士力架推出创意视频《东游盗武之憨豆的假期》

美国玛氏食品出品的巧克力品牌士力架每年都会推出一款不同的饿货主题广告，2014 年士力架为旗下饿货系列广告推出了一个充满中式武侠风格的大片，这绝不仅仅是一支普通的微电影广告。虽然该片依然延续了“一饿就不是你了”的营销主题诉求，但与以往创意不同的是巧妙独特的内容设计和周边宣传。

---

① 崔文花、韩溢、史航、孙珺：《谁在颠覆商业？2014 中国创新营销峰会解密》，《成功营销》2015 年第 1 期。

首先，品牌事先围绕憨豆进行了周边传播预热，带领所有供应商，完成了将微电影作为病毒传播源—媒体选择—线上线下配合等方面的大量工作。从8月11日到8月13日，以“憨豆复出接拍功夫大片 *Fist of Bean*”为线索，从憨豆复出的角度进行媒体引导，进而引发网友关注，在三天时间内策划了腾讯视频《东游盗武之憨豆的假期》电影创意专题，从电影预告片及后台花絮（扎马步、降龙十八掌）等多角度进行创意策划，令电影传播更具观赏性；在同一平台上，还优化了憨豆先生作品的关联，将憨豆先生的历代合集和经典作品加入到《猜你喜欢》栏目中，使腾讯视频用户能够垂直化接受信息，以达到网友关注、期待回归的效果。同时，内容设计充满新意。许久未见的憨豆先生穿越到中国唐朝，与兄弟们潜入武林盟主家窃取武林秘籍，不料中途饿到无力，落入敌手，也只能打打洋相百出的“饿货拳”，顺理成章地引出士力架变身，反转剧情。这类别出心裁的内容设计和视觉冲击令消费者印象深刻。①

因此，如果期待定制视频中有夺人眼球的创意元素并足以打动消费者，就要求广告主在把握内容的基础上，推出另类、大胆、别具一格的创意设计，于另辟蹊径中找到新意，彰显品牌与众不同的气质，增强品牌美誉度。

（三）网络视频媒体营销传播策略

1. 结合社交媒体，实现充分互动

相对于传统电视，网络视频广告的互联网播出平台是其最大的特点之一，与受众的互动性强更是其他渠道无法相比的便利条件。广告主可以通过设计视频网站互动专区，话题讨论区，有奖转载、预告片播放、直播弹幕等互动方式，实现与受众的互动，促使受众对视频内容、走势发表感想，伴随受众的分享、转载、引用，实现病毒式的口碑传播。

案例：女装电商品牌茵曼联手微信推出云端发布会

2014年，女装电商品牌茵曼举办了主题为“向日出 say hi”的全球首场云端新装发布会。以邀请城市女性看日出为契机，在PC端和手机端同时上线发布会，传达品牌“放慢生活脚步”的理念。云端发布会选择同时登录中国最大电商网站“天猫”及中国用户最多的手机社交软件“微信”，实现各具特色的互动体验。在天猫，通过观看视频，参与者可在观看过程中根据故事线互动并领取优惠券，边看边选购，感受360度服装细节展示，最终页面导向天猫商城，让消费者最大限度地感受抢购的乐趣。在微信端的体验，依托手机功能属性而定制重力感应及多点触控互动，用户可以360度全景观看云端发布会场景，

---

① 《憨豆首次中国行，士力架抢占娱乐营制高点》，广告门，2014年9月22日，http://www.adquan.com/post-15-28499.html。

并通过抓拍模特抽取优惠券,进一步提升用户体验。通过联动社会化媒体,茵曼不仅完成了新品发布,切实转化为销售,助力品牌冲刺销量,更重要的是,深化了茵曼品牌形象,传递了慢生活的品牌主张。[①]

2. 整合线上线下,实现品牌诉求

为了加强品牌传播力度,网络视频应与广告、促销、公关等多种形式配合起来,形成线上线下的全方位、立体化传播效果。线上可以运用网络平台如论坛、搜索引擎、微博等对定制内容和品牌理念进行全面推广,展开与品牌网店的联通互动和促销活动。线下可以通过品牌实体店进行同步宣传推广的地面活动,通过线上线下的有效联动,让消费者更深层次地认识品牌,更好地了解品牌,实现品牌销售。

案例:青岛纯生打造线上线下全媒体平台

2014年6月,一场主题为"就要鲜活人生"的阳光季活动在北京启动。青岛纯生联手优酷视频平台共同策划了"就要鲜活人生"的主题活动营销,一改传统营销中将视频平台作为TVC播出平台补充角色的模式,着力将其打造为整体项目的主阵地,凭借内容创作和整合实力辐射全社会。在阳光季中,优酷与青岛纯生通过搭建前所未有的完整内容矩阵,力求线上线下全渠道封锁消费者,提升品牌影响力。线上推广多元发力,包括纪录片、拍客活动和品牌微电影强强联合;线下活动全面补位覆盖,人物专访、高峰论坛、主题策划应接不暇,力邀众多明星、意见领袖、网民,全方位奉上视觉大餐。除了在优酷千万级的线上平台推广之外,在媒体渠道方面,为了配合阳光季核心内容的传播,青岛纯生不惜投入重金,打通传统广电、互联网新兴平台,合力打造"就要鲜活人生"的品牌号召力和社会影响力。整个活动收效颇丰:首支品牌微电影《夜光篮球》上线不久,已经获得了253万次的播放量,而讲述自闭症人生活的纪录片《自闭症大男孩钢琴十级》上线仅仅两天就达到了109万的播放量。[②] 此次活动充分体现出传统广电、网络、线下活动的多平台联动成功地让品牌活动上升为一种社会风尚,形成最真实的影响力。

二、网络视频媒体营销传播存在的问题

(一)内容制作良莠不齐

就我国目前的网络视频营销现状而言,网络视频内容制作方面仍呈现良莠不齐的情

---

① 马海祥:《盘点2014年八大互动营销》,马海祥博客,2014年12月3日,http://www.mahaixiang.cn/yxal/950.html。

② SY:《青岛纯生携手优酷"阳光季"鲜活式营销全升级》,《成功营销》2014年第7期。

况。由于早期网络内容监管审查环境的相对宽松，导致一些同质化、低俗化的视频内容充斥着各大网站，不利于精准表达企业诉求和品牌理念，给整个网络视频产业的健康发展带来了消极影响。

2012年7月，广电总局发布了《关于进一步加强网络剧、微电影等网络视听节目管理的通知》。2012年之前，政策的贯彻与实施大多是依赖自查，如今广电总局对网络视听内容监管进一步落实，导致网络电影及视频网站自制内容开始严苛整改。网络内容（电影、自制剧等）因其话题性引发火爆点击，却也因其敏感性受到政策的压制。管理政策的出台在一定程度上清理了部分低俗内容，遏制了产业不良发展的势头，促进了整个网络视频产业的良性发展，也为广告主提供了更多的优质内容。

（二）定制、植入等新营销形式的合作模式仍有待完善

目前，网络视频营销在我国仍处于初级发展阶段，营销模式和赢利模式都在不断完善和摸索中，但是，广告主与视频网站对网络视频营销模式还存在困惑。例如广告主在进行品牌定制剧策划时，如何与视频网站合作，如何进行利益分成；在进行视频投放时，如何检验重金投放节目的营销效果；在选择视频内容时，是否涉及版权问题。这些都是广告主与视频网站比较头疼的问题。比如，2014年广电总局因一些视频网站违反版权法和视频内容规定等下架了四部美剧，称其公然侵犯版权。这不仅意味着视频网站已经购买的内容无法播放，同时也给已经投放贴片或者弹窗类硬广的广告主带来了一定的损失。

第四节　网络视频媒体营销传播发展趋势

一、网络视频内容反向传导至传统媒体平台

无论是传统电视媒体还是网络媒体，不变的核心竞争力都是内容。传统媒体主攻制作，网络媒体专职创意，而网络视频上独有的就是传统媒体还无法具备的海量创意内容、UGC内容，形式多样而且更加自由。因此，对广告主来说，深刻认识网络视频的价值并进行深度挖掘与营销延展是非常关键的，而适合将传统广电作为营销主阵地的品牌主也可将营销内容延展到网络平台，实现网络、电视互为补充。另外，由于网络视频的刊播价格比电视媒体低很多，广告主制作网络视频的成本也相对较低，可以通过联合视频网站内容制作方进行品牌微电影、定制剧的创作。不仅网络视频营销的性价比相对更高，而且优质的内容还能反向输出，让电视台获得一定的版权价，并通过反向输出提高品牌影响力，实现内容收益与传播效益的双赢。

二、实现广告内容化、内容社会化

视频网站经过了版权内容争夺、强强联合及合并热潮之后，2015 年视频网站的竞争战略要点仍然会是抢占用户市场份额。成功关键亦不仅仅是以专业制作和优质内容为核心的自制节目领域，比拼的更是视频网站内容经营的实力。因此，视频网站的落脚点将是内容对用户的黏着力及内容时长的竞争。

对广告主而言，通过与视频网站合作进行品牌定制、品牌自制剧的创作，可以实现广告内容化，传递品牌价值及理念。一方面，自制内容可控，可以让广告主更有针对性地制订精准营销方案；另一方面，也可实现内容社会化，让品牌能够发出与社会主流意识一致的声音，使品牌更具人文气息。选择具有社会性话题的内容进行传播，激发网民主动参与的热情，挖掘传播的社会价值与新闻价值，实现社会认同。

三、移动视频持续发展，实现精准营销服务

在线视频的播放平台正在逐步从 PC 向智能终端（如智能手机、平板电脑、可穿戴设备）上迁移。移动终端的发展为广告主提供了多屏整合营销的可能性。对广告主来说，营销即传播，传播即营销，二者密不可分，以消费者为轴心的多屏整合营销将是未来视频营销的趋势。在未来的网络视频营销中，广告主可依托云视频平台，利用跨屏组合优势投放广告：首先，在电脑屏幕上将广告展示效果发挥到最佳；其次，将用户交互落地移动端，将"触碰、控制、听、说、写"多样化功能结合，提升品牌与用户互动的趣味性。基于多种视频载体，围绕消费者进行多屏整合营销，让品牌围绕目标受众的生活时间轴，基于用户不同使用场景下的视频需求，提供精准的营销服务。

案例：百威针对电子音乐节推出移动端活动

在 2014 年 STORM 电子音乐节上，一向以热情、年轻为标签的百威，针对电音爱好者、年轻一代受众，以"玩字造乐"活动作为电音节的突破口。百威选择携手优酷，推出一系列营销活动，用户在参加"玩字造乐"活动时，在 PC 端填写的即兴歌词，通过二维码扫描，可以实时地传输到移动端。移动端则作为扩展屏、互动屏，让用户收听、收藏自己的视频作品，并结合移动端便捷的转发特性，召唤更多的用户参与，活动迅速扩散。好玩的创意自然不会被拒绝。活动结束后的统计数据显示，百威广告曝光突破 4 000 万次，超过 50 万份用户自创电音舞曲被提交到活动平台，成功参与率超过 1%。①

---

① 韩溢、孙珺、方树、姜川：《2015 当内容派遇上技术流 视频营销五大前瞻》，《成功营销》2015 年第 1 期。

随着科技的发展，全球的移动设备在未来几年内会实现大规模的增长，在线观看移动视频将成为越来越多受众的习惯。随着4G网络的普及以及网络视频走向家庭信息服务，更多的广告主会看到网络视频的价值，并开始增加视频广告的预算。尤其是大数据的出现，让广告主能够更好地了解用户的偏好性别、年龄等，为视频内容的精准营销提供依据。

本章思考题

1. 简述网络视频营销传播的相关理论、定义及特征。
2. 简述网络视频媒体营销传播现状。
3. 从营销传播模式、内容及策略三方面阐释网络视频媒体营销传播运作手段。
4. 从内容制作及营销形式方面阐释网络视频媒体发展面临的挑战。
5. 简述网络视频媒体营销传播的发展趋势。

第十章　广告主数字户外媒体营销传播

本章导言

近年来，数字户外媒体发展迅速，新的形式和内容不断涌现，成为重要的营销传播媒介。通过对本章的学习，你将会对数字户外媒体营销传播的各方面内容有一个全面的了解，包括数字户外媒体营销传播的定义、特征和主要形式，数字户外媒体营销传播的发展历程以及当前面临的困难和挑战，未来数字户外媒体营销传播运作的方向和数字户外媒体营销传播的发展趋势。

本章要点

1. 数字户外媒体的定义和特征
2. 数字户外营销传播的定义和特征
3. 数字户外媒体营销传播的主要形式
4. 数字户外媒体营销传播的需求
5. 数字户外媒体营销传播运作的发展历程
6. 数字户外媒体营销传播的困难与挑战
7. 数字户外媒体营销传播的运作趋势
8. 数字户外媒体营销传播的发展趋势

第一节　数字户外媒体营销传播

一、数字户外媒体营销传播的定义

户外媒体种类众多，表现形式各样。人们在户外所能看见的诸如路牌、霓虹灯、电子显示牌(屏)、灯箱、橱窗、立体造型物、条幅，甚至公用电话亭、试衣间、电线杆、公共卫生间等都能称为户外广告媒体。户外媒体的形式和内容还在不断地延伸，伴随着社会和科技的进步，近年来数字户外媒体不断涌现。

数字户外媒体具有两方面的显著特征。其一，户外性。它是在公共场所对受众进行传播的媒体，具有户外的性质，区别于人们在家里收看、收听、接触的各类媒体。"户外"包括人们出门在外接触到的各种环境空间，既有室外的环境(如公路、街道、广场等)，也有室内的环境(如地铁站内、商场、公共社区及办公楼宇、各类消费场所、交通工具内等公共空间)。其二，数字化。区别于传统户外媒体，数字户外媒体的传播形式为视频，且基于特定的终端显示设备和网络传输技术：终端设备以 LCD 液晶显示屏、LED 电子屏幕为主；传播网络则包括地面无线信号传输、插卡式信息联播网和单播局域网。

因此，本书中的数字户外媒体是指在商场、写字楼、交通工具等各类公共场所向受众传播节目、提供咨询或传播广告信息的数字视频媒体。LCD 液晶屏、LED 电子屏幕等设备是其传播终端。数字户外媒体的出现基于互联网、无线网络、数字广播电视等技术的变革和融合，实现了户外媒体由平面化到视频化的飞跃，从此进入户外媒体发展的"声色时代"。[①] 而数字户外媒体营销传播则是基于数字户外媒体所开展的营销传播活动。

二、数字户外媒体营销传播的特征

(一)数字户外媒体营销传播的分众性

人们的生活由接触点组成，如公寓、学校、办公室、商场、餐厅、超市等，它们组合形成了每个人的生活轨迹，可以说每个人的生活轨迹都是有迹可循的。简言之，一个人的普通生活就是若干个"点与线"的组合。用什么交通工具上班，走哪条路线，去什么写字楼，在什么样的餐厅吃饭，去什么样的地方购物……这些答案都可以反映出一个人在一段时期内比较固定的生活规律。换句话说，将这些答案中的"地点"和"路线"组合起来就可以反映一个人的生活状态。

而每个生活接触点所汇集的人群，也就是共同选择这些"地点"和"路线"的人群，他们往往具有某种共性。因此，通过这些"地点"和"路线"，我们就可以将"大众"分割为一个个具有自身特点的"分众"。那么，在这些"地点"和"路线"中安装的数字户外媒体，面临的受众将是一个个"分众"，而不是传统户外媒体面对的所有停留在户外的"大众"。

通过不同的场所或活动特性区分出不同的目标人群，让媒体恰到好处地贴合现代人的生活方式和生活节奏，把广告自然而然地渗透到受众的生活点滴中，使广告真正成为人们获取所需商品信息、生活资讯的有效渠道。

---

① 钱颖文：《"声色时代"中的数字户外媒体》，《营销人》2007 年第 7 期。

（二）数字户外媒体营销传播的生活轨迹融入性

广告主利用数字户外媒体进行品牌营销，实际上是抓住了消费者的生活轨迹，把广告植入到他的生活空间当中，使之成为他生活的一个组成部分。分众传媒 CEO 江南春曾表示：面对多元化、碎片化的时代，可以通过植入生活空间的生活化媒体确保消费者一定能看到你的广告。[①]

相对于传统户外媒体而言，数字户外媒体的载体放置在人们的视觉强制收视区，比如楼宇视频，一般是设置在电梯层数显示器旁边的，当人们注意电梯升降层数的变化时，由于楼宇视频的“视听”效果，人们自然而然地关注到其中的信息。此外，由于人们在一段时间内所出现的“地点”和“路线”是比较固定的，而数字户外媒体的广告内容在一定时间内也是固定的，那么，数字户外媒体就会强制受众重复地收看，以加深受众对广告的记忆。

（三）数字户外媒体营销传播的高互动性

在眼球经济的今天，传统的户外广告面临越来越多的挑战：缺乏创意、形式单一、与受众互动有限，无法吸引受众足够的关注。长期以来，为了克服这些问题，获得更好的广告效果，业界一直在强调户外广告的创新。伴随着新技术的发展，数字户外媒体突破了传统，以更为新颖的方式吸引受众，与受众进行深度互动，并以此抓住他们的注意力。

案例：航美传媒用互动连接客户与广告主[②]

机场是高端人群的聚集地，平均每位乘客在机场的候机时间为 40 分钟。应该如何利用这段时间帮助广告主拉近与旅客之间的距离？航美传媒 2013 年 1 月启动了机场互动刷屏项目。在候机大厅，身处候机区的旅客，只要用手机扫描媒体屏上的二维码或者发送短信，就能获得奖品。通过与众多厂商合作，旅客的中奖率几乎达到 100%，奖品围绕航空旅客所需的衣食住行，投放力度之大，前所未有。此举不仅给旅客带来了真正的实惠，同时也改变了机场广告与受众的交互方式，使得消费者与广告主能够直接接触，广告主得到了比传统户外广告更有效的真实的广告关注、参与以及监测效果。

（四）数字户外媒体营销传播的高投资回报性

首先，数字户外媒体信息表现力强，可以将图片、视频、声音结合到一起，相对于传统户外媒体，有更强的表现力。虽然从短期来看数字户外媒体投入大，但使用率高，长远来

---

① 赵正：《分众传媒要转型为“城市生活圈”媒体》，《中国经营报》2015 年 1 月 5 日，http://news.cb.com.cn/html/economy_9_23197_1.html。

② 《航美传媒打通机场媒体接入移动互联网的新入口》，《广告大观》2014 年第 5 期。

看节省资本。其次，数字户外媒体的网络化运营，有效地规避了单体户外广告辐射面小、接触率低、表现形式相对单调的不足，与广告主综合使用多种形式媒体、整合营销传播的需求相适应，其价格同电视等媒体相比又比较低廉。因而，也得到了很多广告主的肯定。同时，由于各地政府整治、改造户外广告市场的力度加大，数字户外媒体异常火爆。近年来，数字户外媒体的网络化运营，尤其是以写字楼、中高档居民区、连锁超市、连锁百货商场、连锁药店等为网络节点的数字户外媒体，由于具有很广的网络覆盖面及一定的目标锁定范围，从而受到广告主的青睐。

三、数字户外媒体营销传播的主要形式

数字户外媒体的"新"是相对于传统户外而言的，虽然渠道各异，商务楼宇、卖场、公共交通、航空、港口等遍地开花，但是相对于传统户外，它们有一些共性：以视频为终端设备的数字化和依托传播网络在不同点位按照一个相对统一的标准同时发布的网络化。与此同时，根据安装场所、依托载体、传播环境的不同又形成了强制性、移动性、贴近性等不同特征。

（一）商务楼宇液晶电视：精准覆盖白领等高学历、高收入人群

商务楼宇液晶电视一般是将 15 英寸或者 17 英寸乃至更大尺寸的多功能、高清晰的超薄液晶显示屏安置于消费能力较强的白领聚集地，以及人流量密集的中高档场所的电梯间或等候厅内，内容以广告为主。商务楼宇液晶电视在国外开始形成规模是在 1995 年，在中国兴起于 2003 年，并逐渐形成规模。商务楼宇液晶电视媒介是楼宇液晶媒体领域发展最早、成熟度最高的一个领域。

商务楼宇液晶电视聚焦中高端白领人群，这部分人群具有坚实的购买力，其工作压力较大，生活节奏较快，接触电视、报纸时间较少。聚焦这部分消费人群的广告主将广告植入其工作场合，在其必经的电梯等区域内进行广告拦截，具有较高的到达率。

（二）移动户外电视：长战线、多网络、移动中作战

移动户外电视是指采用数字广播技术（主要指地面传输技术）播出，接收终端安装在火车、出租车、长途客车、公交车、地铁、城铁等公共交通媒体上的媒体形式，也被称为车载电视。2002 年 10 月上海首先正式开播车载电视，2004 年 5 月北京也正式运营车载电视。此后，郑州、南京、深圳、广州、佛山、大连、济南、杭州、西安、武汉、合肥、兰州、南昌等地相继跟进。2005 年，我国车载电视市场呈现爆发式增长，全国主要城市相继开播了车载电视。截至 2013 年底，全国共有 100 余个城市开展移动电视业务，共有近 30 万个终

端，每天覆盖近6亿人次。[①]

移动户外电视依托公共交通系统而存在。城市公共交通系统好比城市的“血管”——分支繁杂，系统庞大，具有长战线、多网络的特性。移动户外电视媒体是一种伴随性媒体，其受众接触时间较长，卷入度也较高。目前国内的移动户外电视大部分可以播出新闻、娱乐等节目内容。随着城市公共交通的发展以及城市人群出行时间的增加，移动户外电视媒体近年来发展迅猛。但是不同类型的移动电视媒体在传播特征、受众特征和发展规模上具有较大差异，所以广告主要把握特定媒体的特征，有针对性地进行广告创意和表现方面的调整，提高投资回报率。即使是针对同一个地区的公交车载电视，根据不同路线、不同路程（短途和长途），广告传播策略也需要进行灵活调整。

（三）卖场液晶电视：贴近终端、拉动销售

卖场液晶电视由于处于人流高度集中且销售额快速增长的零售大卖场中，因而被视为最有效的快速消费品终端广告媒体之一。2007年分众传媒收购了最先进入卖场液晶电视广告网络的玺诚文化传播，成为目前国内最大的卖场液晶电视媒体运营商。

卖场液晶电视有着与卖场零距离的优势，通过视频和音频的组合对消费者进行现场提示，唤起品牌记忆，直接刺激已经进入购买状态的消费者。据CTR调查数据显示：在卖场中消费者发生计划购买时，刺激消费者非预期购买的因素中，卖场液晶广告电视提示占40.2%，排名第二。

第二节　数字户外媒体营销传播现状

一、数字户外媒体营销传播迎合广告主新需求

进入新世纪以来，改革开放三十年的成就逐步显现，我国的物质资源极大丰富，社会阶层增加，信息化、数字化等对社会生活的各个领域产生冲击式、渗透式影响。正如菲利普·科特勒所言，“市场比营销变化得更快”，广告主的营销传播环境发生了很大的变化。营销传播环境各要素的改变呼唤一种更为分众、精准、个性化的传播方式，数字户外媒体应运而生。

（一）城市化进程加快，增值户外传播空间

“城市化”是指伴随着现代工业和经济社会分工的细化而产生的人口向城市集中的

---

① 数据来源：《2013年中国移动电视发展报告》。

过程。中国城市化率截至2014年达到54.77%，根据对中国经济增长的潜力和中国人口增长的综合分析，未来中国城市化率将提高到60%左右。[①] 城市人口膨胀导致城市空间的绝对扩张，更多的人在城市的空间中流动。

随着城市生活方式的演变，都市人群生活节奏不断加快，人们接收信息的方式和需求也产生了新的特点。人们滞留在私人空间或固定空间里的时间显著减少，在不同时间与空间中的移动却成为常态。于是，不局限于时空，随时随地接收信息成为受众的必然需求，基于“生活圈”概念的数字户外媒体因此获得了前所未有的关注。数字户外媒体依靠城市而生，随城市的发展而发展，城市化进程的加速是数字户外媒体崛起的直接原因。

（二）大众媒介效果弱化催生分众媒体

媒体的“举手投足”，往往成为市场的“震源”。大众媒介种类和数量的激增导致其传播效果弱化，依附于内容而存在的广告效果也被稀释。据CTR调查观众行为和心理统计的数据显示：换台和不看广告的人群比例合计高达60.14%，这部分人群基本已经脱离了电视广告的可覆盖范围，有22.48%的人在广告时间过长时也会选择换台。[②] 在传播过程中“说什么”已经不是最重要的了，如何捕捉消费者的注意力，选择精准、有效的传播通道，成为企业面临的第一挑战。数字户外媒体依托不同载体，形成了初步的受众分类，并依托数字技术，进行更为精准的筛选、定位，为广告主进行精准化投放提供更多可能。

（三）消费市场“碎片化”有待个性化媒介各个击破

由于产品多样化和消费者收入差距不断扩大，消费市场集中的态势被打破，大众市场逐渐转化为分众市场。同时，正如上文所指，同一阶层内部的消费者由于态度、观念、生活方式不同，呈现出“碎片化”趋势，在大众市场向分众市场转化的过程中，一部分消费态度及能力、生活方式相近的消费者紧密结合，发展为“碎片化”市场。[③] 这就对企业找准目标消费者进行有效的、准确的信息传播提出了更高的要求。数字户外媒体采用终端传播，在场所上把消费者重新放在有效的射程范围内，为精准传播的实现提供了新的思路。

二、广告主数字户外媒体营销传播运作发展历程

2001—2003年中国的户外广告得到前所未有的蓬勃发展，而这一市场的壮大，一方面吸引了众多广告主进行广告投放，另一方面也使得越来越多的技术和资金争相进入到

---

① 郭镇之、栗轶玫：《传媒蓝皮书——2004～2005中国传媒产业发展报告》，社会科学文献出版社2005年版，第289页。

② 中国传媒大学广告主研究所：《2006—2007年中国广告主营销推广趋势报告》，2006年12月。

③ 黄升民、杨雪睿：《碎片化：品牌传播与大众传媒新趋势》，《现代传播》2005年第6期。

户外媒体的领域。在户外广告迎来发展高峰期后，市场上各种数字户外媒体开始如雨后春笋般地冒出来，媒体终端不断增多。从2003年到2009年，数字户外媒体资源的成长经历了概念提出、渠道抢占的导入期，跑马圈地、融资上市的成长期，资本退潮、并购整合的成熟期，深度营销、提升价值的优化期。广告主的数字户外媒体运用伴随着媒体资源自身的发展，从最初的“站在岸边观望”到现在的组合运用、理性回归，也经历了一个拨开迷雾见月明的过程。本书从数字户外媒体自身资源成长及广告主运用变化的角度将其发展历程大致分为三个阶段：

(一)2003—2005年，数字户外媒体营销传播导入期，广告主运用观望试水

1. 数字户外媒体营销传播导入期——概念提出、渠道抢占

数字户外媒体的主要形式——户外视频产生于20世纪90年代中期的加拿大。商务楼宇液晶电视是中国数字户外媒体的“开山鼻祖”，2003年江南春创立分众传媒，提出“生活圈媒体”概念，这一概念的提出激活了数字户外媒体市场。

继2003年分众传媒开发楼宇液晶电视之后，开发各种数字户外媒体的终端成为整个行业的热点，包括公交、地铁、火车、飞机等交通工具上的移动电视，卖场液晶电视等。2003年，玺城文化传播进入卖场液晶电视广告网络，2005年4月分众传媒也挺进这个领域；2004年近20家移动数字电视运营公司相继成立，2005年已经发展到30多家。户外媒体运营商积极开发各类渠道。

案例：诺基亚试水商务楼宇电视效果显著

早在2003年，诺基亚7250就曾经尝试在商务楼宇液晶电视投放三周30秒广告，同时也在电视上播放。在客户跟踪调查中发现，商务楼宇液晶电视所覆盖的楼宇中，广告回忆率高达67%。由于商务楼宇及家庭电视投放统一广告内容，因此对于这一新媒体的信息回想率和目标人群到达率仍不能最后确定。7月，在随后的中端商务手机产品诺基亚6108的上市营销计划当中，诺基亚再次选择了商务楼宇液晶电视，并有意采用了与电视不同的广告内容。电视采用了“机器人篇”，而商务楼宇液晶电视采用了“中国剑甲篇”，在让目标用户群更深入、更全面地了解诺基亚6108产品特性的同时，也可以考察商务楼宇液晶电视的投放效果。投放周期也是三周，结果证明了这一媒体的有效性。诺基亚发现在现场购买的人群中，尤其是中高端商务人群，对“中国剑甲篇”广告的提及率很高，地区的销售人员、经销商也反映，“中国剑甲篇”的回忆率很高。[①]

---

① 分众传媒市场部提供。

2. 广告主数字户外媒体营销投放“小荷初露”，观点、态度各异

据中国传媒大学广告主研究所2005—2006年生态调研的研究数据表明，广告主的媒体广告投放中对于数字媒体的投放主要由互联网媒体贡献，这一时段的数字户外媒体由于自身资源发展不成熟，广告主对数字户外媒体缺乏了解，是一种尝试性的、试错性的投放。

而广告主对数字户外媒体的态度也较为分化，形成了三大类不同的观点：

第一类，明显看衰型。在这一时期，数字户外媒体仍是新兴事物，理所当然被推置于聚光灯下，光越亮，阴影越大，部分数字户外媒体只有广告没有内容，效果评估检测体系缺失，规模效应欠缺等硬伤让一部分广告主并不看好数字户外媒体。

第二类，绝对支持型。也有部分敢于吃螃蟹的先行者以开放包容的心态接纳数字户外媒体，这部分广告主并不指望用数字户外媒体一剑定江山，而是将其作为辅助媒体中的主流媒体。他们看中的是数字户外媒体作为一种新兴的媒体形式带来的市场先机。例如太太乐的市场部相关负责人就十分看好卖场液晶电视并表示“等待数据说明媒体投资的ROI，往往意味着先机尽失”。同时，这部分广告主希望媒体主动去圈地，实现更全面、更纵深的网络覆盖。

案例：太太乐借力卖场终端电视提高品牌曝光率

太太乐在终端投放卖场液晶电视广告，电视里面播放的广告内容整合了太太乐赞助的央视《天天厨房》、凤凰卫视《美女私房菜》等众多节目资源，提供厨艺咨询，吸引眼球，聚集人气。与此同时，在超市终端配备电磁炉，现场进行炒菜、炖汤示范，使消费者可以亲自品尝太太乐的美味，形成了在卖场的“空间＋地面＋现场秀”的全方位的传播模式，强化了太太乐品牌的终端影响力，既是广告推广，也是消费者与制造商之间一个互动展示的平台。通过互动拉近了同消费者的距离。在投放分众卖场液晶电视后，销售业绩提高了6%。①

第三类，条件论决定者。另一部分广告主从实用的角度出发，对数字户外媒体持观望的态度。如上海家化的副总经理就表示：“我其实既看好它，又不看好它，因为它在研究顾客这一端比以往的媒体有一点进步，但它的进步不是很明显，不是根本性的进步。”通常这部分广告主在媒体选择上既不激进也不落后，稳扎稳打，等数据说话，处于等待被说服的状态。

（二）2006—2007年，数字户外媒体营销传播成长期，广告主对其投放实现跳跃式升级

1. 数字户外媒体营销传播成长期——融资上市、跑马圈地

这一阶段，资本登场唱响主角，成为搅动广告行业最为活跃的因素。民间投资的积

---

① 范志敏：《感性品牌，理性选择》，《市场观察·广告主》2006年第5期。

极性空前高涨，国外资本加速涌入中国市场。数字户外媒体广告公司通过吸纳风投和上市获得了大量“快钱”。

例如，致力于推广出租车内的“互动式触摸屏”的触动传媒于 2007 年 6 月完成一轮近亿美元的融资，投资方为某犹太财团；2007 年 6 月底，大约 3 500 万美元的风险投资注入炎黄健康传媒公司；2007 年 7 月，以校园媒体起家的迪岸传媒集团获 3 500 万美元风险投资；2007 年 8 月，专注于高尔夫球场内新型户外广告媒体开发的北京网聚伟业广告传媒有限公司获得香港杰标资本投资；2007 年 10 月，在一举夺下 2 700 万特大订单之后，以“自行车车体广告”为特色专利的龙骑天际有限公司再获 8 000 万风投。

经过数轮融资之后，几家大型户外广告公司已经具备了强大的资金实力，为了缓解“喜新厌旧”的风险投资带来的不安全感，都在积极筹备或者已经实现了上市融资。2007 年 11 月 8 日凌晨，中国最大的航空电视媒体——航美传媒在美国纳斯达克挂牌上市。郁金香传媒与分时传媒登陆股市的计划也迈入正轨。玺诚传媒在 2006 年年底获得了 2 400万美元风险投资以后，也正式把独立 IPO 放到议事日程，争取实现境外上市。

数字户外媒体公司在获得投资后大展拳脚，一方面凭借巨额资金跑马圈地，向主要一线城市或者二三线城市横向拓展网络；另一方面在资本的推动、促进下实现技术更新，纵向挖掘数字户外媒体的更大价值。

2. 广告主数字户外媒体运用实现从“补位”到“提升”跳跃式升级

从 2006 年上半年起广告主投放数字户外媒体趋势继续加强，楼宇液晶电视、移动电视等新媒体广告的收入一路高扬。其中，2007 年是数字户外媒体获得极大发展的一年。据中国传媒大学广告主研究所调研数据显示，2007 年在广告主的媒体组合中数字户外媒体有了一个飞跃式的提升。在这一年中，广告主的数字户外媒体投放从“填补传统媒体覆盖空隙”升级到“媒体投放战略的有效组合”。广告主的新媒体运作理念也日益清晰，开始关注户外数字媒体对碎片化人群的围捕，“时空交融”的媒体组合渐成主流。“商务楼宇液晶电视”“互联网”和“电视媒体”形成很多广告主采用的广告媒体投放组合。而商务楼宇液晶电视在众多的数字户外媒体中尤其获得了广告主的认可和关注。这主要缘于：

一方面，与其他类型新媒体相比，楼宇液晶电视媒体出现较早。在这一阶段，媒体规模和网络分布已经比较完善，效果评估体系初步形成。CMMS 的年度独立调查数据显示，与中国市场覆盖最为广泛的央视相比，商务楼宇液晶电视虽然在绝对覆盖总量上无法与之相比较，却已经覆盖了 90 多个经济颇为发达的大中城市，形成了点位的多样性、接触频率的紧密性、非单点传播形成的整合效应。

另一方面，商务楼宇液晶电视的受众针对性强、受众商业价值较高等媒体特征已然获得了广告主的普遍认同。CMMS 的年度独立调查数据显示，在北京、上海、广州、深圳个人年收入 40000 元或以上的单一频道到达率中，楼宇电视排名第一；而在 16 个城市中楼宇电视与当地电视单一频道到达率相比，14 个排在第一。

（三）2008 年至今，数字户外媒体营销传播成熟调整期，广告主运用重整合

1. 数字户外媒体营销传播成熟期——资本退潮、资源整合

金融危机带来的最直接的影响就是资本危机，数字户外媒体行业由于其对资本的高度依赖，是资本寒流过境时最先遭遇霜降的行业之一。从 2008 年下半年起，数字户外媒体赢得的风险投资从数量和规模上“全线跳水”，2008 年新媒体市场的融资总量缩减了 1/4。2009 年数字户外媒体行业资本断炊的困境进一步加剧，在数字户外媒体领域中风险资本淡出，仅有触动传媒获得了由 CDIB 资本有限公司引领的 1 亿元人民币的投资。众多原有的上市计划搁浅，2007 年就计划登陆股市的郁金香传媒与分时传媒也悄然无声。2009 年资本市场的“冷”与前几年风生水起“跑马圈地”的“热”对比鲜明。

数字户外媒体对资本依赖性较强，资本市场和广告主不甚明朗的态度，迫使数字户外媒体市场从如何跑马圈地、吸引投资增长转向整合并购和修炼内功。在此之前，数字户外媒体早已依托渠道资源形成了群雄割据的局面，楼宇、卖场、航空、地铁、公交、铁路等渠道遍地开花，渠道资源已经趋于过剩，必将进一步振荡和筛选。为谋求自身发展，数字户外媒体也进行了技术、规模、经营等多方面的优化：技术升级力求融入更多的互动和体验元素，如数字户外媒体通过工控、联网技术整合了电子媒体和网络媒体，消费者可以在终端机上玩游戏，下载手机铃声和高清图片，也能打印出直接促进消费的各类消费场所的优惠券、打折卡；华视传媒、航美传媒等渠道龙头老大在 2009 年均有盘整资源大动作，媒体资源进一步集中到少数有实力的全国性或区域性的大型户外媒体主手中；在经营探索上，力求整合多种资源，提升运营能力，为广告主提供“一站式”服务。

2. 广告主数字户外媒体运用媒体角色归位后的新整合运动

2008、2009 年，广告主使用数字户外媒体进行营销传播的策略再次调整，从 2006 年的“补位”、2007 年的“提升”发展到一个“归位、整合”的阶段。以楼宇液晶电视等为代表的数字户外新媒体在广告主的媒体投放组合中，一方面表现为投放比例逐年上升，另一方面正逐步回归于它们作为广告媒体平台本身的价值深挖与创新。

广告主数字户外媒体的运作从最初的“隔岸观望”到“踊跃试水”，再到常规性投放，反映出广告主随着对这种媒体形式的了解和媒体自身的成熟，对其重视程度与日俱增。在这一时期，广告主数字户外媒体的运作已经结束单打独斗，开始进入合纵连横时代。在这一阶段，广告主数字户外媒体的运用特色在于通过各种类型数字户外媒体的组合运用，形成对消费者媒介接触点的全面围捕。商务楼宇液晶电视、空港媒体、卖场液晶等因

其不同的传播环境和媒体特性各司其职，担任着不同的角色。

其一，移动户外媒体成为广告主三四线市场的“助力器”。

虽然广告主对三四线市场的热情早已经被点燃，但对于三四线市场缺乏完备丰富的媒介工具和成熟的媒体策略，媒体投放主要以电视为主——以央视覆盖为主，地市级频道作为补充。但是随着三四线市场的日益重要，竞争日趋激烈，很多广告主已经开始反思原有的针对三四线市场的媒体策略。安踏集团李宏女士向中国传媒大学广告主研究所调研员表示：“针对三四级市场我们主要是以投放中央第五频道为主，然后以卫星频道做补充。现在我们也在讨论这种模式是对还是不对，要不要做一些变化。”据中国传媒大学广告主研究所调研数据显示，在三四级市场的开拓上，广告主认为移动户外是最具有潜力的媒体，被访广告主认为企业在开拓三四级市场的时候，对传播企业/产品信息最有效的新媒体类型是移动户外。

其二，商务楼宇电视的品牌性、精准性为广告主所认可。

商务楼宇液晶作为数字户外媒体的“开山鼻祖”，经过多年高速发展，已经为广告主所熟悉。尽管近两年发展有所减缓，但是商务楼宇液晶电视对高端人群的精准覆盖能力、对品牌高端形象的塑造能力是其他媒体形式所远不能及的。根据中国传媒大学广告主研究所调研显示，商务楼宇电视已成为 2015 年广告主最看好的营销价值潜力最大的三大媒体之一。一方面，商务楼宇电视自身在传播内容和广告内容上不断优化；另一方面，也借力移动互联的东风，楼宇电视利用自身地理位置的优势，与移动互联即时互动，让广告主的传播直接转化为销售业绩，得到了广告主的青睐。根据中国传媒大学广告主研究所调查显示，2013—2014 年被访广告主在数字户外媒体的广告费用分配上，商务楼宇液晶电视的比重最高，占总体的 43.4%(如图 10-1)。

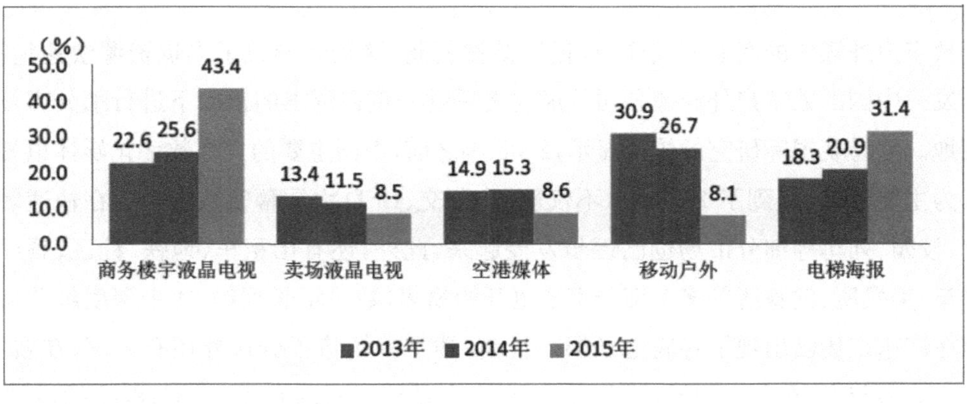

数据来源：中国传媒大学广告主研究所

图 10-1　2013—2015 年被访广告主数字户外媒体上的广告费用分配情况

其三,贴近终端,卖场液晶电视"临门一脚"助力广告主提升终端推广力。

卖场液晶电视从诞生之日起就占领了终端这个高地,同时也就占据了广告主心目中的重要位置。在这种背景下,能够在销售终端唤起消费者品牌回忆、影响消费者的购买决策、直接引发购买行为的卖场液晶电视对广告主极富吸引力,尤其是对竞争激烈、渠道和推广压力较大的快消品行业的广告主。

三、数字户外媒体营销传播的困惑及挑战

(一)流动的收视对象造成广告信息耗损

很多数字户外媒体广告都采取滚动播出的方式,而消费者在户外特定场所行进的轨迹和时间是不确定的,时间差常常导致一些广告效果受到影响。比如当一个消费者路过一个户外 LED 的时候,消费者可能没有时间看完整个视频广告,而只是看到了其中一个情节或者一个画面,如果这个画面中没有品牌的信息,这个消费者就可能没有产生任何品牌印象,这直接导致广告信息的损耗。

(二)目标人群生活轨迹上的接触点传播网络尚不完整

数字户外媒体大量涌现,百家争鸣,单一的新媒体往往只是抓住目标人群生活轨迹上零星的某一个接触点进行覆盖,而这个接触点对目标受众的覆盖时间非常短。按照广告需 3 次以上看到才产生记忆的一般规律,短暂的片段难以达到广告的效果。目标人群的生活轨迹上的部分接触点已经被开发成数字户外媒体形式,但是这样短暂的点与点之间缺乏连贯性和完整性,难以产生网络覆盖的规模效应,难以成为广告主选择的主流传播平台。

(三)渠道过剩,规模效应缺失

数字户外媒体的商业模式简单,很容易被复制,这最终导致了渠道资源快速地被过度开发。中国的数字户外媒体公司从成立之后就一直在资本的推动下进行细分市场、跑马圈地。据易观国际研究的统计显示,2008 年之前,中国主要的户外数字化媒体以楼宇、卖场为主要形式,但到了 2010 年,不仅航空、公交、LED 大屏幕领域的企业在快速崛起,医疗、校园、列车等细分市场也已逐步发展起来,此外,还有出租车、地铁、社区、餐厅、长途客车、美发所、健身所等多个细分市场也开始增多,数量增长到约 24 个深度细分市场,甚至在广东市场已出现了寺庙电子屏。目前,楼宇市场除了分众外还有 8 家,在航空领域有 7 家参与者;在公交领域,民营有 4 家,广电系统运营的有 4—5 家;医疗领域则有 6—8 家渠道商;除了美容院、健身场所外,基本每个细分领域都有 6 家以上的运营商同时

抢占市场。[①]

这种极度分化的市场格局，不仅成为广告主规模化投放的阻碍因素，其竞争的激烈也给整个数字户外媒体行业的整合与发展带来困难。

（四）监测及效果评估体系不完善成为数字户外媒体的"阿喀琉斯之踵"

"在数字户外媒体上做广告到底有多大用处"，这可能是目前从广告主那里最常听到的疑问。传统媒体经过时间的锤炼，已经有了较为完善的监测及测评系统，数字户外媒体在此方面仍有不少欠缺，监测体系不健全，营销策略也是建立在很初步的数据基础上，数据的可靠性需要推敲，这是数字户外媒体发展中最大的问题之一，也是众多广告主在选择媒体时难以权衡而放弃尝试数字户外媒体的原因。尽管作为数字户外媒体领军人物的分众传媒在此方面积极开发，以帮助客户在同一平台上科学地衡量发布效果，达到最高投资回报率，如楼宇液晶电视的 OOH Rating 系统、框架媒体的 FPS 系统等，但总体而言，众多数字户外媒体还是苦于没有效果监测数据的护航，导致广告主必然会质疑数字户外媒体的影响力。因此，众多数字户外媒体经营者在分食数字户外媒体这块大蛋糕之时，有必要给自己敲响效果评估的警钟。

第三节　数字户外媒体营销传播运作趋势

数字户外媒体在经历了成长的烦恼和阵痛后将迎来下一个深度营销、提升价值的优化期，渠道已经日趋成熟，数字户外媒体面临从资源型向服务化转型，从资源的对外扩张转向提升服务、深挖营销价值的内倾探索。

一、渠道规模化、终端化，服务定制化、专业化

在渠道上，广告主对数字户外媒体运作的规模化和终端化需求愈加强烈。一方面广告主希望整合多种户外媒体，进行全国性或几大重点区域市场同时同步的规模化广告投放运作，以保证其销售区域内的营销传播活动步调的一致性，同时也寄希望于规模化的投放，降低单笔作业的成本。

另一方面，广告主希望数字户外媒体能更大程度地发挥终端化的效能。业界有专家认为，"现阶段的传播市场已经将传统意义上的媒体渐次分为内容生产、渠道传输和市场终端三个部分"。[②] 传统媒体仍然处在内容生产这一环节上，比如传统媒体的电视和报

---

① 数据来源：易观国际。

② 喻国明：《新媒体在严峻经济形式下的发展机遇》，《亚洲户外》2009 年第 2 期。

纸，传播内容多面向普通大众，具有大众性、普适性、公共性，这类媒体适合塑造品牌形象和扩大品牌影响力。而随着同质化竞争的加剧，终端的竞争才是生存的竞争。除维持品牌形象的长期渗透以外，广告主进一步追求销售实效，更需要的是能够进入到消费者生活、消费的场景中，能够实现"嵌入性"的传播，促进当下销售和激发购买行为的媒介发展。数字户外媒体就是能够植入终端环境的媒体，移动户外遍布消费者前往终端的途中，卖场液晶电视常驻卖场终端，能够直接影响消费者的购买决策。而伴随移动互联的发展，楼宇液晶电视也在探索在线交易的可能，为更贴近广告主需求探索更多营销可能。

在服务上，广告主同样希望户外媒体公司可以提供针对不同媒体类型的，在广告内容和表现形式上形成区隔的定制化服务。当各种数字户外媒体资源瓜分完毕之后，中国户外公司的重心将向两端自然延伸——发布前的市场调研、策划，发布后的效果检测与第三方评估。不断提高服务水准，将是后资源时代公司之间竞争的主轴。[①]

二、"内容为王"打造持续竞争力

在数字户外媒体发展的前几个阶段，各大数字户外媒体运营商一直靠渠道资源抢占市场，内容的作用一度被淡化。虽然"强制性收看"造就了分众的神话，但是对于其"只有广告没有内容"的质疑声一直不绝于耳。智能移动终端的出现，更是给过往以强制性收看为卖点的数字户外媒体带来较大冲击。

因此，各大数字户外媒体运营商都在着力打造"内容资源"，希冀以内容增强自身媒体平台营销价值。但是数字户外媒体所打造的"内容为王"并不是机械地引进传统媒体的优质内容，而是依媒体形式有所调整、创新。商务楼宇液晶电视因为受众停留时间较短，机械地引进传统媒体内容只会稀释广告主的广告价值，因此其大多选择了"广告内容化"的道路。力求广告本身就成为很好的内容，给广告穿上内容的外衣，短小的故事、精彩的剪辑、炫丽的画面让广告本身更具有可看性。这和商务楼宇液晶电视广告主要面对高端客户主打品牌形象广告的定位也更为相符。对移动电视来说，从公交、地铁、长途汽车到火车、飞机，消费者单程"卷入时长"不一，从几分钟到几十个小时，因为接触空间相对封闭且时间较长，这类媒体和传统电视更为接近，因此可以适当引入 MV、新闻娱乐资讯、短剧等内容并适当插播广告，确保内容吸引受众，同时获得较为良好的广告传播效果。

国内数字户外媒体在内容建设上已经有这方面的尝试，过去只是单纯通过合作方式不花钱地引进若干版权，再进行加工、点缀的内容生产正在改变。如今已出现地铁剧等

---

① 黄淘：《中国户外营销业发展蓝皮书》，《亚洲户外》2008 年第 4 期。

更容易吸引目标受众主动关注的内容表现形式。

三、广告主呼唤互动体验元素

渠道已逐渐成熟，技术革新、创意井喷才是数字户外媒体行业的下个阶段起爆点。在数字户外媒体领域中，销售驱动性因素的推动作用正在逐渐变小，当销售达到一定的规模并出现交叉竞争的时候，当销售渠道已经铺到一定程度的时候，开发新的蓝海很大程度上要靠创新和技术。①

广告已从“眼球经济”向“体验经济”转型，广告主要的效果不再是吸引，而是从对消费者的强制性传播转向吸引消费者主动关注、参与，继而主动传播；另一方面，消费者也希望亲眼看到、亲身体验到产品和服务给他们带来的价值。不管是关注还是体验，创意才是“诱敌深入”的有力武器。在数字户外媒体领域中，好创意的呈现有赖于技术的革新。

案例：阿里联合分众打造多屏协作，吸引消费者与品牌互动

2014 年，雪佛兰新克鲁兹在分众传媒电梯视频上投放了双十一促销视频广告。当播放这段广告时，用户打开手机淘宝摇一摇，手机淘宝内置 SDK 程序就会自动连接分众屏端的 Wi-Fi 和 iBeacon。分众屏端的 Wi-Fi 和 iBeacon 会向 SDK 程序推送广告播出商品的 URL，手机淘宝 SDK 程序就会调出相应产品的 URL 链接(URL 为客户的双十一天猫、淘宝的特卖链接)，供消费者秒杀。这样就实现了用户与该品牌的互动。互动的形式有抽奖、派发小礼物，甚至还有“试驾有礼”的活动。活动开始 9 天，参与雪佛兰新克鲁兹摇一摇活动的人次逾 120 万，有 3 万多人提交试驾申请。这种方式让消费者和商家的需求都得到了满足：消费者得到了实惠，而商家则得到了更多的品牌宣传的机会，并和潜在客户产生了关联，这是传统线下媒体或互联网媒体都无法独立做到的。②

本章思考题

1. 简述数字户外媒体的定义和特征。

2. 简述数字户外媒体营销传播运作的发展历程。

3. 简述数字户外媒体营销传播的运作趋势。

---

① 高晓虎：《中国户外数字化媒体群雄逐鹿，蓝海在何方?》，《亚洲户外》2008 年第 4 期。

② 黄升民、杜国清、邵华冬：《广告主蓝皮书：中国广告主营销传播趋势报告 No. 8》，社会科学出版社 2015 年版，第 55 页。

趋势编

第十一章　数字媒体营销传播的未来发展趋势

本章导言

在这个充满变革与传奇的时代，数字媒体技术以前所未有的发展势头席卷全球，并且正全面重构媒介生态结构和现实图景，从各个方面促使人们的生活方式、思维方式和行为方式发生变化。通过对本章的学习，你将会对数字媒体传播未来发展的基本内容有一定的认知和把握，包括融媒时代的数字媒体营销中内容、渠道、互动、技术的发展。

本章要点

1. 新兴广告主成为数字媒体发展的新力量
2. 推动数字媒体营销发展的三大要素

第一节　广告主数字媒体营销趋势

一、广告主新势力成为推动数字媒体发展的新力量

广告主不仅是数字媒体发展的受益者，也是推动数字媒体发展的主要推动力。数字媒体在改变消费者信息传播模式的同时，也创造出了新的营销环境和营销模式。在新的模式和规则之下，所有的广告主都面临新的竞争和挑战。传统的领袖型广告主依托自身的资源优势和市场敏感，成为较早尝试数字媒体、推动数字媒体发展的主力。新兴行业的广告主，大多处于品牌成长期，他们更需要优质的传播渠道和资源来促使品牌知名度快速突围，达到四两拨千斤的营销传播效果。比如，各大电商品牌为快速提升知名度、扩大市场份额，纷纷选择在电视、报纸、传统户外等媒体上大量投放广告。CTR 媒介智讯的

监测数据显示，2014 年阿里巴巴淘宝在报纸媒体上的广告花费同比增长 854.5%，成为增幅最高的广告主品牌。2014 年阿里巴巴淘宝、1 号店和苏宁易购在传统户外广告花费 TOP10 排名中也是遥遥领先。除了借用传统媒体提高知名度以外，更多的新兴行业广告主与数字媒体结成战略合作伙伴，联手打造数字时代的传播新玩法，实现双赢。

以旅游行业为例，据梅花网数据显示，2011 年以来，旅游行业广告投放总量平稳上涨，2014 年旅游行业广告总投放量较 2013 年同期上涨 0.7 个百分点。由于互联网和智能手机的普及，用户消费方式向互联网和移动端转变，因此，旅游行业广告主加大了在数字媒体上的投放力度。CTR 媒介智讯数据显示，途牛、神州作为旅游行业品牌代表占据了 2014 年商务楼宇视频广告花费 TOP10 的两席。艾瑞数据显示，2014 年第三季度中国在线旅游市场交易规模达 726.4 亿元，环比增长 15.2%，同比增长 20.0%；OTA(Online Travel Agent，指在线旅行社)市场营收规模为 39.5 亿元，同比增长 21.0%。其中，携程营收占比 55.9%，艺龙占 9.7%，同程占 6.3%，三家企业合计占比接近 72.0%。

网络游戏行业更成为近两年快速突围的黑马行业。据 CTR 央视市场研究中心的监测数据显示，2013 年国内只有不足十家手游厂商参与电视广告投放，截至 2014 年 6 月，国内已经有超过 40 家手游厂商启动了电视广告投放策略。据 CTR 媒介智讯数据显示，网游《三国志 13》作为非电商的唯一品牌闯入 2014 年互联网广告花费 TOP10 品牌排行榜。网络游戏广告主在注重快速提升知名度的同时，更看重广告在点击率以及客户端下载数量上的转化率。转化率较高的渠道主要是百度、腾讯等网络巨头，但是由于网游行业竞争热度在 2014 年快速提升，网络分发和推广渠道成本高涨，部分网游品牌则开发楼宇视频媒体渠道，尝试“线下开路、线上并进”的推广模式。从最大的楼宇视频媒体商分众传媒的客户增长率上可以清楚地看到网游广告主的这一变化：IT 类(网站 & 游戏)广告主在与分众传媒公司的合作中，2012 年行业增长率仅为 3%，2013 年行业增长率达到了 58%，2014 年这一比率更是达到了 86%。①

案例：《刀塔传奇》作为手游行业的新品牌，2013 年末上线测试，2014 年初在各手机平台全面推开。为了降低在网络分发和推广中的成本，2014 年《刀塔传奇》在线下渠道只选择了分众楼宇电视媒体进行推广。由于分众楼宇电视媒体与《刀塔传奇》的目标消费人群具有较大重合，其广告点击率以及客户端的下载数量都有非常快速的提升。用户只需通过手机扫描分众楼宇视频广告下方的二维码，便可以登录《刀塔女神》官方微博页

① 中国传媒大学广告主研究所：《首都楼宇电视新媒体产业发展趋势研究报告》，该报告为北京市哲学社会科学重点研究项目，项目负责人为杜国清教授。

面，并即刻下载《刀塔女神》App应用。在游戏正式上线期间，上万块分众楼宇LCD液晶屏播放《刀塔女神》的宣传片，同时，屏幕下方的互动专区将产品的主信息及下载渠道同步展示，使受众在关注广告信息的同时在第一时间即可获得下载渠道。从游戏在各平台全面上线到2014年4月19日，《刀塔传奇》全平台总注册用户已突破1000万人，活跃用户接近200万人。《刀塔传奇》周留存达48%以上，从整个行业来看，在各平台均有30%以上的月留存已经是少有的国产手游佳绩。

二、未来营销投入增长潜力较大的数字媒体：移动互联网、楼宇电视

(一)从广告主广告投放费用分配比例来看，电视媒体仍居最高位，以移动互联网、楼宇电视为主的其他数字媒体增幅潜力巨大

连续性数据显示，多年来电视媒体一直在广告主媒体投放组合中占据重要位置。从2004年的38.2%到2014年预期的30.1%，尽管有所下滑，但一直占据最高比例。而12年间，在广告主媒体广告投放费用分配比例中，报纸和互联网的位置实现了互换。互联网上升态势较为明显，从2004年的3.9%上升至2015年预期的21.9%。但值得注意的是，互联网在近年来的增幅明显放缓，呈现出平稳增长的态势。从中国传媒大学广告主研究所调研结果来看，广告费用投放的五大主力行业为食品饮料、日化、汽车、药品、房地产，最看好的五大互联网(PC端)媒体类型为搜索引擎、专业垂直网站、视频网站、门户网站、电商广告。最看好的三大类移动互联广告媒体为自有App、生活服务一工具App、视频类App。

移动互联网尽管所占比例仍较小，但近年来伴随智能手机的普及，广告主对移动广告的投入增长较快，已从2009年的0.9%上升至2015年预期的11.5%。而以楼宇电视新媒体为主的其他数字媒体也一样，尽管所占比例较小，近年来亦呈现出了较大的增长潜力，从2009年的2.9%上升为2015年预期的5.1%。

(二)移动互联网产业呈爆发式增长，竞争愈加激烈，广告主投入持续增加

2015年，移动互联网全面进入爆发期。2013年中国移动互联网市场规模达1 059.8亿元，同比增长81.2%；预计到2017年，市场规模将增长约4.5倍，接近6 000亿元。移动互联网市场进入高速发展阶段。中国移动互联网产业将全面进入爆发期。[①] 伴随着移动互联网产业的爆发式增长，消费者的移动媒体选择性与依赖性凸显，其营销价值也将

---

① 中国社会科学院新闻与传播研究所：《新媒体蓝皮书：中国新媒体发展报告No.5(2014)》，社会科学文献出版社2014年版。

随之提升，广告主对移动新媒体的投放比重亦将随之扩大。

未来几年，随着4G网络的蓬勃发展，移动视频将成为移动新媒体乃至整个数字媒体发展及竞争的重要战场。搜狐2013年财务报告显示，其广告业务年度收入增长率超过100%；据2014年第四季度财务报告显示，2014年Q4总营收4.77亿美元，较2013年同期增长24%，较上一季度增长11%，高出公司预期上限1 500万美元。品牌广告营收为1.48亿美元，较2013年同期增长20%，较上一季度下降1%。其中，搜狐视频营收为5 100万美元，较2013年同期增长64%。其中，投放移动端视频广告的广告主数量不断增加，移动视频商业化正处于上升轨道。优酷土豆网也在2014年加大内容投入。除视频网站和互联网企业外，三大电信运营商也在积极推动视频业务。①

广告主对移动互联的青睐，一方面与消费者对移动互联媒体的使用率大大提升有密切关系，另一方面，移动互联作为O2O营销的必备桥梁，也给广告主的营销策略带来巨大的发挥空间。

(三)楼宇电视新媒体借移动互联网东风提升价值，广告主看好其营销价值

楼宇电视新媒体产业稳中有升，一方面离不开楼宇液晶屏自身在传播内容和广告内容上的优化，另一方面也借力移动互联发展的东风，楼宇液晶屏利用自身地理位置的优势，与移动互联网合作，实现即时互动，让广告主的传播直接转化成销售业绩，得到了广告主的认可。中国传媒大学广告主研究所的调研数据显示，2014年85%的被访广告主同意“数字户外与移动互联网的组合策略成为实效营销的有效方法”这一观点。

以主打楼宇液晶屏的运营商分众传媒为例，2014年分众在楼宇电视机器上加装Wi-Fi热点，用户打开浏览器进入极速下载首页，这个页面类似一个分发平台。在该分发平台当中，有游戏、App应用、视频、音乐等内容可供消费者下载。如2014年8月，外卖在线订餐平台“饿了么”与分众合作，在上海推出免费午餐活动，消费者只需通过分众写字楼的互动广告屏，使用360手机客户端摇一摇或连接“饿了么免费Wi-Fi”就可以获得20元抵用券，随后即可在饿了么网站或App上领取免费午餐。

依托Wi-Fi热点，分众已经变身为O2O互动营销线下平台级入口，品牌可将传统营销平台与移动互联网进行强连接，不仅可以更加直接地激发消费行为产生，而且对推进大数据在营销层面的效果落实具有现实意义。广告主研究所课题组发现，当前虽然关于数字时代大数据应用的讨论非常热烈，但是大多数广告主表示企业能够实施的对大数据的运用还非常有限，除了企业自己的大数据可以实现全方位利用，数字媒体或技术公司

---

① 中国社会科学院新闻与传播研究所：《新媒体蓝皮书：中国新媒体发展报告No.5(2014)》，社会科学文献出版社2014年版。

提供的数据可用性还很差，比如出现各个数字媒体和技术公司数据标准和体系不一致、缺乏可信性等问题。分众传媒作为打通移动端与其他媒体端和线下的重要衔接点，将有力地推动企业营销大数据标准化的实现。

第二节 融媒时代的数字媒体营销

数字技术的飞速发展给各个层级的经济、社会、媒体环境带来了翻天覆地的改变和影响。在新媒体的影响力和价值不断提升的同时，对传统媒体的固有地位和原有市场也造成了一定的冲击，但更具创造性的是，这种影响力实质上催化了传统媒体走上可持续发展的转型道路，激发了其自我改造、自我优化的进程。传统媒体不会消亡，而是会和数字媒体共生共荣，获得更多的生存空间。因此，数字媒体和传统媒体的共处将是一个既充满竞争，又互补融合的共同演进的动态过程。

一、内容依旧为王：借力传统媒体内容优势，打造更为个性化、社交化内容传播平台

与数字媒体相比，传统媒体具有较强的品牌和公信力，而且拥有比较完整的制作流程和内容制作团队，尤其是传统电视媒体，在内容生产领域拥有一定优势。近年来，传统电视媒体向市场输出了大量的优质节目内容，引起网络、手机等多种数字媒体的多渠道传播。比如，《中国好声音》《爸爸去哪儿》等大批热播节目充斥各大视频和新闻网站首页，常常形成社会热门话题。

但是，过往的传统媒体以共性的服务、制式化的产品为特征，以类似于流水线的生产模式制造内容，很大程度上无法满足受众对信息个性化、定制化的需求。数字媒体时代，消费者对个性化产品及信息的需求与日俱增，在新一代消费群体中，这一趋势更加明显。数字媒体使企业与消费者之间的信息流通更为平等、自由、顺畅，使消费者对产品信息的认知程度大幅度提升，也使营销者和消费者的交流更便利，成本更低。这也在相当程度上助推了卖方市场向买方市场转化的趋势，催生了受众对个性化需求的更高需求。

因此，尽管以电视为代表的传统媒体的内容产品具有一定创新力和品牌效应，但仍需要数字媒体平台以更为个性化、社交化的方式将其内容产品进一步加工、传播、扩散。以《中国好声音》为例，其节目赞助中互联网广告主达到了 31 个，包括 4 个电商网站、4 个门户网站、8 个社交平台网站、9 个视频网站、2 个音乐平台和 4 个移动终端。[①] 而这些数字媒体并不仅仅是把电视媒体内容搬运到互联网上，而是根据消费者的消费需求，将其

① 李豹：《内容・受众・创新模式——论新媒体时代电视的媒体价值》，《声屏世界・广告人》2014 年第 6 期。

进一步生成更为个性化、社交化的内容，实现台网联动、共生共赢。

在数字媒体时代，用户接受信息的海量化、碎片化、渠道的多元化让一般信息很难引起他们的关注，稀缺内容、大事件亦往往成为营销人员所依赖和看重的传播资源，用以吸引受众眼球。由于观众通过传统电视看直播时只能单纯地观看比赛画面，新媒体平台则可以为观众展现更多他们感兴趣的数据和背后的故事，产生更多的社交与互动，这是数字媒体的巨大优势。

腾讯视频是2013－2020年中国奥委会唯一的互联网服务合作伙伴，在产品、报道、广告等领域的独家权益让其颇受关注。2014年，借力索契冬奥会以及世界杯，腾讯视频打造了一个集资源、数据、覆盖为一体的全能媒体营销平台。尤其在世界杯期间，腾讯围绕“全明星、全投入、全渠道”的主题，邀请明星偶像一起加入，挖掘更多的话题和热点，配合原创视频访谈、报道等节目，借助各种视频终端，在为广大用户提供更多深入内容以及社交、互动可能的同时，也给广告主带来更多的营销机会。

二、跨屏互动整合：多屏、跨屏助力品牌推广

近年来，伴随广告主的营销传播实践，以及传统媒体和数字媒体各自不断的调整、创新，传统媒体和新媒体之间的界限日渐消弭，“屏”的界限正在不断被打破。一方面，随着更多数字智能设备的普及，多屏正在不断抢占用户的注意力，用户在多个设备之间转移、置换以满足信息需求。另一方面，时间的碎片化让更多消费者将时间消耗在随身移动设备上，这时，跨屏幕的整合就显得尤为重要。从不同的角度切入用户体验，最大限度地避免用户流失，正逐渐成为多屏时代的主流营销传播方式。

（一）整合内容，实现跨屏统一

对于广告主和媒体来说，用户所关注的内容、资讯、新闻都是营销方向的“指南针”，由于用户屏幕的增加和交互转移，内容提供者（广告主、媒体、网络平台）需整合、协调、统一各屏的内容信息。比如，广告主或媒体通过借助App联动手机、平板电脑、笔记本电脑及台式电脑等，既可以令用户随身查阅，有效串联其碎片时间，也可以令用户享受大屏，优化体验。跨屏整合可以令品牌在多屏环境里更好地延伸，同时，借助社交平台的传播，触及更多的用户和消费者。比如，海飞丝《中国达人秀》通过整合QQIM、腾讯娱乐、腾讯微博、QQ秀等多平台联合曝光以及相互引流，把节目和品牌的声音立体触达到不同平台的用户，让品牌轻松获得数十亿曝光，将海飞丝“实力派”的品牌印记深度植入消费者心中。

（二）优化屏幕转换体验，避免用户流失

除了内容上的整合，在不同屏幕上，还需要为用户提供更加便捷的屏幕转换，尽可能

地避免用户流失。例如,乐事在推出其四款新薯片时,以二维码作为宣传方向,用户扫描二维码后进入官方微信账号,会看到四个口味代言人的视频,看完视频,就可以参与很多互动。据统计,活动累积互动人次达到了 3 000 万,创造了一个内容、互动、销售的闭环体验。

三、技术驱动:技术推动数字媒体创新更多营销机会

数字技术的发展使得广告主的数字媒体营销获得了更多的机遇和可能。近年来,无论是虚拟增强现实技术还是大数据、云计算,都为广告主的营销创新提供了新的启发。本书仅以 4G、大数据为例探讨未来技术发展给广告主营销传播创新带来的启发与影响。

(一)4G 推动移动智能终端发展,为广告主提供更多营销机会

根据工信部数据,2014 年 2G 移动电话用户减少 1.24 亿户,是上一年净减数的 2.4 倍,占移动电话用户的比重由上一年的 67.3%下降至 54.7%。而 4G 用户发展速度超过 3G 用户,新增 4G 和 3G 移动电话用户分别为 9 728.4 万户和 8 364.4 万户,总数分别达到 9 728.4 万户和 48 525.5 万户,在移动电话用户中的渗透率分别达到 7.6%和 37.7%。其中 TD-SCDMA 和 TD-LTE 用户总净增达到 1.43 亿户,比上年净增数多4 000万户,在用户增量、总量中的份额分别达到 79.1%和 57.4%。[①]

伴随着技术的提高和用户的爆发式增长,4G 的普及、发展将使智能手机更加贴近个人电脑所能提供的服务,使其成为包括通话、邮件、个人移动办公、交通出行、生活服务甚至投资理财在内的综合性交流、服务终端。而由于其贴近消费者的工作、生活,蕴藏在其间的营销机会就更加容易为消费者所接受,为广告主提升营销传播效率提供了更多可能。

(二)大数据成为洞察消费者的关键

近年来,在国家发展和商业运营等领域大数据技术正得到越来越广泛的应用。“大数据时代的预言家”维克托和肯尼思于 20 世纪 90 年代合写的《大数据时代》一书,描绘了一个美妙的大数据时代,但过去的十多年里,人们一直都觉得这个时代总是飘在空中。2013 年国际商业机器有限公司(IBM)推出数据加速技术,使大数据处理更为简易、快速,

① 付亮:《中国三大电信运营商 2014 年 3G、4G 用户发展情况汇总》,华强北指数网,2015 年 1 月 23 日,http://cache.baiducontent.com/c? m=9f65cb4a8c8507ed4fece763105392230e54f7396d968b492983d95f93130601127bbfec62630d408892397006db495cedf13179200357eddd97d65e98e6d27e208e7223706d864311d50eaebb5154c737e729feaf68f0caf525e0aec5a5d84323c1&p=8d64dc1a93904ead08e2947f0e0891&newp=882a9544d58018b306be9b7c5f488e231610db2151d1d5123c8d8f16&user=baidu&fm=sc&query=4G+2014%C4%EA+%B7%A2%D5%B9&qid=fd3416c300005500&p1=5。

在分析数据时更节约成本，在生成报告和分析时能节约 25%的时间。一些国家制定了大数据产业发展战略，如美国提出要“打造以大数据为基础的创新平台”。①

在国内，大数据技术的应用正在构建新媒体发展的全新商业模式。近年来，国内几家数据平台相继进行大数据投资，希望覆盖用户在全部生活场景下的数据地图。阿里巴巴投资了高德地图、美团网、快的打车等。京东、阿里巴巴追踪平台上消费者的浏览和购买行为，并将消费者归类，分析每个消费者的需求类型、购买周期等数据。百度则通过全面追踪受众的兴趣点、搜索关键词、浏览主题词、到访页等，将受众特征全方位立体呈现出来，找到特定消费者的需求特点，为商家提供广告的精确投放服务。② 腾讯则推出 AMP 系统以更加有效地细分目标用户，其通过对用户在互联网上的行为轨迹进行分析，借助大数据帮助广告主选择优质的目标用户，并挖掘目标消费者的日常行为，AMP 将帮助广告主选择更加适合目标受众的定制化营销策略。③

本章思考题

1. 简述广告主数字媒体营销趋势。
2. 简述数字媒体与传统媒体在内容制作、传播上各自的优劣势。
3. 简述广告主开展跨屏互动的原因。
4. 简述技术的发展可以给广告主数字媒体营销传播带来哪些机会。

---

① 中国社会科学院新闻与传播研究所：《新媒体蓝皮书：中国新媒体发展报告 No. 5(2014)》，社会科学文献出版社 2014 年版。

② 中国社会科学院新闻与传播研究所：《新媒体蓝皮书：中国新媒体发展报告 No. 5(2014)》，社会科学文献出版社 2014 年版。

③ 王欣：《2014 年值得关注的数字营销热点趋势》，《中国广告》2014 年第 1 期。

图书在版编目(CIP)数据

广告主数字媒体营销传播/邵华冬，陈怡 等著. --北京：中国传媒大学出版社，2016.12（2023.8重印）
（网络与新媒体专业“十二五”规划教材）

ISBN 978-7-5657-1639-3

Ⅰ.①广… Ⅱ.①邵… ②陈… Ⅲ.①广告—传播媒介—市场营销学—高等学校—教材 Ⅳ.①F713.8

中国版本图书馆 CIP 数据核字（2016）第 040843 号

网络与新媒体专业“十二五”规划教材

广告主数字媒体营销传播

GUANGGAOZHU SHUZI MEITI YINGXIAO CHUANBO

著　　者	邵华冬　陈　怡 等
责任编辑	张　旭　吴　磊
特约编辑	陈　默
装帧设计指导	吴学夫　杨　蕾　郭开鹤　吴　颖
设计总监	杨　蕾
装帧设计	刘鑫、方雪悦等平面设计团队
责任印制	李志鹏
出版发行	中国传媒大学出版社
社　　址	北京市朝阳区定福庄东街 1 号　　邮　编 100024
电　　话	86—10—65450528　65450532　　传　真 65779405
网　　址	http://cucp.cuc.edu.cn
经　　销	全国新华书店
印　　刷	北京中科印刷有限公司
开　　本	787mm×1092mm　1/16
印　　张	15.5
字　　数	295 千字
版　　次	2016 年 12 月第 1 版
印　　次	2023 年 8 月第 2 次印刷
书　　号	ISBN 978-7-5657-1639-3/F・1639　　定　价 49.00 元

本社法律顾问：北京嘉润律师事务所　郭建平

致力专业核心教材建设　提升学科与学校影响力

中国传媒大学出版社陆续推出

我校15个专业“十二五”规划教材约162种

播音与主持艺术专业（10种）
广播电视编导专业（电视编辑方向）（11种）
广播电视编导专业（文艺编导方向）（10种）
广播电视新闻专业（11种）
广播电视工程专业（9种）
广告学专业（12种）
摄影专业（11种）
录音艺术专业（12种）
动画专业（10种）
数字媒体艺术专业（12种）
数字游戏设计专业（10种）
网络与新媒体专业（13种）
网络工程专业（11种）
信息安全专业（10种）
文化产业管理专业（10种）

本书更多相关资源可从中国传媒大学出版社网站下载
网址：http://cucp.cuc.edu.cn
责任编辑：张　旭　吴　磊　　　意见反馈及投稿邮箱：cucpoffice@cuc.edu.cn
联系电话：010-65783283